商业分析实务教程

许 鑫　蔚海燕 ◎编著

商业分析　Business Analytics

华东师范大学出版社

目录

本书简介　1

第一编　商业分析概述及环境　1

第一章　商业分析概述　3
1.1　商业分析起源　3
1.2　商业分析定义　4
1.3　商业分析发展及趋势　7
1.4　企业商业分析环境　8

第二章　商业分析的数据环境　12
2.1　数据和数据类型　13
2.2　数据获取　15
2.3　分析类型与数据需求　23
2.4　企业数据资源开发利用　26

第三章　商业分析的应用环境　30
3.1　商业分析的内容和步骤　30
3.2　商业分析应用领域　32
3.3　商业分析的应用行业　35

第四章　商业分析的技术环境　38
4.1　数据仓库　38
4.2　周边技术与工具产品　49
4.3　挖掘任务与方法　55

第五章　商业分析的组织环境　66
5.1　商业分析团队建设　66
5.2　商业分析人才需求　68
5.3　商业分析组织环境的发展变化　72
5.4　大数据环境下的企业文化建设　73

第二编　通信业及其商业分析应用　77

第六章　通信业及其商业分析概述　79
6.1　通信业概述　80
6.2　运营商的业务　85
6.3　运营商的支撑系统　86
6.4　业务管理指标体系与运营商 KPI　89
6.5　运营商的数据和数据分析　90

第七章　商业分析在通信行业客户生命周期管理中的应用　95
7.1　客户生命周期——获取期　96
7.2　客户生命周期——提升期　97
7.3　客户生命周期——成熟期　98
7.4　客户生命周期——衰退期　99
7.5　客户生命周期——离网期　100

第八章　商业分析在通信业市场营销中的应用　102
8.1　直复营销与精准营销　102
8.2　精准营销核心　107
8.3　精准营销流程　118

第九章　商业分析在通信业客户服务中的应用　128
9.1　电信行业客户服务简介　128
9.2　客户满意度提升　130
9.3　基于文本挖掘开展投诉分析　136

第十章　通信业商业分析应用的发展趋势　142
10.1　拥有的大数据　142

10.2 大数据在电信行业应用的总体情况 145

10.3 方法视角下的电信大数据分析类型 149

10.4 变现视角下的电信大数据分析应用 154

第三编　银行业及其商业分析应用　159

第十一章　银行业概况及环境　161

11.1 银行业概况　161

11.2 银行业发展趋势　165

11.3 银行业的商业分析环境　171

11.4 商业分析在银行业的应用概况　177

第十二章　商业分析在银行业客户营销中的应用　180

12.1 银行业客户营销的发展　180

12.2 银行业客户营销分析中常用的分析方法　186

12.3 客户细分及其应用　195

12.4 数据挖掘模型及其应用　198

第十三章　商业分析在银行业风险管理中的应用　201

13.1 银行业风险管理的发展历程　201

13.2 银行业风险管理概况　203

13.3 巴塞尔协议涉及的风险计量模型　209

13.4 日常风险管理中的数据分析　214

第十四章　银行业商业分析应用的发展趋势　218

14.1 大数据环境的产生　218

14.2 银行业大数据　219

14.3 大数据分析在银行业的其他应用　220

第四编　商业分析在其他行业中的应用　229

第十五章　商业分析在航空运输业中的应用　231

15.1 航空运输业概述　231

15.2　航空运输业的历史与发展　234

15.3　航空运输业的业务应用　238

15.4　航空运输业的业务战略及信息化现状　240

15.5　航空运输业商业分析体系　245

15.6　航空运输业商业分析案例剖析　250

第十六章　商业分析在制造业中的应用　254

16.1　制造业概述　254

16.2　制造业业务战略及信息化现状　258

16.3　制造业商业分析与实践　264

第十七章　商业分析在物流快递行业的应用　268

17.1　物流快递业概述　268

17.2　物流快递业的业务战略及信息化现状　273

17.3　物流快递业商业分析与实践　278

17.4　国内民营快递案例剖析　282

第十八章　商业分析在互联网行业的应用　286

18.1　互联网行业概述　286

18.2　互联网行业的业务及商业分析应用　290

18.3　互联网行业的商业分析应用　292

18.4　视频网站推荐系统案例剖析　301

参考文献　304

本书简介

目标：

商业分析是现代企业在大数据时代获取竞争优势的关键。商业分析不单单是一种方法，更是一个涉及应用环境、数据环境、技术环境和组织环境的整体化过程。商业分析的应用因行业不同而存在巨大差异。不同行业的商业问题、数据特征和商业分析需求等不同，因而要将商业分析落地，需要深入到不同行业。本书深入展示了多个行业，包括通信行业、银行业、航空业、物流快递业、互联网行业等的商业问题、商业分析方法、商业分析过程及其应用效果等，可为商业分析学习者和实践者提供实务参考和支持。

内容组织：

本书包括四编18个章节，包括商业分析概述及环境，商业分析在重要行业如通信业、银行业以及其他行业中的应用。

第一编概述了商业分析的基本概念以及商业分析的环境，以第一章商业分析的起源、定义、发展及趋势，以及环境类型为引，第二章至第五章分别围绕商业分析的四种环境进行阐述，即商业分析的数据环境、应用环境、技术环境和组织环境，主要涉及基本组成架构以及构建方法等方面的介绍。

第二编为通信业及其商业分析应用。第六章概述了通信行业及其商业分析应用特征，第七章至第九章详细论述了商业分析在通信行业中客户生命周期管理、市场营销、客户服务中的具体应用，第十章总结了通信业商业分析的发展趋势。

第三编为银行业及其商业分析应用。第十一章对银行业概况及其环境进行了介绍，第十二章和十三章利用多个案例详细展示了商业分析在银行业的客户营销和风险管理中的应用，第十四章则总结了银行业商业分析应用的发展趋势。

第四编为商业分析在其他行业中的应用。第十五章至第十八章则详细阐述了商业分析在航空业、制造业、物流快递业、互联网行业的应用和实例。

体例特点：

本教材为商业分析的实务教程，着重以商业分析在银行业、通信业，以及新兴行业中的客户管理、市场营销、风险管理、运营管理等重要应用领域中的实际案例进行了介绍，有大量的商业数据和丰富的商业分析实务操作过程，对于进行商业分析学习的学生和从业人员有较好的启发和指导作用。

第一编 商业分析概述及环境

第一章　商业分析概述

1.1　商业分析起源

　　分析业务的历史源远流长，最早可追溯到企业的科学管理时代。随着咨询公司作为第三方机构为企业提供分析服务，商业分析师受雇于企业，依托于工业工程和质量控制的工具和技术、统计和运筹学的原理，以分析报告的形式为企业提供服务，起到协助经理人的作用。而企业的IT团队也看到了分析的机会，借助自动化技术为管理者提供分析报告，由此管理信息系统（MIS）的概念产生了。这些系统的应用让IT团队以报告和图表的形式为组织机构提供分析业务，将正确的信息在合适的时间内提供给有需要的受众，使得商业分析初具雏形。

　　商业分析在企业中扮演着愈发重要的角色。2011年的IBM技术趋势报告将商业分析列为十年内的四大重要技术趋势之一，同年《彭博商业周刊》在对商业分析现状调查中发现，97%收入超过10亿美元的大公司都在运用不同类型的商业分析。同时，商业分析人才也越来越受到企业重视。

　　陈炘钧（Hsinchun Chen）等人提出了商业智能分析从1.0至3.0的演进过程。具体见图1-1。

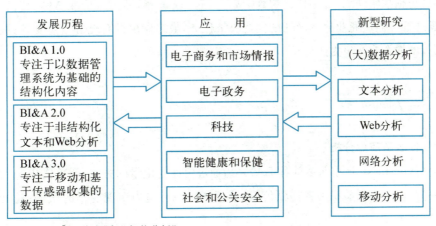

图1-1　商业分析演进过程

企业的成长过程中离不开商业分析。在企业运营过程中,商业分析可以协助相应决策的完成,使"哪一个销售商对利润的贡献最小"、"需要给这个客户优惠吗"等问题能够得到解答。无论是面对供应商还是面对客户,无论是战略型智能还是操作型智能,企业各个层面的决策都需要商业分析的支持,以在日新月异的商业环境中持续保持竞争力。然而,商业分析的发展也需要考虑外部环境的作用,具体地说,影响企业的外部因素可分为市场因素、顾客因素、技术因素、社会因素四个方面。

- 市场因素:包含激烈的竞争环境、市场全球化、电子商务的兴起以及营销手段的革新等趋势,需要在商业分析过程中得到重视。
- 顾客因素:用户创造内容(UGC)使得顾客变得更具有影响力,同时选择增加的情况下,顾客往往会具有缺乏忠诚度的特点,会对产品有更高的质量或功能要求,并具有产品个性化偏好,导致部分传统商业分析理念的失效。
- 技术因素:互联网的发展催生出关联新产品和新服务,生产出更多的商业分析原始资料,同时数据处理技术的发展,也使得这些大数据可以在商业分析领域得到运用,推动社交网络及 Web 3.0[①] 等发展趋势。
- 社会因素:包括政府管制、劳动力多样化、人口老龄化、可持续发展等影响因素,将改变商业分析的具体建设路径。

这些外部因素使企业备受压力,同时也为企业提供了新的机遇。企业需要针对自身情况积极做出响应,包括战略规划、合作伙伴协作、实时反应、改善客户服务、精准营销、转向电子商务、创新商业模式等。通过商业分析来辅助构建决策任务,最终做出具有充分信息支持的决策,以缩小战略差距,增加企业竞争力。

1.2 商业分析定义

1.2.1 什么是商业分析

商业分析(business analytics,简称 BA)是指通过定性与定量的方法,明确需求与问题并提供相应的解决方案,来为利益相关者提供价值,从而在组织环境中实现变革的做法;是为了评估历

---

① 区别于 Web 1.0 和 Web 2.0,Web 3.0 网络不仅是内容提供者,更是用户需求理解者,能够捕捉用户的行为习惯、需求偏好等。

史绩效、驱动未来规划而进行的持续性的探索和调研的技术、经验和实践的总和。

传统的商业分析以统计学与概率论的方法为基础,来解决传统企业运营中所遇到的分析、预测或决策问题,如反映市场对企业产品的需求情况、资源成本、市场条件和整体经济运行情况。然而在互联网大数据的时代背景下,传统的分析模式无法在深度和广度上满足企业需求。随着科学技术的不断发展,现代商业分析广泛地吸收了数据库、数据仓库、内容管理、人工智能等信息技术,在配套软件系统的支持下,商业分析活动更紧密地与数据结合,商业分析模式也得以固化下来,持续有效地为企业创造价值。

商业分析是面向商业问题的,强调基于数据来洞察商业运营的本质。通过分析影响因素,理解数据指标对应的商业意义,提供相应的解决方案,即商业分析能够通过回答"正在发生什么"、"为什么发生"、"如何改变投入"、"产生预期的效果如何"等问题,来最大化商业利益。企业内部知识是商业分析的基础,在进行商业分析前,通常需要先了解组织的战略和文化、业务的流程和功能、管理的角色和作用、营销的能力和计划、部门的架构和制度等。在此基础上,商业分析的基本实施流程如下:

① 明确商业分析和优化的对象,包括客户、产品和服务、竞争对手、运营流程、财务状况等。

② 根据对象选定合适的方法和模型,如通过定性分析来确定导致业务异常的原因;通过数据挖掘来发现业务变量之间的潜在联系;通过 A/B 测试来取舍决策;通过预测模型来推测未来趋势等。

③ 确定相应的商业数据指标和数据的计量尺度。商业数据指标既要能够匹配所选择的方法,又要能够达成商业分析的目标;在符合分析场景的同时,这些数据的可得性、获取成本以及处理难度也需要一并考虑在内。

商业分析的合理运用不仅能够节约企业成本,还能够提高员工和客户满意度,增加企业的经营效益。例如,早期迪士尼乐园就利用商业分析优化园内工作人员排班和调度,通过收集酒店、订票处、餐厅和食品售卖点、购物店等处的数据,包括结构化数据与非结构数据(如视频数据),来进行商业分析。迪士尼乐园动态识别了游客密集的区域,并根据分析结果,将空闲区域工作人员调度到繁忙区域,提高了员工工作效率,最终客户满意度提升了 15%。

1.2.2 商业智能与商业分析

商业智能的概念最早于 1958 年由 IBM 提出[①],最广为流传的是加特纳集团(Gartner Group)

---

① Luhn H. P. A business intelligence system[J]. *IBM Journal of research and development*,1958,2(4):314-319.

所提出的定义：商业智能（business intelligence，BI）是支持信息访问和分析以改进与优化企业的决策和绩效的应用程序、基础架构、工具和最佳实践的总称①，由数据仓库或数据集市、查询报表、数据分析、数据挖掘、数据备份等部分组成。

商业智能是现代信息社会中信息技术应用和业务管理的重要组成部分，能够帮助企业高效整合数据，以提高企业管理决策能力。从运用的目的来看，商业分析与商业智能之间关系紧密，但两者之间也存在着一些差别：

- 历史渊源不同。商业分析形成于泰勒科学管理时代，而商业智能的概念则是在计算机商用、数据驱动下发展的。
- 运用重点不同。商业分析重在信息应用，商业智能则重在数据分析。
- 运用阶段不同。商业分析的运用分布于整个管理流程，商业智能往往关注历史数据。
- 受益者不同。商业分析使用者包括了战略层人员，而商业智能主要在运营层运用。

从起源上来看，商业分析是结合企业的管理需求提出来的；而商业智能是从技术的角度下定义的。

从运用重点来看，商业分析重点在挖掘关键变量之间潜在的联系，通过解释已存在的商业现象来把握商机；而商业智能更多地与软件操作相关，如基础查询和报告、数据库的处理操作以及交互界面展现等。

从运用阶段来看，商业分析涵盖了整个企业管理流程，在计划、组织、指挥、协调和控制五个环节中发挥作用；商业智能主要侧重于对历史数据的分析，主要解决的是揭示历史运营场景以及控制实时运营状况。

从使用者角度来看，商业分析受益者包含了战略层和运营层，战略层领导可以通过商业分析来制定战略决策，基层管理者和业务员则可以通过商业分析提升公司运营效率；而商业智能最终呈现的结果往往是软件处理所得的数据和图表，能更具体地反映运营情况，可以为运营层面的决策提供帮助。

通过商业分析与商业智能的比较分析可以看出，商业智能与商业分析有着类似的初衷，都通过提升信息价值来促进企业决策。与商业智能相比，商业分析结合了定性分析与定量分析，适用于不同层级的人员，能够运用于整个企业运作流程的方方面面。而商业智能更依赖于成型的软

---

① Gartner. Business Intelligence (BI)[EB/OL].[2018-04-05]. https://www.gartner.com/it-glossary/business-intelligence-bi/.

件系统,与技术和数据更密切相关,因而对运营层面的支撑作用更明显。

1.3 商业分析发展及趋势

随着技术水平的发展与市场需求的激增,业界普遍看好商业分析的发展,企业也在不断加强对商业分析人才的招聘力度。

目前,大数据时代已经到来,这将从四个维度影响数据:一是数据产生源头,二是数据获取频度,三是数据存储形式,四是数据形态。数据产生源头已经从单纯可获取的结构化数据变为各种跨界数据,如人与人之间的社交网络数据、人与物之间的人机交互数据、物与物之间的传感器及机器数据等;获取频度也从原本的延时获取变为实时获取;存储形式上可以分为关系数据库为代表的结构化数据、HTML文档为代表的半结构化数据、多媒体文件为代表的非结构化数据;数据的形态可以分为静态海量数据和动态海量数据,如网络点击流、日志和实时行情等。

目前,多个领域都将商业分析作为发展重点。在"互联网+"时代,通过细分客户、洞察需求等手段,能够预测用户偏好来挖掘潜在顾客,对掌握大量用户行为和用户信息的互联网企业来说,尤其是电子商务领域,具有很大的价值,如京东构造用户画像为用户推荐个性化的商品。大数据不仅仅是互联网公司的专宠,对传统行业的影响则更为深远:对有着庞大运营体系的传统大型企业而言,利用商业分析纵向整合供应链,并横向联合不同渠道,将大大提升运营效率。预计2020年,商业分析的应用和算法将普及到大众生活和企业管理的方方面面。

用户创造内容(UGC)是大数据时代的关注重点,由此,如路径分析、位置分析、社交网络分析和文本分析等新兴方法在商业分析领域得到运用。例如,路径分析和位置分析可以借助实时数据的采集从而获得用户出行数据、停留位置等信息;文本挖掘分析则从海量用户数据中提取特征和识别规律,包括文本分类、文本摘要、情感分析等。

从商业分析的技术趋势来看,主要体现在五个方面:数据量大、处理速度快、技术成本下降、移动设备普及和社交媒体的加入。大数据不仅仅体量大,同时多源异构,包括网络爬虫数据、社交媒体数据、服务器日志、传感器数据、多媒体数据等,使得传统数据处理方法无法应对。肯塔基大学首席信息官文斯·凯伦(Vince Kellen)认为:"我们期待的是一种更为先进的大数据分析方法,能够克服数据之海量,更快速地完成分析。"随着云计算的普及,数据存储和运算的成本进一步降低,但是这些潜在节省下来的产能将被日益增长的需求所消耗殆尽。与所有的应用一样,商业分析在逐渐移动化。随着微博等社交媒体的兴起,越来越多的公司希望对社交数据进行利用。

1.4 企业商业分析环境

总的来说,商业分析环境由四个环境组成:数据环境、应用环境、技术环境和组织环境。围绕整体业务战略的公司目标,数据在这些环境之中形成了闭环,如图1-2所示。信息需求从管理层、运营决策者到分析师,再到ETL①人员、IT专家不断进行细化,形成数据需求,再到数据仓库收集数据,通过报表和分析创造信息和知识不断往上供给,以支持业务决策甚至是战略创新。

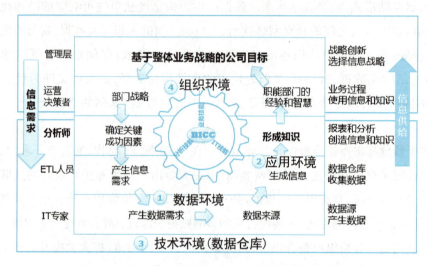

图1-2 商业分析环境模型

1.4.1 数据环境

数据环境是提供商业分析的原材料。随着科学技术的不断发展,数据环境正在变得越来越庞大和复杂,各行各业借助各终端的互联网和无处不在的传感器,正在产生越来越多的数据。2018年的《数字化年鉴》指出,截至2018年,全球约有40.21亿人使用互联网,其中约31.96亿人是社交网络的使用者,而拥有手机的全球居民高达51.35亿人,约占76亿世界人口的三分之二。在数据流量方面,异构数据也在不断增长,2019年全球互联网视频的数据流量的月均值达到105 EB②。中国作

---

① ETL,英文Extract-Transform-Load的缩写,用来描述将数据从来源端经过抽取(extract)、转换(transform)、加载(load)至目的端的过程。

② Cisco. Cisco Visual Networking Index: Forecast and Methodology, 2014 - 2019[EB/OL].[2015 - 05 - 27]. http://www.cisco.com/c/en/us/solutions/collateral/service-provider/ip-ngn-ip-next-generation-network/white_paper_c11 - 481360.pdf.

为数据大国,移动化趋势将持续保持,2018 年的互联网趋势报告(Internet Trends)的报告显示,2017 年一整年中国移动互联网数据使用已经高达约 25 EB,相较 2016 年同比增长 124%。

面对庞杂的数据环境,企业主要通过企业级数据模型实现数据整合。企业级数据整合模型如图 1-3 所示。根据企业的业务活动如市场营销、财务管理等抽象出参与人、事件、地域、产品等数据主题,并在这些主题之间建立数据联系,形成企业级数据模型。

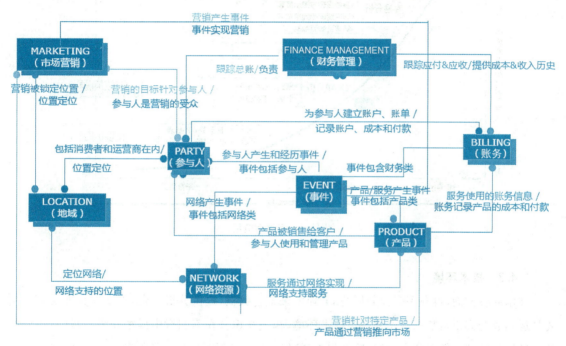

图 1-3 企业级数据整合模型

1.4.2 应用环境

应用环境涉及选择信息的具体应用方向与信息战略,主要包括根据企业年度总目标确定部门战略,如客户关系管理(CRM)战略、物流战略、库存战略等。各个部门基于自身战略,确定三到五个成功的关键因素;在明确成功的关键因素的基础上,提出信息需求,具体分为引领性信息和滞后性信息两部分,组织往往只能对滞后性信息加以利用,如何把引领性信息作为战略资源引入,是值得思考的问题。

根据用户群与规模的大小,以及分析方法的灵活性与用户交互性,企业数据分析可分为五种类型,不同类型的数据分析支持着不同层次的决策(如图 1-4 所示)。在发现问题层级上,有企业级报表分析,包括基于 Web 的报表和关键绩效指标(key performance indicator,KPI)报表等。在定位问题层级上,有联机分析处理(OLAP)分析,包括预定义分析视图,上钻、下钻分析等。其后还有即席查询、专题分析进行进一步分析。最后在行动建议上,有数据挖掘可以进行预测、分类、关联等分析。

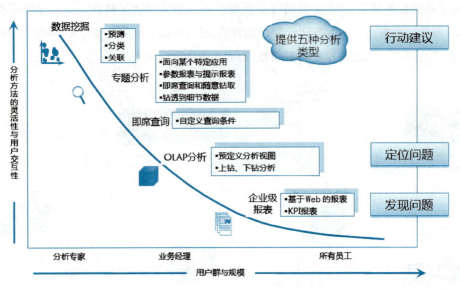

图1-4 多类型应用

1.4.3 技术环境

技术环境方面,可利用多种分析的 IT 环境来整合数据,提供分析平台,以支撑企业决策。主要是运用数据集市与数据仓库来搭建技术环境,相关知识会在第四章中详细介绍。目前,主要的技术环境包括独立数据集市、虚拟数据集市、轮辐式数据仓库、中央数据仓库等,具体的优缺点比较如表1-1所示。

表1-1 分析平台类型比较

	独立数据集市	虚拟数据集市	轮辐式数据仓库	中央数据仓库
优点	● 容易建设 ● 范围较小 ● 技术上比较简单	● 不需要ETL ● 不需要单独的平台	● 容易定制用户界面和报表	● 单一的企业级视图 ● 数据可重复利用 ● 数据一致性有保障 ● 总拥有成本(TCO)很低
缺点	● 缺少企业级的业务视图 ● 重复投资严重 ● ETL/应用开发/数据库管理的代价太高	● 仅仅能对于小数据量的访问 ● 元数据的问题 ● 网络瓶颈和跨系统的分析 ● 用户端压力较大	● 企业级视图 ● 重复投资严重 ● 数据库管理员(DBA)压力比较大 ● 数据延迟严重	● 需要有整个企业级的战略和支持

1.4.4 组织环境

组织环境取决于战略的组织结构、流程及策略。成功的商业分析需要技术环境与组织环境的有力协作。管理者应组织商业分析专家,建设战略和战术团队,形成以商业素养和IT技术集成的专业知识团队。

基于企业环境,利用商业分析进行高效运营正在成为趋势。例如知名物流公司UPS发现,汽车在左转弯时发动机一直处于空转状态,造成了无谓的油耗。基于商业分析,该公司找到了解决方案——鼓励司机在送货路线上尽量右拐,并通过组织管理有效地执行了下去。他们开发信息技术,使得数秒内就能提供司机右转弯多的路线,右转弯的比例提升至90%。该公司跑在路上的车每天约有60万辆,最终,仅靠右转弯路线优化一项,一年内就节省310万加仑燃料,碳减排32 000立方吨。

思考题

在所在行业或者熟悉的行业内,寻找两个商业分析案例,并从以下三个方面展开思考:
① 业务需求:所选择的行业存在什么问题和挑战?
② 解决方案:可以使用哪些数据、采用什么分析方法来解决问题?
③ 环境分析:分别从数据、应用、技术、组织四个方面分析商业分析环境。

第二章　商业分析的数据环境

当人类进入信息社会以后,技术与社会经济日新月异地发展,使得数据的重要性日益凸显。数据量呈现爆发式增长,基本每三年就要增长一倍。2013 年,赛迪智库软件与信息服务业研究所所长安晖提出,过去三年的信息数据总量超过以往 400 年的总数据量[①]。人类经济发展,已由"动力驱动"转变为"数据驱动",经济活动的重点也从材料使用转移到大数据的使用,信息管理专家涂子沛将 2012 年称为世界的"大数据元年"。

> **案　例**
>
> ### 双十一大战的企业数据竞争——"京腾计划"
>
> 双十一由最初的节日活动,变成电商大战,甚至引发全民狂欢。在你来我往的竞争中,最引人关注的就是京东、天猫、苏宁的双十一大战。而大战中,企业需要靠怎样的数据挖掘与分析,来成为双十一最大的赢家呢?
>
> 以往的双十一不仅是一场促销,更是对企业各项能力的检验,主要包括三个方面:IT 系统、物流配送和供应链管理。而今面对多方混战的局面,怎样能快速留住客户,靠的不仅是上述三项。企业对于用户购物行为的挖掘和分析,将会节省用户的购物时间成本,在当今的局面下显得尤为重要。其中,京东通过与腾讯推出深度战略合作项目"京腾计划",两家互联网巨头共同描绘了具有颠覆性的"社交+互联网"模式,其核心就是三个字——"大数据"。
>
> 海量信息的汇集,为京东提供了从网站前端的浏览、搜索、评价、交易到网站后端支付、收货、客服等多维度覆盖的数据体系。面对如此大的数据"金矿",挖掘出有价值的信息,对客户做出有针对性的促销,成为电商的制胜法宝。京腾计划"品商"创新模式生意平台为品牌商家提供包括"精准画像"、"多维场景"和"品质体验"等在内的整体营销解决方案。

---

① 张杰,王慧,吴成良.专家学者论大数据价值[J].唯实(现代管理),2013(8):24-27.

其中,"精准画像"就是在解决转化数据商业价值的问题,即从海量数据中来挖金炼银。这些高质量的多维数据包括用户长期积累的、数以 TB 计的网络行为,"精准画像"据此来还原用户的属性特征、社会背景、兴趣喜好,甚至还能揭示内心需求、性格特点、社交人群等潜在属性。了解了用户各种消费行为和需求,精准刻画人群特征,并针对特定业务场景,进行用户特征在不同维度的聚合,就可以把原本冷冰冰的数据复原成栩栩如生的用户形象,从而指导和驱动业务场景和运营,发现和把握蕴藏在细分海量用户中的巨大商机。

在"精准画像"的建模过程中,不能简单认为买过母婴类用品的用户家里就一定有小孩,因为这次购买有可能是替别人代买或者送礼物,因此需要进一步区分平台用户和产品用户。可根据用户下单前浏览情况、收货地址、对商品的评价等多种信息建立模型,最终判断出用户家庭是否有小孩。再根据购买的商品标签,比如奶粉的段数、儿童书适应年龄段等信息,建立孩子成长模型,在孩子所处不同的阶段进行精准营销。

数据的爆炸式增长和瞬间可达的特征,对政府、企业和个人都产生了深远的影响。对大多数企业而言,大数据既是机遇又是挑战,所谓"得数据者得天下"。在数据获取的基础上,对数据进行科学的分类整理和分析,可为企业运营、管理与决策带来强大的支撑。但大数据为企业带来资源的同时,也带来巨大的挑战。如何从纷繁复杂的数据中提取出对企业发展有利的信息,对企业至关重要。因此,如何让数据产生真正的价值成为企业管理者不得不面对的问题。大量的数据资源,需要企业通过各种方式去采集,而在此之前,必须了解企业需要采集的数据范畴,并根据这些数据类型来匹配所适宜的采集方式。如何选取最佳的数据分析处理方式来挖掘出数据隐藏的价值,是本章要探讨的问题。

2.1 数据和数据类型

2.1.1 数据

"大数据"将数据一词提升到前所未有的高度,而"数据"却并非现代社会的发明。数据的出现和被人类所利用,可以追溯到三千多年前的古代。古埃及法老在尼罗河边的石柱上留下每年测量尼罗河水位的刻度,以此来预测来年可能的税收数量。而中国早在汉代就有人口普查和田亩统计,用于税收政策的制定。在古拉丁文中,这一概念被称为 datum,其复数形式为 data,指的是内涵确定、定义明确、毫无歧义的东西;中文称之为数据。

数据就其内容而言,主要包括三个方面:主题、属性和状态。其中,主题是数据的基础,包括一个自身存在的东西;属性可以叫谓语;状态是对主题属性的描述。

数字与数据不是一回事。数字是普适性的概念,是对一切事物的数量性质的表达。数据则是具体性的概念,是对一个事物的数量性质的表达。对一个事物可以有多种数据表达形式,取决于人们的认识程度和使用目的。例如,2016 年,中国人口 13.83 亿是人口数量的数据,中国人口中 51% 为男性、49% 为女性是性别比例数据,中国人口平均受教育程度为 9 年是教育数据等。对一个事物的数据表达越多,对这个事物的定义越精准,人们对这个事物的认识就越深入,可利用程度就越高[1]。

数据和信息两个术语密切相关,事实上,它们常常被互换使用。信息可以定义为以某种方式处理过的数据。处理数据的目的是为了使数据使用者增加知识。在《大数据经济学》一书中,作者将信息定义为对事物的价值判断与属性描述,数据则被认为是信息的数字化解构[2]。也即,数据是使用约定俗成的字符,对客观事物的数量、属性、位置及其相互关系进行抽象表示,可以用人工或自然方式进行保存、传递和处理。信息与数据相比,除了具有自然属性或社会属性,还包括价值判断,尤其是社会价值判断。

2.1.2 数据类型

传统的数据分类一般将数据分为结构化数据与非结构化数据。什么是"非结构化数据"?相较于记录了生产、业务、交易和客户信息等的结构化数据,非结构化的信息涵盖了更为广泛的内容,包括了如合约、发票、书信与采购记录等营运内容,如文书处理、电子表格、简报档案与电子邮件等业务内容,如 HTML 与 XML 等格式信息的 Web 内容,以及如声音、影像、图形等多媒体内容。

除了以上将数据分为结构化和非结构化数据外,数据的分类方法还有很多。不同的领域和学科往往有各自的分类方法,即使在同一个领域,由于研究问题的角度不同,也会产生不同的分类方法。

(1) 从描述和度量事物的角度将数据分为定量和定性数据

从对事物的描述和度量的角度来观察,可以把数据分为定量和定性两类数据。

定量数据可以分为连续和离散两类。其中,连续数据取值可以是在某一区间的任一实数,通常称这类资料是连续的,或考察的指标是连续的。如人的身高、体重、血压等,气象上的温度、相对湿度等。统计分析与具有密度的连续随机变量的分布有关。离散数据的数值只能用自然数或整数单位计算。

---

[1] 谢文.大数据经济[M].北京:北京联合出版公司,2016.
[2] 徐晋.大数据经济学[M].上海:上海交通大学出版社,2014.

定性数据可以分为有序和名义两种类型。其中，有序数据是指有些资料既不能计量，也不能计数，只能通过比较，评出一个顺序，如学历。名义数据是指有些资料仅仅是一个名义值，值的顺序和大小并无统计意义。如性别、不同颜色的编号、不同书籍的代码等。[①]

(2) 结合应用场景可以分为以下四种数据类型

① 记录集数据。记录集数据，顾名思义，就是数据的集合。一般是经过汇总的数据集合。可以导入数据库等工具进行直接的运算和分析。常见的记录集数据如客户数据的记录集，事务数如对一件事情的记录、数据矩阵以及文档词矩阵等经过汇总的数据集。这一类数据通常具有明确的指向性，可以抽取样本进行直接的分析。

② 有序的数据。有序的数据是按照一定顺序排列的数据。其数据特征一般存在于不同时间阶段的特征变化之中。一般而言它们具有较为单一的数据属性。常见有四种数据类型：时序事务数据、基因组序列数据、温度时间序列数据、空间温度序列数据。这些数据不能随意排列，需要按照顺序进行分析。序列分析通常能够发现数据的变动规律，从而对数据的动向进行预测。

③ 文本类与 Web 数据。文本类与 Web 数据是随着互联网的发展产生的非结构化数据。文本和 Web 数据由来自各种数据源的大量文档组成，如新闻文章、研究论文、书籍、数字图书馆、电子邮件消息和 Web 页面信息。其增长速度快，包含的信息量大，信息挖掘的难度也大。在数据分析领域，文本数据的分析是一个重要的方向，包括主题识别和情感分析等。

④ 多媒体类数据。文本类的数据带来了数据挖掘的价值，而多媒体数据的挖掘技术将数据分析提上了新的台阶。目前的多媒体数据主要有图像、声音和视频。多媒体的数据分析与文本数据等不同，目前其应用已经得到一定的推广，如音乐辨识、语音识别、基于图像的搜索等。早有企业将其触角深入这个领域之中，如我国第一家多媒体数据库——国道数据，正是多媒体特色专题数据库。

2.2 数据获取

2.2.1 互联网数据获取

随着数字时代网络的迅速发展，网络数据的形式在不断丰富，采集的复杂度也在不断提升。新闻网站、论坛、博客、电子商务网站、招聘网站等网站平台，汇聚了大量有价值的数据，数据的获取便是实现数据价值的前提。

网络爬虫（又常被称为网络蜘蛛或 Spider/Crawler 系统）是一种按照一定规则，自动抓取万维

---

① 董麓.数据分析方法[M].沈阳：东北财经大学出版社，2001.

网信息的程序或者脚本,是最常用的外部网络数据抓取技术。网络爬虫可以自动提取网页的源码,根据网页结构来筛选网页中的数据。

从功能上来讲,爬虫一般分为数据采集、处理、储存三个部分。传统爬虫从一个或若干初始网页的 URL 开始,获得初始网页上的 URL,在抓取网页的过程中,不断从当前页面上抽取新的 URL 放入队列,直到满足系统的一定停止条件。爬虫的工作流程较为复杂,需要根据一定的网页分析算法过滤与主题无关的链接,保留有用的链接并将其放入等待抓取的 URL 队列;然后,它将根据一定的搜索策略从队列中选择下一步要抓取的网页 URL,并重复上述过程,直到达到系统的某一条件时停止。另外,所有被爬虫抓取的网页将会被系统贮存,进行一定的分析、过滤,并建立索引,以便之后的查询和检索,图 2-1 展示了其工作的大致流程①。

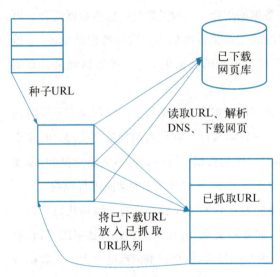

图 2-1 网络爬虫的执行程序

在网络爬虫的系统框架中,主过程由控制器、解析器、资源库三部分组成。控制器的主要工作是负责给多线程中的各个爬虫线程分配工作任务。解析器的主要工作是下载网页,进行页面的处理,主要是将一些 JS 脚本标签、CSS 代码内容、空格字符、HTML 标签等内容处理掉,爬虫的基本工作是由解析器完成的。资源库是用来存放下载到的网页资源,一般都采用大型的数据库存储,如 Oracle 数据库,并对其建立索引。

在此所讲的爬虫软件,是非搜索引擎的爬虫。这里主要介绍可以用来采集数据的开源爬虫工具。爬虫工具可基于不同程序语言使用,其中使用最多是基于 Java 的爬虫工具,具体如表 2-1 所示。

表 2-1 Java 爬虫软件示例

名称	特点	许可与系统要求
Arachnid	微型爬虫框架,含有一个小型 HTML 解析器	GPL
Crawlzilla	拥有中文分词能力,安装简易	Linux
Ex-Crawler	由守护进程执行,使用数据库存储网页信息	GPLv3,跨平台

① 王伟.网络数据采集[J].电子制作,2014(6):128.

续 表

名　称	特　　　　点	许可与系统要求
Heritrix	严格遵照 robots 文件的排除指示和 META robots 标签	Apache,跨平台
HeyDr	轻量级开源多线程垂直检索爬虫框架	GPLv3,跨平台
ItSucks	提供 swing GUI 操作界面	
Jcrawl	功能强大,容易扩展	LGPL,跨平台
Leopdo	包括全文和分类垂直搜索,以及分词系统	Apache,跨平台
MetaSeeker	网页抓取、信息提取、数据抽取工具包,操作简单	
Playfish	通过 XML 配置文件实现高度可定制性与可扩展性	MIT,跨平台
Spiderman	灵活、扩展性强,微内核+插件式架构,通过简单的配置就可以完成数据抓取,无需编写一句代码	Apache,跨平台
WebMagic	功能覆盖整个爬虫生命周期,使用 Xpath 和正则表达式进行链接和内容的提取	Apache,跨平台
Web-Harvest	运用 XSLT、XQuery、正则表达式等技术来实现对 text 或 XML 的操作,具有可视化的界面	BSD
WebSPHINX	由两部分组成:爬虫工作平台和 WebSPHINX 类包	Apache,跨平台
YaCy	基于 P2P 的分布式 Web 搜索引擎	GPL,跨平台
QuickRecon	具有查找子域名名称、收集电子邮件地址并寻找人际关系等功能	GPLv3,Windows Linux
PyRailgun	简洁、轻量、高效的网页抓取框架	跨平台 Windows Linux OS X

除了 Java 外,还有一些基于其他语言的爬虫软件包,表 2-2 列举了部分供参考。

表 2-2　非 Java 爬虫软件示例

开发语言	软　件	特　　　　点	协议与平台
C++	hispider	支持多机分布式下载,支持网站定向下载	BSD 协议,Linux
	Larbin	高性能的爬虫软件,只负责抓取不负责解析	GPL,Linux
	Methabot	速度优化、可抓取 Web、FTP 及本地文件系统	Windows Linux
C#	NWebCrawler	统计信息、执行过程可视化	GPLv2,Windows
	Sinawler	6 个后台工作线程,最大限度挖掘爬虫性能潜力	GPLv3,Windows
	spidernet	以递归树为模型的多线程 Web 爬虫程序,支持以 GBK(gb2312)和 utf8 编码的资源,使用 sqlite 存储数据	MIT,Windows
	Web Crawler	多线程,支持抓取 PDF/Word/Excel 等文档来源	LGPL,跨平台
	网络矿工	功能丰富	BSD,Windows

续　表

开发语言	软件	特　　　点	协议与平台
	PhpDig	具有采集网页内容、提交表单功能	GPL,跨平台
	ThinkUp	采集推特、脸谱等社交网络数据的社会媒体视角引擎,可进行交互分析并将结果以可视化形式展现	GPL,跨平台
ErLang 爬虫	Ebot	可伸缩的分布式网页爬虫	GPLv3,跨平台
Ruby 爬虫	Spidr	可将一个或多个网站、某个链接完全抓取到本地	MIT

除了爬虫工具和爬虫框架,市面上常见的爬虫软件一般可以划分为云爬虫和采集器两类。所谓云爬虫就是无需下载安装软件,直接在网页上创建爬虫并在网站服务器运行,享用网站提供的带宽和24小时服务;采集器一般要下载安装到本机,然后在本机创建爬虫,使用的是自己的带宽,受限于自己的电脑是否关机。

目前国内爬虫软件竞相崛起,提供免费或收费的信息服务。其中,云爬虫以神箭手等为代表;采集器以火车头、八爪鱼、集搜客等最为知名。这些采集器往往具备可视化界面,对于编程能力较为薄弱的用户来说,能够通过制定规则或者对社区共享的规则进行修改与应用,快速上手。

2.2.2　移动互联网数据获取

移动互联网技术给我们生活带来便捷而被广泛采纳的同时,也意味着移动数据在互联网中正扮演着愈发重要的角色。以手机为代表的移动终端,内置有丰富的传感器设备,使得用户的信息获取行为、社交行为、交易行为等日常活动有着更广泛的数据支撑。

随着移动互联网的兴起,针对移动设备的数据采集技术也有了迅速发展。目前使用最多的是常被称为 Android 或 iOs 的采集软件开发工具包(software develop kit,SDK)。移动 SDK 常用于统计 App 的基础数据:用户数、活跃情况、流失用户比例、使用时长等。

SDK 是辅助开发软件所需的相关文档、范例和工具的集合。它可以简单地为某个程序设计语言提供应用程序接口 API 的一些文件,也可以包括能与某种嵌入式系统通讯的复杂的硬件。移动 SDK 是指嵌入移动平台的 SDK 应用。一般而言,SDK 可以通过移动设备进行更加精确、实时的数据采集与数据分析,来满足用户对数据采集、无线数据传输与移动智能运算的需求。

移动 SDK 的平台支持 Andriod 和 iOs 平台。目前,移动 SDK 已经接入到如微博、谷歌移动广告、移动游戏、移动支付、移动地图等应用软件平台。同时也有一些专业化数据采集与分析的移动 SDK 应用平台,如 TalkingData、百度移动统计、阿里云的移动数据分析等,通过自主设计的 SDK,来实现移动数据采集到数据分析的闭环功能。

案例

移动数据分析

移动数据分析(Mobile Analysis)是阿里云推出的一款移动 App 数据统计分析产品,提供通用的多维度用户行为分析,支持日志自主分析,助力移动开发者实现基于大数据技术的精细化运营、提升产品质量和体验、增强用户黏性;帮助用户实现数据化运营、数据化运维和基于大数据的日志自主闭环分析。

产品的优势在于能够实现性能分析、日志自主分析、数据实时化和采集策略灵活。其中性能分析是指采集移动设备的网络性能数据并提供多维度(域名、请求方式、省份、运营商、网络)组合分析、监控与报警服务。日志自主分析指采集的数据可以实时同步到 App 开发者的 ODPS[①] 空间,方便开发者自主进行 BI 分析或数据挖掘。数据实时化是指实时计算用户、性能及 Crash[②] 相关指标数据并结合报警监控,让开发者随时随地了解现在的数据变化情况。采集策略灵活指移动数据分析了解开发者对于数据采集的多样化、多变需求,提供了对数据采集的上报策略及上报间隔灵活配置的高级功能。移动数据分析的数据采集实现页面行为自动采集、全面支持自定义事件、应用性能数据采集和实时上报日志数据。目前,移动数据分析 App 在"游谱旅行"以及"英语流利说"App 上已经得到了应用。

2.2.3 物联网数据获取

(1) 物联网与传感器

无线通信技术,嵌入式计算技术以及传感器技术的日趋成熟,引发无线传感器网络技术的飞速发展。无线传感器网络具有以下功能:它能够实时监测各种环境参数并且监测监控对象的信息,然后传送到用户,用户再对这些信息进行处理。

传感器网络起源于 20 世纪 90 年代,当时主要侧重于国防用途。卡内基梅隆大学成立了传感器网络工作组,开始了无线传感器网络研究。此后,国际上也开始提出"智慧传感器网络通信计划"等研究项目。无线传感器网络可以实时监测区域内的各种监测目标的参数,并可以处理采集数据,从收集到的原始数据分析得到人们想获得的抽象信息。传感器网络感知和信息获取能力,可广泛用于国防、环保、农业、制造业等方面。

---

① ODPS:Open Data Processing Service,是阿里巴巴通用计算平台提供的一种快速、完全托管的数据仓库解决方案。
② 指数据库不工作或停止响应、进程中断等情况。

传感器网络会产生大量的监测数据。每个传感器节点都会生成大量的数据流,这些数据流数据量大且实时性要求高。在有限的节点处理能力情况下,需要人工处理一些实时监测数据。

传感器网络是以数据作为中心,终端系统可单独地加入互联网络中。在互联网上,要访问网络中的任何资源,你必须知道它的网络地址。在互联网中,网络中每个终端系统都与一个唯一的地址对应。无线传感器网络中单独的传感器件并没有任何意义。

案例

可穿戴设备的普及

可穿戴设备在不同场景的应用,给人们的生活带来了便捷,改变了人们的行为习惯。可穿戴设备是指可直接穿在身上或是整合到用户的衣服或配件上的一种便携式设备,它不仅仅依赖于硬件,同时也依赖于软件支持,以此来实现数据在云端的交互,从而完成强大的功能。典型的可穿戴设备能够通过外部设备整合用户数据和外部数据,分析并展示用户信息。

2013年因谷歌眼镜的亮相,成为智能可穿戴设备元年。随后,Nike+、Fitbit、MYO、iWatch、手环等可穿戴设备不断涌现。它们的功能大抵相似:跟踪身体运动、监测声音、带麦克风或摄像头。这些功能的背后,是传感器对现实数据捕获的支撑,如三轴陀螺仪、加速感应器、距离感应器、环境光传感器。总而言之,基于这些运动传感器、生物传感器和环境传感器等,可穿戴设备打通了用户基本信息、行为信息和外部环境信息之间的壁垒,形成了实时综合的数据采集系统,以便于企业进一步分析与提供个性化服务。

(2) 物联网与无线射频

物联网被看作信息领域的一次重大发展和变革机遇。欧盟委员会认为,物联网的发展应用将在未来5—15年中为解决现代社会问题带来极大贡献。2009年以来,一些发达国家纷纷出台物联网发展计划,进行相关技术产业的前瞻布局。关于物联网的基本思想最早出现于20世纪90年代末,美国麻省理工学院(MIT)在1999年建立的自动识别中心(Auto-ID Labs)提出,可以将网络无线射频识别等信息传感设备与互联网连接起来,实现智能化管理。随着技术和应用的发展,物联网的内涵已经发生了重大变化。

比较有代表性的定义如下:

定义1:物联网是未来网络的整合部分,它是以标准、互通的通信协议为基础,具有自我配置能力的全球性动态网络设施。在这个网络中,所有实质和虚拟的物品都有特定的编码和物理特性,通过智能界面无缝链接,实现信息共享。

定义 2：由具有标识、虚拟个性的物体/对象所组成的网络，这些标识和个性运行在智能空间，使用智慧的接口与用户、社会和环境的上下文进行连接和通信。

定义 3：物联网指通过信息传感设备，按照约定的协议，把任何物品与互联网连接起来，进行信息交换和通信，以实现智能化识别、定位、跟踪、监控和管理的一种网络。它是在互联网基础上延伸和扩展的网络[①]。

尽管定义有所不同，但是，物联网技术的发展，使可追溯系统突破技术与应用的瓶颈成为可能。其以无线传感器网络和云计算为核心，内涵包括无处不在的数据采集、可靠的数据传输和信息处理以及智能化的信息应用。

在实体世界，产品、商品等物体属于可见信息，却并非可读信息。将非数据信息转化为数据信息，在物联网中，我们采用了无线射频识别（RFID）技术作为信息采集的辅助。

RFID 能远距离识别信息，且不同于早期的条码技术，它不需要可见的线来识别。RFID 标签与条形码相比支持更大数量集的唯一 ID 标识符，而且可以增加一些附加信息，如制造商、产品类型，甚至环境因素测量（如温度）等。RFID 可以识别同一个区域的多个不同的标签。可以这样想，在一个超市收银台前，收银员不需要将每一个码在扫描前向购物者展示[②]。

案例

RFID 食品药品安全管理中的应用

目前，食品药品安全已成为我国备受关注的话题。造成食品药品安全事故不断发生的原因具体表现在食品药品安全管理的标准工作滞后、检验检测水平不高、防止和制止制假售假的手段不完备、问题食品药品的召回率低下等。

近年来，随着计算机和网络技术的发展，RFID 技术提供了唯一标识物品的方法，成为对物品管理的有效技术手段。将 RFID 技术应用于食品药品安全管理，并结合相应的后台信息系统，能够实现对物品的定位和跟踪，达到对食品药品的安全管理目的。

在具体实施过程中，有两种方法可以实现对整个食品药品供应链的信息跟踪：一种方法是自上游至下游的跟踪，称为追踪，主要用于查找造成质量问题的原因，确定产品的原产地特征；另一种方法是自下游向上游回溯，即消费者从销售环节发现购买的食品药品安全问题，可层层向上追溯，最终确定问题所在，主要用于问题产品的召回。

---

① 孙其博，刘杰，黎羴，等.物联网：概念、架构与关键技术研究综述[J].北京邮电大学学报，2010，33(3)：1-9.
② Want R. An introduction to RFID technology[J]. *Pervasive Computing*，IEEE，2006，5(1)：25-33.

> 将 RFID 技术应用于食品药品安全管理，首先要建立完整、准确的食品药品安全供应链信息记录，即对食品药品供应链全过程中的产品及其属性信息、参与方信息等进行有效的标识和记录。在食品药品供应链中的每一个加工点，不仅要对自己加工的产品进行标识，还要采集所加工的药品原料上已有的标识信息，并将其全部信息标识在成品上，以备下一个加工者或消费者使用。
>
> RFID 同样也可以嵌入销售阶段，对产品进行准入管理等。由此，RFID 技术的应用可以完成食品药品覆盖供应链。目前已有国家将 RFID 纳入食品药品监管领域，并取得了良好结果。如欧盟的食品可追溯系统，主要应用于牛肉的生产和流通领域；澳大利亚建立的畜牧标示和追溯系统（NLIS），主要用于牛羊饲养；日本自 2001 年建立食品身份证制度，即农产品履历制度，用来实现对农产品产销的追踪。
>
> 对我国而言，中国农业部 948 项目"畜产品质量安全追溯体系"课题中，将 RFID 技术应用于畜牧业产品生产过程，试图建立"从农场到餐桌"的食品供应链追踪和追溯体系。2006 年，上海市进行了"药品 RFID 供应链信息平台"的试点工作，此项目的主要目标是建立电子标签监控平台和实现 RFID 技术在特殊药品流通中的应用。此外，国内一些大型制药企业也有引入 RFID 技术的考虑。

2.2.4 其他数据获取途径

除了先进技术的应用外，传统的数据采集方法也是商业分析中不容忽视的来源渠道。经常使用的方法有调查法、观察法、实验法和现有资料查询以及网络查询等。数据收集包括一手数据和二手数据的收集。

一手数据是指原始的数据，通过调查、观察和实验获取数据。其中，调查包括普查和抽样调查。普查适用于对每个单位资料的统计调查，通常在收集区域性或全国性资料时，一一调查，如人口普查。抽样调查是从总体中抽取一小部分个体，通过抽取的样本来推断总体。抽样调查的应用范围非常广泛，例如调查商品市场情况、金融市场情况、农产品产量、土地使用状况、劳动力的多少与失业人数、工业生产、人民健康水平与家庭收支等。

观察法是调查人员直接或利用仪器在现场观察调查对象的活动，通过观察对象来收集资料的方法。观察法不能被调查者觉察，所以这种方法最适用于任何人都可以接触的数据，或者可以直接以观察获得数据的情况，如车站人流统计、交通流量、货架上的价格标识等。

实验法是研究者在研究领域内，为发现一个特定过程或系统的某些现象或规律，而设计的一系列实验。例如,验证某种药物疗效的实验,设计者选择一批实验对象,把他们随机分为两组。一组实验对象服用要检验的药物,一组服用安慰剂,药物和安慰剂在外观上没有区别。跟踪观察并统计实验对象的治愈情况,然后对两组数据进行统计、对比分析,从而得出药物是否有效的结论。

以上方法在大数据商业分析环境下可以作为数据采集的辅助,通过上述方法,采用技术手段,可以实现对数据的采集。

2.3 分析类型与数据需求

不同的分析环境和分析问题,对于需要进行的分析结果类型有不同的要求。在决策分析中,商业分析的用户群按照规模大小可以分为分析专家、业务经理和所有员工。综合用户规模与分析方法的灵活性与用户交互性,企业分析可以分为报表级的分析、多维分析、专题分析和数据挖掘。下面将详细介绍这些不同的分析类型。

2.3.1 企业报表

企业的报表分析,也称企业的财务分析,是通过收集、整理企业财务会计报告中的有关数据,并结合其他有关补充信息,对企业的财务状况、经营成果和现金流量情况进行综合比较和评价,为财务会计报告使用者提供管理决策和控制依据的一项管理工作。一般而言,企业的报表分析可以分为三个方面:单个年度的财务比率分析、不同时期的比较分析以及与同行业其他公司之间的比较。具体的分析方向主要为企业的偿债能力、资本结构、经营效率、盈利能力、现金保障能力和利润构成。

分析商业企业的报表,主要是分析资金表和经营情况表。传统的统计方法只能发现表中的表面信息,而深层次的信息需要用数据挖掘与分析的方式来进行。从已存的报表中通过数据分析方法的应用发现企业运营中存在的不明确的关联,能发现企业目前存在的问题,并且为下一步的定位提供参考。

2.3.2 多维分析

多维分析是对多维空间的数据进行分析。用户通过在数据立方体上进行切片、切块、钻取、旋转等操作,实现多角度、多粒度了解数据,将数据转化为信息的过程。

切片是从数据立方体中切出一个截面来,对数据进行降维处理。其中一个维度定为一个固

定的值,多维数据从 N 维降为 N-1 维,并根据剩余的 N-1 维对数据进行展现。

切块是从数据立方体中切出子立方体,是通过限定各个维的范围实现的。

钻取是改变维的层次,变换分析的粒度。它包括向上钻取和向下钻取。向下钻取是从粗粒度深入到细粒度观察数据;向上钻取是从细粒度扩展到粗粒度观察数据。

旋转,可以将维度在行和列的位置进行变换,改变观察的角度。旋转操作可以使用户改变一个报告或页面显示的维的方向。旋转最常见的形式是在报告显示中将某一行维转移到列维上去。通过旋转操作,用户可以对多维分析结果的显示方式进行调整,以达到准确、直观的目的。

OLAP 分析,即联机分析处理,它以多维分析为基础,在建立好数据仓库的基础之上利用多维数据库模型使得原来隐藏在这些纷繁复杂数据后面的信息具体化、可视化。传统的 OLAP 系统中,为减少数据冗余,消除关键数据操作(插入、删除、更新)可能引发的异常,需要对关系进行一定程度的分解。

利用 OLAP 对大量数据进行多维分析,能帮助企业深入、全面分析业务数据,从各种不同的角度审视企业的经营情况,改变过去依靠固定报表分析数据的方式,并由此给企业的管理和决策者提供更全面、客观的信息,这有利于提高企业的管理水平,也使企业的信息系统建设更上一层楼。

OLAP 的核心是多维数据处理,通过多维分析查询,用户可以从多角度、多侧面观察数据库中的数据,从而深入地了解包含在数据中的信息和内涵,找出各种因素对测量指标的影响。多维分析视图就是冲破了物理的三维概念,采用了旋转、切片、切块、钻取等可视化技术,在屏幕上展示多维视图的结构,使用户能直观地理解和分析数据。

2.3.3 专题分析

企业专题分析就是针对企业生产经营活动中的某项专门问题所进行的分析。如企业的计划执行情况、产品质量情况、劳动时间利用情况、资金占用情况等。专题分析师在多维分析的基础上,对企业信息的某个方面进行深入的信息提炼和信息比较,紧扣企业的业务热点,对企业经营提出相关的行动建议。一般在商业分析中,企业专题分析处于较高的层次,其面向的是某个特定应用,钻取企业的细节数据,从而产生行动建议。

2.3.4 数据挖掘

数据挖掘就其定义而言,是指从大量的数据中通过算法搜索隐藏于其中的信息的过程。数

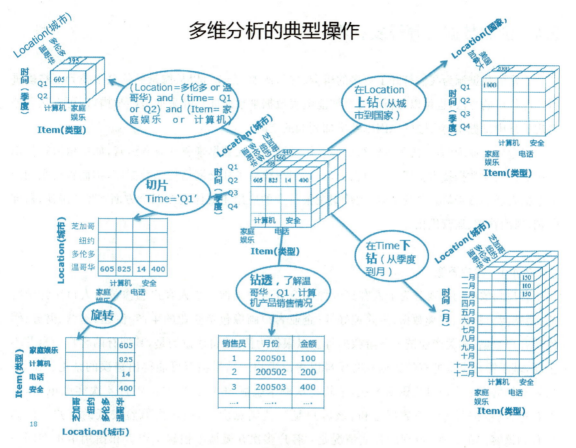

图2-2 多维分析的典型操作

据挖掘属于商业分析的较高层次,既是一种手段,也是一个目标。数据挖掘主要面向决策,从海量数据中挖掘潜在的、无法直观得出的结论。

而就数据挖掘模式的特征而言,通用性要求其分析具有延伸意义,对新数据同样适用;而新颖性则表示该模式是深层次的,挖掘结果可能会打破现有认知;有效性表示这种挖掘可以指导实际的行动。

图2-3 数据挖掘的模型部署

2.4 企业数据资源开发利用

丰富的数据源为我们打开了更多的机会之门,例如,企业可以从海量的信息中找到更精确进行产品推广的方法,也可以分析千万个智能电表数据来预测能耗并采取节能举措,还可以从业务表现信息中发掘销售失败的原因以及增加利润的空间。

以金融行业为例,国内不少银行已经开始尝试通过大数据来驱动业务运营,如中信银行信用卡中心使用大数据技术实现了实时营销,光大银行建立了社交网络信息数据库,招商银行则利用大数据发展小微贷款。总的来看,大数据在银行业的应用主要体现在四个方面:客户画像、精准营销、风险管控、运营优化。

2.4.1 客户画像

客户画像应用主要分为个人客户画像和企业客户画像。个人客户画像包括人口统计学特征、消费能力数据、兴趣数据、风险偏好等;企业客户画像包括企业的生产、流通、运营、财务、销售和客户数据、相关产业链上下游数据等。以银行为例,值得注意的是,其拥有的客户信息并不全面,基于银行自身拥有的数据有时候难以得出理想的结果甚至可能得出错误的结论。比如,如果某位信用卡客户月均刷卡 8 次,平均每次刷卡金额 800 元,平均每年打 4 次客服电话,从未有过投诉,按照传统的数据分析,该客户是一位满意度较高、流失风险较低的客户。但如果看到该客户的微博,得到的真实情况是:客户多次在微博上抱怨工资卡和信用卡不在同一家银行,还款不方便,好几次打客服电话没接通,则说明该客户流失风险较高。所以银行不仅仅要考虑银行自身业务所采集到的数据,更应考虑整合外部更多的数据,以加深对客户的了解。包括:

① 客户在社交媒体上的行为数据,如光大银行建立了社交网络信息数据库。通过打通银行内部数据和外部社会化的数据可以获得更为完整的客户拼图,从而进行更为精准的营销和管理。

② 客户在电商网站的交易数据,如建设银行将自己的电子商务平台和信贷业务结合起来,阿里金融为阿里巴巴用户提供无抵押贷款,平台根据用户过去的信用设置限额。

③ 企业客户的产业链上下游数据。如果银行掌握了企业所在的产业链上下游的数据,可以更好地了解企业的外部环境发展情况,从而可以预测企业未来的状况,以此判断是否提供融资。

④ 其他有利于扩展银行对客户兴趣爱好的数据，如网络广告界目前正在兴起的 DMP 数据平台①上的互联网用户行为数据。

2.4.2 精准营销

在客户画像的基础上银行可以有效开展精准营销，包括：

(1) 实时营销

实时营销是指根据客户的实时状态来进行营销，比如根据客户当时的所在地、客户最近一次消费等信息来有针对地进行营销（某客户用信用卡采购孕妇用品，判断是否向其推荐婴童相关产品）；或者将改变生活状态的事件（换工作、改变婚姻状况、置居等）视为营销机会。

(2) 交叉营销

即发现一位现有顾客的多种需求，并通过满足其需求而实现销售多种相关的服务或产品的营销方式。如招商银行可以根据客户交易记录分析，有效地识别小微企业客户，然后用远程银行来实施交叉销售。

(3) 个性化推荐

银行可以根据客户的喜好进行服务或者银行产品的个性化推荐，如根据客户的年龄、资产规模、理财偏好等，对客户群进行精准定位，分析出其潜在金融服务需求，进而有针对性地进行营销推广。

(4) 客户生命周期管理

客户生命周期管理包括新客户获取、客户防流失和客户赢回等。如招商银行通过构建客户流失预警模型，对流失率等级前 20% 的客户发售高收益理财产品予以挽留，使得金卡和金葵花卡客户流失率分别降低了 15% 和 7%。

2.4.3 风险管控

风险管控包括中小企业贷款风险评估和欺诈交易识别等手段。

(1) 中小企业贷款风险评估

银行可通过企业的生产、流通、销售、财务等相关信息结合大数据挖掘方法进行贷款风险分析，量化企业的信用额度，更有效地开展中小企业贷款。

---

① DMP 英文全称 data management platform，即数据管理平台。DMP 数据管理平台能够帮助所有涉及广告库存购买和出售的各方管理其数据、更方便地使用第三方数据、增强他们对所有这些数据的理解、传回数据或将定制数据传入某一平台，以更好地定位。

(2) 实时欺诈交易识别和反洗钱分析

银行可以利用持卡人基本信息、交易历史、客户历史行为模式、正在发生行为模式（如转账）等，结合智能规则引擎（如从一个不经常出现的国家为一个特定用户转账或从一个不熟悉的位置进行在线交易）进行实时的交易反欺诈分析。如 IBM 金融犯罪管理解决方案帮助银行利用大数据有效地预防与管理金融犯罪，摩根大通银行则利用大数据技术追踪盗取客户账号或侵入自动柜员机（ATM）系统的犯罪行为。

2.4.4 运营优化

(1) 市场和渠道优化

通过大数据，银行可以监控不同市场推广渠道尤其是网络渠道推广的质量，从而进行合作渠道的调整和优化。同时，也可以分析哪些渠道更适合推广哪类银行产品或者服务，从而进行渠道推广策略的优化。

(2) 产品和服务优化

银行可以将客户行为转化为信息流，并从中分析客户的个性特征和风险偏好，更深层次地理解客户的习惯，智能化分析和预测客户需求，从而进行产品创新和服务优化。如兴业银行目前对大数据进行初步分析，通过对还款数据挖掘比较识别优质客户，根据客户还款数额的差别，提供差异化的金融产品和服务方式。

(3) 舆情分析

银行可以通过爬虫技术，抓取社区、论坛和微博上关于银行以及银行产品和服务的相关信息，并通过自然语言处理技术进行正负面判断，尤其是及时掌握银行以及银行产品和服务的负面信息，及时发现和处理问题；对于正面信息，可以加以总结并继续强化。同时，银行也可以抓取同行业的银行正负面信息，及时了解同行做得好的方面，以作为自身业务优化的借鉴[①]。

当数据成为一种资源，分析方法成为挖掘资源的工具，数据分析就能助力企业在其发展中打破信息障碍，发挥其资源的最大价值。但是，任何工具和方法都需要有实际的应用空间，因而商业分析不仅需要材料、需要方法、需要设备，也需要有能力的人。更重要的是，数据要具有社会价值，就必须落地于具体的社会企业。

---

① 雷锋网.大数据在金融行业的应用[EB/OL].[2018 - 05 - 21]. http://www.leiphone.com/news/201411/BW3iFXbV2mdPrIDt.html.

思考题

1. 思考数据采集与信息技术发展的关联,并调研当前新趋势。
2. 根据自己所处或希望从事的行业,探索其与商业分析可能的结合点。
3. 收集目前所接触到的商业分析应用改善社会生活的案例。

第三章 商业分析的应用环境

大数据环境下,企业发展开始出现一些新的问题:如企业各种系统成了信息孤岛、各系统间数据不一致、报表的复杂查询困难、分析和挖掘之类的需求增多等。对企业而言,如何集成数据、如何保证数据准确性、如何更好支撑报表和复杂查询、如何快速响应分析和挖掘需求等商业分析问题的解决,是企业最大化 IT 支撑作用的必经之路。

3.1 商业分析的内容和步骤

商业分析有自身的研究内容和步骤,对其基本内容的了解,将有助于企业开展分析及实现价值。

3.1.1 商业分析的内容

(1) 宏观商业环境

从宏观商业环境来看,商业分析的内容主要包括以下几个层面:

① 经济情况。包括主导产业、多元化程度、项目增长、经济波动、汇率情况等。对经济状况的分析是商业分析的重要内容之一。

② 人口特征。包括年龄分布、性别比例、劳动力学历水平与工资水平等。

③ 社会文化。包括民族风俗、宗教信仰等。

④ 政策法规。包括税收、执照、营业限制、最低工资法等相关鼓励或限制因素。

⑤ 环境因素。包括地区绿色环保等相关的倾向与规定。

(2) 微观商业环境

从微观方面来看,商业分析可分为企业内部与外部的商业分析。

企业内部商业分析的内容包括:① 综合经营分析,即系统管理的综合层面生成各种管理统计指标,供各业务管理部门查询分析,包括资产、资金、负债、费用、利润等企业运营相关的财务与非财务的基本数据。② 销售分析,可以让企业高管和销售经理更实时地了解销售业绩,以及与销售代表、客户和实际订单相关的信息。这种详细的可视性信息可以帮助企业认识并预测到潜在的市场趋势,并结合其他部门的数据综合分析,能更快地响应现有和潜在的商机和威胁。③ 人力资源分析,可以让企业高效评估招聘和培训效率。该类软件在此主旨的基础上,通过帮助相关部门调整和完善人才梯度规划,来满足企业不断变化的人才管理需求。④ 供应链分析,可以帮助采购人员评估供应商的信用与等级,包括执行合同义务并按需提供产品和服务的能力。集成的报表和分析工具套件可以有助于采购人员做出更明智的采购决策。⑤ 内容分析,可以帮助企业通过对非结构化和半结构化的多媒体内容进行分析,为企业发展提供新的业务信息。例如通过对用户舆情分析来嗅探用户潜在需求,并前瞻性地对异常情况进行预测,从而优化决策。

企业外部商业分析的内容包括:① 供货情况分析,内容包括运输成本、供货时间、制造商和批发商数目、原材料的可获得性和可靠性。② 竞争情况分析,包括现有或潜在竞争者的位置、数量、规模、商业模式、经营风格、经营商品、服务对象的优势与弱点分析,竞争的短期与长期变动、饱和程度。③ 客户信息,包括客户基本信息、购买情况、客户满意度、客户反馈等,其他还包括企业投资的最高金额等外部商业信息分析等。

3.1.2 商业分析的步骤

实施商业分析的每个企业或机构都存在自己特有的商业需求和情况,不存在"放之四海而皆准"的实施步骤。下面给出的是一个较为基本的商业分析实施步骤,在企业的实际运作中,这些步骤周而复始,逐渐构成商业分析的循环周期。商业分析的步骤一般可分为以下几步:

(1) 制定商业分析的计划

在商业分析最初的阶段,需要制定商业分析的计划,其目的是为企业决策支持和企业数据仓库活动建立一个长期的安排,确定数据仓库及其相关技术的投资回报是否有保证,确定相关技术在哪些方面能最好地服务于整个企业。

(2) 制定商业分析的目标

该步骤为需求收集阶段。企业对商业分析的需求非常广泛:企业业务流程、数据来源,用户使用信息的内容、方式和习惯,甚至包括报表的布局样式都需要在此阶段明确。

(3) 实施商业分析系统

该步骤将投入使用分析系统或工具,在初次采纳相应辅助工具时,要确保所使用的功能在整个过程能可靠地运行。另外,还需对用户进行系统培训,以确保最终用户熟练掌握新软件的使用方法。

(4) 对分析过程进行监督与控制

在用户使用商业分析工具过程中,必须对软件运行状况和性能情况进行监视和控制,以及时地进行错误修改和性能优化。针对一些分析中遇到的困难,应及时与团队成员进行讨论与反馈。

(5) 进行效果分析

在实施上述商业分析过程之后,对生成的相应分析结果进行评估,回答的问题包括:该系统能否成功完成企业的业务解决方案、是否能实现绩效管理、是否确保重要信息安全、是否降低企业成本等。此外,还要总结这一周期的成功或不足的经验,为下一个商业分析周期做好准备。

3.2 商业分析应用领域

对现代企业而言,其所需要的不再是一堆堆的数据和报表,取而代之的应该是运用一套智能运算的系统来对这些多源异构数据进行提取和计算,并得出高效准确的预测模型,再通过运用分析结果来减少企业发展过程中遇到的风险和资源浪费。

商业分析不再只被统计分析专家所使用,而已经融入了人们的日常生活之中。企业管理层上班的第一件事也许就是打开营运绩效的仪表盘来查看企业运营是否正常;员工出差去订机票时,航空公司正不断根据实时数据来优化航线价格;午餐时的餐厅也会根据食客的偏好和需要来管理和优化原料的采购;业余时间去逛超市,超市已经根据商品销售的关联分析重新布置了货架,让顾客更容易发现和购买所需的商品。

对于企业而言,商业分析可以应用在各个层级、各个职能、各个部门之中。通过商业分析,可以有效地提高利润,同时降低成本,进而增加盈余;利用商业分析,可以贴近客户,提供差异化的产品或服务,让客户管理效果最佳化;利用商业分析可以卓越运营,有效提高资源利用率和运营效率,在企业核心业务、产业合作、潜在市场等多个方面取得经营突破。

商业分析已经应用到各行各业,各个行业希望通过大数据解决的业务问题——流程、成本和客户体验是最受到关注的内容。根据工作负载复杂度和数据复杂度,商业分析主要分为五个阶段逐步提升企业竞争优势,如图3-1所示。从最初阶段的批处理方式被告知发生了什么,到分析预测阶段的为什么发生以及将要发生什么和正在发生什么,最终到主动触发阶段的我们希望发生什么。随着五个阶段的深入,工作负载复杂度和数据复杂度都需要增加更多的资源投入来解决。

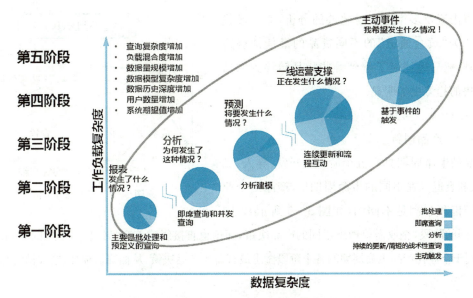

图 3-1 商业分析五个阶段逐步提升企业竞争优势

下文以客户关系管理和产品创新两个领域为例,详细介绍商业分析在不同领域的分析内容、应用流程等。

3.2.1 客户关系管理

客户关系管理的核心是了解客户细分,了解不同客户之间的差异性,因而整个客户关系管理流程需要商业分析。客户管理中的商业分析主要包括四个流程:跟踪、学习、计划和实施。首先需要对客户数据进行跟踪,获取商业分析的原始分析数据;通过商业分析,可以对客户数据进行学习,在数据分析与优化的过程中进一步发现知识,对客户管理进行有效计划;接下来在基本计划的基础上,进行目标及互动式的推广计划,从而实施客户沟通管理;在实施管理之后,继续保持跟踪,以此形成一个高效的客户管理闭环。

通过商业分析,可以在传统 4P 营销组合的基础上添入一个新的元素,形成 5P 营销组合,即产品、渠道、价格、促销以及时机。商业分析可以为企业寻找到最佳时机,实时为合适的用户提供合适的产品。除此之外,商业分析给客户管理带来的更大价值在于客户细分,通过忽略无价值客户,专注有价值的客户,进而减少成本来维护客户关系,同时增加销售,提升单位客户的价值。基于商业分析的客户细分价值如图 3-2 所示。

利用商业分析可以更贴近客户,比如在营销 3.0 时代,亚马逊借助数据分析领先于客户意识,引导客户需求,影响客户决策。亚马逊会去了解客户最终形成购买行为前的信息来源渠道,通过对网站点击流及多渠道接触轨迹的分析,亚马逊找到了被称为"黄金通道"的不同货品的最佳销售路径。此外,亚马逊还能了解到哪些货品转移到网站渠道销售的趋势更加明显。

3.2.2 产品创新

产品的生命周期具有五个阶段:开发、导入、成长、成熟和衰退。在不同的生命周期里,产品给企业带来的销售和利润是不同的(如图3-3所示)。

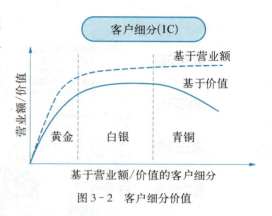

图3-2 客户细分价值

同时,在不同的阶段,企业需要做出不同的产品决策,而这也直接影响着产品销售所带来的利润。商业分析有利于企业在产品生命周期的各个阶段做出最有益的产品决策,从而降低损耗,增加销售和利润。

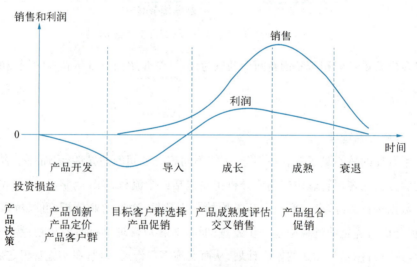

图3-3 产品生命周期

在产品开发阶段,通过对客户群进行分析,了解客户需求,可以更好地进行产品创新与定价。在导入产品时,通过分析选择目标客户群进行产品促销,可以促使产品快速导入市场。而在产品的成长期中,通过分析评估产品成熟度,选择有效的交叉销售,可以让产品快速成长。在产品进入成熟期之后,需要通过分析来进行有效的产品组合促销,以此来延迟衰退期的到来。

例如,大数据分析正深入到电影的创作环节,这对整个影视创作行业,从剧本选择,导演、演员的选择,拍摄和后期制作,乃至营销,都会产生深刻的影响。如西班牙电信于2012年10月宣布成立了运营商中的第一个基于大数据的全新业务部门"Dynamic Insights"(动态洞察),并发布了第一个基于大数据的产品"Smart Steps"(智慧足迹)。它可以为社会管理、社会生产、社会服务等方面提供基于通信用户数据的深度分析和洞察,提升整个社会的效率和生产力。Smart Steps 主要具有以下几个功能:

① 当零售商要开新店时,能了解该地区在每天、每个时间段的客户信息。

② 会根据人流量和停留时间来做出决策。

③ Smart Steps 基于移动数据,精确知道每个时间段的客户情况,结合客户的性别、年龄等信息,可以掌握哪些年龄、性别、区域的客户光临店面的频率,从而可以知道促销活动的针对性及成功率的情况,同时也可以知道竞争对手的各类信息。

④ 在社会管理和社会服务方面,Smart Steps 同样可以为规划交通线路、市政设施、停车场修建等方面提供帮助。

3.3 商业分析的应用行业

随着大数据的发展,商业分析的应用价值逐步体现出来,未来必将扩张到传统产业的方方面面,不断创造新的应用场景。在全球范围内,商业分析应用已经具备了实践基础,在金融、互联网、电信、交通物流、零售、影视娱乐、广告营销、公共服务等领域都得到了应用。

商业分析以量化指标为利器,其优势在数据爆炸式增长的今天得以凸显:从横向看,只要有需求和满足需求的服务能力,商业分析就可以涉足各行各业,不再受行政条条框框的约束;从纵向看,只要有需求和满足需求的服务能力,商业分析就可以深入行业内部,上可以运营大数据,下也可以驾驭微管理,不再受资质等级的限制。

3.3.1 金融行业商业分析应用概述

随着银行业业务的拓展,银行业的客户数据、交易数据等均呈现爆炸式增长,这给银行业带来机遇和挑战。在大数据时代下,银行的服务模式与管理模式已逐步发生改变。近年来,我国许多银行已经开始尝试通过大数据来进行商业分析,促进自身的发展。总体而言,我国银行业商业分析的应用可以分为四大方面:一是构建客户画像,主要分为个人客户画像和企业客户画像。个人客户画像包括人口统计学特征、消费能力数据、兴趣数据、风险偏好等;企业客户画像包括企业的生产、流通、运营、财务、销售和客户数据、相关产业链上下游等数据。二是精准营销,银行可以在客户画像的基础上开展精准营销,包括实时营销、交叉营销、个性化推荐和客户生命周期管理。三是风险管控,主要包括中小企业贷款风险评估以及实时欺诈交易识别和反洗钱分析。四是运营优化,主要包括市场和渠道分析优化、产品和服务优化以及舆情分析等。前文已有介绍。

银行业正在受到科技创新的影响,也在越来越倾向于零售营销。对于银行业来说,大数据意味着巨大的商机——可强化客户体验、提高客户忠诚度。形象地说,数据的收集能力加上数据的分析能力等于企业智商,这关乎商业决策的速度和准确性,也关乎企业的生存和发展。银行业在大数据的浪潮中,要以大数据平台建设为基础,夯实大数据的收集、存储、处理能力;重点推进大数据人才的梯队建设,打造专业、高效、灵活的大数据分析团队;不断提升自身能力,挖掘海量数据的商业价值,从而在数据新浪潮的变革中赢得先机。

3.3.2 通信业商业分析应用概述

通信业,主要经营移动电话、长途电话、本地电话、数据通信(包括互联网业务和 IP 电话)和多媒体业务等,并具有计算机互联网国际单位经营权和国际出入品局业务经营权。除提供基本话音业务外,还提供传真、数据、IP 电话、信息点播、手机银行、4G 业务、5G 业务等多种增值业务,以及与主营业务相关的其他业务。其中最具代表性的国内公司有:中国移动、中国联通、中国电信。

商业分析在通信行业的应用,主要通过构建数据集,将企业数据合理地组织在一起,利用数据挖掘技术进行分析,以便有效地理解客户、开展面向通信客户的针对性营销和服务,并能达到增加收入、降低成本、提高企业利润的目的。

目前通信行业运用大数据进行商业分析主要有五方面:① 网络管理和优化,包括基础设施建设优化和网络运营管理和优化;② 市场与精准营销,包括客户画像、关系链分析、精准营销、实时营销和个性化推荐;③ 客户关系管理,包括客服中心优化和客户生命周期管理;④ 企业运营管理,包括业务运营监控和经营分析;⑤ 数据商业化,即数据对外商业化,单独盈利。如美国电信运营商 Sprint 利用大数据为行业客户提供消费者和市场洞察,包括人口特征、行为特征以及季节性分析等方面;Verizon 的精准营销部门基于营销洞察还提供精准广告投放服务;AT&T 提供 Alert 业务,当用户距离商家很近时,就有可能收到该商家提供的折扣很大的电子优惠券。

随着国内通信行业市场竞争的日趋激烈,通信行业需求与服务价值转变,电信运营商的经营模式逐渐从"技术驱动"向"市场驱动"和"客户驱动"转化。面对客户的多样化、层次化、个性化的需求,传统营销已逐渐失去优势。基于客户信息、客户价值和行为,以及深入数据分析的精确化营销理念逐渐被各大电信运营商接受。

3.3.3 新兴行业商业分析应用概述

目前商业分析在银行业、通信业以外的新兴行业中兴起并得到迅速发展,如航空业、先进制造业、物流快递业以及互联网行业等。

航空运输是指使用飞机、直升机及其他航空器运送人员、货物、邮件的一种运输方式。它具有快速、机动的特点,是现代旅客运输,尤其是远程旅客运输的重要方式,是国际贸易中的贵重物品、鲜活物品和精密仪器运输所不可缺的运输方式。民航运输业的发展和国民经济整体的发展密切相关。人们普遍认为航空公司是暴利垄断行业,但实际上,航空公司处于产业价值链的弱势位置,利润微薄且竞争激烈。因此,为了走出价值洼地,航空公司通过业务分析,构建全产业链整合的全新行业模式和数据整合平台;并建立商业智能分析框架,利用数据分析进行客户全生命周期和旅客管理。除了客户分析以外,航空公司还应用商业分析进行收益管理、成本管理和市场分析等。

制造业是指对制造资源(物料、能源、设备、工具、资金、技术、信息和人力等),按照市场要求,通过生产加工过程,转化为可供人们使用和利用的大型工具、工业品与生活消费产品的行业。随着人力短缺、工资上涨、市场需求变动等情况的出现,制造业正面临转型挑战。同时,各个国家也在积极推动"工业4.0",实现产品技术、企业管理、制造装备、生产过程控制、商业分析的智能化,并广泛利用数据分析实现企业销售预测、供应链精细化管理、库存优化、远程设备监控等。先进制造业将以智能制造为方向,推进制造业数字化、网络化、智能化。

物流快递业是指通过铁路、公路、空运和航运等交通工具,对货物进行运输配送或快递投递的行业。传统物流快递的业务操作流程十分复杂,并且需要大量的人力,而且出错率高、速度慢。通过信息化系统的建设,物流快递业实现了自动分拣、仓储管理、运输管理等功能。随着信息化建设大量的数据积累,企业同时也面临着越来越多的业务问题。数据和信息已经成为制约快递行业优化内部管理和业务决策的关键因素,物流快递业需要通过商业分析降低运营成本、提高收益,统一结算体系、减少收入流失,实现从订单追踪到业务分析等业务改善。

互联网行业指的是以互联网信息技术对网络资源进行获取、加工、利用、贮存和传递的行业。互联网当前正面临数据爆炸式增长、用户群不断扩大、智能设备发展势头强劲、移动互联网野蛮生长的发展趋势,同时也给传统行业带来了巨大的影响。面对这些发展趋势,互联网行业出现了多种商务数据分析应用:搜索引擎、推荐系统、定向广告、云服务(存储与计算服务)和其他移动互联网服务等。通过对网上海量用户数据进行分析,实现对用户的兴趣分类,以精确投放用户需求的信息,提升用户对网站的满意度、忠诚度。

思考题

1. 在一个具体的行业中,商业分析的主要内容和步骤是什么?
2. 举出你所认为的当前行业商业分析应用需要改进的地方。
3. 试举出一个具有创新性的商业分析行业应用。

第四章　商业分析的技术环境

进入信息时代以来,数据库规模日益扩大,数据呈爆炸性增长,人们对于数据的认识有了翻天覆地的变化。在企业的日常运营中,数据无处不在,繁杂的数据中隐藏着众多的联系,如果不对这些数据进行有效的分析和处理,将会对企业的未来发展产生极大的负面影响。大数据时代,我们面临着"数据爆炸,知识匮乏"的严峻挑战,仅仅依靠数据库管理系统的查询检索机制和统计分析方法已远远不能满足企业的实际需求。如何有效地管理和利用数据库中的海量数据,如何发现其中潜在的知识?我们需要一种新的、更有效的手段对各种数据源进行整合并挖掘。

4.1　数据仓库

4.1.1　数据库与数据仓库

随着市场竞争的加剧,使用传统业务数据处理系统的用户已经不满足于仅仅用计算机去处理每天所发生的事务数据,而是需要能够支持决策的数据。这就需要一种能够将日常业务处理中所收集到的各种数据转变为具有商业价值的信息的技术,但是传统数据库系统无法承担起这一工作。传统数据库的主要任务是进行事务处理,所关注的是事务处理的及时性、完整性和正确性,在数据分析方面则存在着诸多不足,主要体现在缺乏集成性、主题不明确等多个方面。同时,传统数据库的处理方式与决策分析中的数据需求不匹配,导致传统数据库无法支持决策分析活动。这些不匹配主要体现在对决策处理中的系统响应问题、决策数据的需求问题和决策数据的操作问题等方面。

受这些问题的影响,企业无法使用现有的事务处理系统去满足决策分析的需要。因此,决策分析需要一个既能不受传统事务处理的约束,又能高效率处理决策分析数据的环境,由此产生了满足这一要求的数据存储和数据组织技术——数据仓库。

通常,数据仓库是在传统数据库的基础上发展起来的,建立在异构的业务数据库基础之上,为企业决策支持系统及数据挖掘系统提供数据源。尽管传统数据库在分析数据时存在缺陷,但数据仓库并不是对传统数据库的一种革命性的扬弃或超越,而是针对传统数据库在数据分析能力方面的不足,以提供良好的大规模数据分析能力为己任,力图为决策提供支持的技术。数据库与数据仓库的诸多差别如表4-1所示。正是由于这些差异的存在,实现了数据仓库技术在分析能力上的突破。

表4-1 数据库与数据仓库的比较

比较项目	传统数据库	数据仓库
内容	与业务相关的数据	与决策相关的数据
数据模型	关系、层次结构	关系、多维结构
数据结构	数据结构化程度高,适合运算操作	数据结构化程度始终
负载	事务处理量大,但每个事务涉及的记录数很少	查询量小,但每次需要查询大量的记录
事务输出	一般很少	可能非常大
访问	经常是随机地读、写操作	经常是只读操作
面向用户	普通的业务处理人员	高级的决策管理人员
汇总情况	原始数据,不做汇总	多层次汇总,数据细节有损失
停机	可能意味着灾难性错误	可能意味着延迟决策
数据时间期限	60—90 天	5—10 年
设计	避免冗余,符合范式	引入冗余,反范式

数据仓库和数据库密不可分。在为应用服务的过程中,数据库与数据仓库往往要结合使用。数据仓库是数据库的升华,将数据库中的数据面向主题整合,往往拥有更大的储存容量,并能更好地支持数据挖掘和分析。

4.1.2 数据仓库定义

数据仓库是基于大规模数据库的决策支持系统环境的核心,是进行数据分析和决策制定的一种技术方案。关于数据仓库的定义,目前被广泛接受的是由数据仓库之父威廉·H·英蒙在《数据仓库》(Building the Data Warehouse)一书中所提出的定义——数据仓库是一个面向主题的(subject oriented)、集成的(integrate)、相对稳定的(non-volatile)、反映历史变化的(time variant)数据集合,用于支持管理决策。

根据数据仓库的含义,数据仓库拥有以下四个特点。

(1) 面向主题

"面向主题"是数据仓库中数据组织的最基本原则。操作型数据库的数据组织面向事务处理任务，各个业务系统之间各自分离，而数据仓库中的数据是按照一定的主题域进行组织。数据仓库的面向主题正是相对于传统数据库的面向应用而言。所谓"面向应用"是指系统实现过程中主要围绕着一些应用或功能，而"面向主题"则是考虑一个个的问题域，对问题域涉及的数据和分析数据所采用的功能给予同样的重视。

所谓"主题"，是一个逻辑概念，是指用户使用数据仓库进行决策时所关心的重点方面，一个主题通常与多个操作型信息系统相关。数据仓库是面向在数据模型中已定义业务的主要主题域的，例如在电信领域中典型的主题域包括客户、产品、资源、渠道、服务和竞争等。数据仓库的设计者必须明确该数据仓库所支持的决策内容，即数据仓库的用途，并将决策内容归纳为若干具体的、易于利用数据组织加以实现的主题。

(2) 集成

数据仓库中数据的集成，是指在构建数据仓库的过程中，对多个外部数据源中格式不同、定义各异的数据，按既定的策略进行抽取、清洗、转换等一系列处理，使之成为一个有机的整体。这在数据仓库的所有特点中是最重要的。

面向事务处理的操作型数据库通常与某些特定的应用相关，数据库之间相互独立，并且往往是异构的。而数据仓库中的数据往往来自不同的数据源，由于历史的原因，各数据源的组织方式往往不同，在这些异构的数据导入到数据仓库之前，必须经过一个集成过程。即是在对原有分散的数据库数据抽取、清理的基础上经过系统加工、汇总和整理得到的，必须消除源数据中的不一致性，以保证数据仓库内的信息是一致的全局信息。例如，对"客户性别"编码时，在数据仓库中编码为"男/女"或是"m/f"并不重要，重要的是无论使用什么原始应用系统，在数据仓库中都应该有一致的编码。如果应用系统中编码为"X/Y"，则在其导入数据仓库时就应进行转换。

(3) 相对稳定

操作型数据库中的数据通常实时更新，数据根据需要及时发生变化。而数据仓库的数据主要供企业决策分析之用，所涉及的数据操作主要是数据查询，一旦某个数据进入数据仓库以后，一般情况下将被长期保留，也就是数据仓库中内容的更新、追加等操作是不频繁的，一般依据既定的周期或条件阈值进行。并且，数据在导入数据仓库后，虽然也有删除、更新等操作，但决定这种操作的阈值条件是较难满足的，这类情况是比较罕见的，通常只需要定期的加载、刷新。

(4) 反映历史变化

数据仓库是以维的形式对数据进行组织的，时间维是数据仓库中很重要的维度之一，数据仓库的内容会随时间的变化而不断得到增补、更新。

操作型数据库主要关心当前某一个时间段内的数据,而数据仓库虽然不会随业务的发生而频繁地更新数据,但为了保证决策分析的正确性,对数据仓库的内容定期加以增补和更新是十分必要的。所以数据仓库中的数据通常包含历史信息,系统记录了企业从过去某一时点到目前的各个阶段的信息,通过这些信息,可以对企业的发展历程和未来趋势做出定量分析和预测。

企业数据仓库的建设,是以现有企业业务系统和大量业务数据的积累为基础的。只有把相关数据信息及时交给需要这些信息的使用者,供他们做出改善其业务经营的决策,信息才能发挥作用,信息才有意义。而把信息加以整理归纳和重组,并及时提供给相应的管理决策人员,是数据仓库的根本任务。

因此,数据仓库是一个过程而不是一个项目,是一个环境而不是一件产品。数据仓库提供用户用于决策支持的当前和历史数据,这些数据在传统的操作型数据库中很难或不能得到。数据仓库技术是把操作型数据集成到统一的环境中以提供决策型数据访问的各种技术和模块的总称,是为了让用户更快更方便查询所需要的信息,为用户提供决策支持。

数据仓库以数据仓库技术为基础,以联机分析处理和数据挖掘技术为手段,通过整合业务数据,支撑商业分析。数据仓库的应用具有极大的价值,其能整合多个业务系统数据,形成企业统一视图;也可以建立统一的数据访问平台,支持多用户高并发的复杂查询;同时,数据仓库具有强大的处理能力,支撑快捷的数据获取和报表查询,还具有业务决策数据分析快速响应能力。

4.1.3 数据仓库相关概念

通过数据仓库和数据库的定义以及对比,可以大致了解数据仓库的基本轮廓,下面将具体对数据仓库的相关概念知识进行详细阐述,包括数据仓库的数据源、元数据以及数据集市。

(1) 数据源

构建一个数据仓库,必然要有充足的数据来源,为数据仓库系统提供进行分析的"原材料"——数据,这些数据来源成为数据仓库的数据源(data source)。数据仓库并不直接存储实物数据,其数据往往来源于多个数据源,并且数据源并不局限于传统数据库,也可以是其他类型的数据,甚至是非结构化的信息,如文本文件,也可以是网络资源。数据仓库必须将不同来源的数据聚集合并为结构一致的数据集,使其能够准确反映该来源的事务运行情况和历史记录。

由于在长期的事务处理过程中,数据被分成了多种不同的格式。其中可能有大型关系数据库、对象数据库、桌面数据库、各种非数据格式的文件等,同时这些数据还可能分布在各种不同的数据操作平台上,并通过网络分布在不同的物理位置。另外,数据仓库的数据源可以是递归的,即数据仓库的数据源可以是另外一个数据仓库或 OLAP 服务器。在这些数据源中,所有用户感兴趣的数据都必须通过数据提取软件进行统一和综合,把它们提取到数据仓库中。

从业务系统中提取的或从外部数据源中导入的数据,经过清洗、转化后,成为数据仓库的原始数据。需要注意的是,它们是数据仓库数据的一部分,但不是全部。由于需要数据仓库进行 OLAP 分析和数据挖掘,这就需要在原始数据的基础上增加冗余信息,比如进行大量的预运算,建立多维数据集,以求迅速地展现数据。

(2) 元数据

数据是对事物的描述,"元数据"就是描述数据的数据,它提供了相关数据的环境,是关于数据仓库中数据、操作数据的进程以及应用程序的结构和意义的描述信息。元数据在数据仓库的设计、运行中有着十分重要的作用,它所描述的对象涉及数据仓库的各个方面。

元数据用于告知用户数据仓库中有什么数据、这些数据来自何处,也可以通过使用查询工具对元数据进行访问而得知数据仓库中有什么数据、在哪里可以找到这些数据、哪些人被授权可以访问这些数据,以及已经预先求出的汇总数据有哪些等。元数据在数据仓库中数据的上层,用于记录数据仓库中对象的位置。主要包含两类数据:一种是为了从操作型环境向数据仓库环境转换而建立的元数据,它包括所有源数据项的名称、属性及其在提取仓库中的转化;另一种在数据仓库中的元数据,是用来与最终用户的多维商业模型和前端工具之间建立映射的,这种数据被称为决策支持系统元数据。

总之,元数据是数据仓库的一个综合文档,是数据仓库的核心,它决定了数据分析的有效性。通过元数据可以将数据仓库和复杂的数据源系统的变化隔离,是数据仓库开发和维护的一个关键因素,也是保证数据提取质量的依据。通常,数据仓库将建立专用的元数据库来存放和管理元数据。

(3) 数据集市

数据仓库是企业级的,能为整个企业各个部门的运行提供决策支持手段;而数据集市则是部门级的,一般只能为某个局部范围内的管理人员服务,因此也称之为部门级数据仓库。数据仓库的工作范围和成本常常是巨大的。信息技术部门必须对所有的用户以整个企业的眼光对待任何一次决策分析,这样就形成了代价很高、耗时较长的数据仓库大项目。于是提供更紧密集成的、拥有完整图形接口并且价格吸引人的工具——数据集市(data mart)就应运而生。作为一种更小、更集中的数据仓库,数据集市为公司提供了一条分析商业数据的廉价途径,主要针对某个具有战略意义的应用或者具体部门级的应用,支持用户利用已有的数据获得重要的竞争优势或者找到进入新市场的具体解决方案。

数据集市是由数据仓库发展而来的,某种层面上讲,它是属于企业某个部门的小型数据仓库,强化了一部分功能,拥有更专业的目的。虽然数据集市比企业的数据仓库应用范围更小,包含数据更少,但是进一步支撑了所属部门的数据处理和信息获取能力,是一次体系结构上的巨大进步,是对"大而全"目标反向思考的成功结果。对于部门而言,了解和应用数据集市,并将其与企业数据仓库整合,可能比单纯使用数据仓库更有效。

数据仓库中存放的是全企业的信息,换言之,一个企业只需建立一个数据仓库,但企业却可以有多个数据集市,数据集市有两种类型:独立型数据集市和从属型数据集市,具体见图4-1。

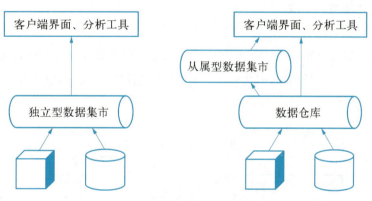

图4-1 独立型数据集市和从属型数据集市

独立型数据集市的实质,是为了满足企业内部各部门的分析需求而建立的微型数据仓库。有些企业在实施数据仓库时,为了节省投资,尽快见效,针对不同部门的需要,分别建立起该类数据集市,以解决一些迫切问题。这类数据集市的服务对象层次较低,数据规模较小,结构也相对简单,大多没有元数据部件。这类数据集市也可以实施集成,以构建完整的数据仓库。

从属型数据集市的内容并不直接来自外部数据源,而是从数据仓库中得到。在数据仓库内部,数据根据分析主题,划分为若干子集,进行组织、存放。这种面向某个具体的主题而在逻辑上或物理上划分形成的数据子集,就是从属型数据集市。数据划分成集市之后,在进行某个确定主题的分析时,可以有效缩小数据的检索范围,明显提高数据仓库的效率。

正如为了更好地进行数据分析与支持,在数据库的概念上建立了数据仓库;为了为更小范围的组织提供更优质的信息服务,在大规模的数据仓库上建立了更灵活实用的数据集市。在数据仓库面对企业整体事务的同时,数据集市面对部门级业务。这就导致了数据仓库具有统一性,而数据集市各有不同。数据集市是面向部门的,这就要求它的整个实施过程由部门定义、设计和开发,也由部门来管理和维护。同时,数据集市相对数据仓库的规模较小,便于实施,购买较便宜,投资回收快。无论如何,数据集市的数据和功能都是数据仓库的一个子集,并不拥有数据仓库的全部数据及功能。可以认为数据集市是一个提供更详细的、预先存在的数据仓库的摘要子集,可升级到完整的数据仓库。

4.1.4 数据仓库体系结构

作为企业实施决策的支持工具,数据仓库在理论上并没有固定的、严格的结构,而是随企业的规模、决策的类型、数据的特点而改变。一般来说,数据仓库的体系结构具有两种类型:两层体系结构和三层体系结构。

(1) 两层体系结构

由数据仓库的定义可知,它是将企业各个业务系统中与分析有关的数据集成在一起,同时数据仓库面向的应用是分析型操作,因此形成了 DB-DW(数据库-数据仓库)两层的数据仓库体系结构,如图 4-2 所示。

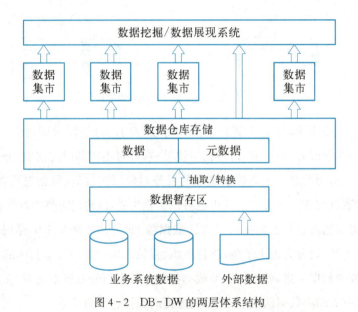

图 4-2 DB-DW 的两层体系结构

其中,业务系统作为主要的分析数据来源,其数据格式主要是表的形式。实际中,由于要保证不影响业务系统的正常运行,一般不直接在业务系统中进行数据的查询和抽取,而是采取备份库或者文件传输的形式进行数据仓库的数据抽取。外部数据源是指信息来源于企业的外部,描述企业运营的外部环境与企业经营分析有关的数据,如各个企业的市场份额等。外部数据作为经营分析的补充,对企业经营决策的正确性起着十分重要的作用,因此应保证外部数据的实时性和准确性。外部数据源具有多样性的特点，如年报等都可以作为外部数据源，同时外部数据源的格式也不统一，如文本、数据表格、图像和声音等。因此对外部数据源及其数据格式等都应在数据仓库的元数据中进行记录，同时元数据中还应对外部数据的可信程度有一定评价。

由于数据仓库的数据源不统一，同时源数据的存储形式也不相同，因此有必要在数据进入数据仓库前先将数据存放在一个统一的暂存区中，引入数据暂存区的主要作用是统一不同数据源的数据格式和进行数据的初步检查。

数据仓库中保存了大量的历史数据，同时数据仓库面向的是整个企业的分析应用，但在实际应用中不同部门的用户可能只使用其中一部分数据，从处理速度和效率的角度出发，可以将这部分数据在逻辑上或者物理上进行分离，使用户无需到数据仓库的海量数据中进行查询，只在与本部门有关的数据集合上进行操作，即形成了多个数据集市。将数据仓库按照数据的应用划分为多个数据集市，有利于数据仓库的负载均衡，保证应用的执行效率。同时，由于数据集市具有统一的数据来源——数据仓库，遵循统一的数据模型，保证了各个不同数据集市中数据的统一。

可以看出，数据仓库体系结构是一种管道过滤器的结构，数据从数据源进入数据仓库到展示给最终用户，都有一定的关联关系，因此为保证数据仓库中数据处理的合理调度，则都需要通过数据仓库的元数据完成。

（2）三层体系结构

数据仓库的提出使得操作型处理和分析型处理得以分离，从而形成了 DB-DW 两层的体系结构，但是在企业的业务处理中存在介于操作型和分析型之间的需求，需要对短期的历史数据进行分析，同时要求较快的响应速度，这种分析无法在操作型数据库中完成，因为其保存的是数据的瞬间信息，如果通过数据仓库完成，由于数据仓库保存了大量的历史数据，在响应时间上无法满足要求，因此提出了操作型数据存储（operational data store，ODS）的概念。ODS 数据可以概括为面向主题的、集成的、可变的和当前的或接近当前的数据。其中，"面向主题的"和"集成的"特点与数据仓库的概念相似；"可变的"是指 ODS 数据可以联机改变，包括增加、删除和更新等操作；"当前的"是指数据在存取时刻是最新的；而"接近当前的"是指存取的数据是最近一段时间得到的。引入 ODS 后，原来 DB-DW 的两层体系结构被扩展为 DB-ODS-DW 的三层体系结构，如图 4-3 所示。

在 DB-ODS-DW 三层体系结构中，ODS 的作用可以概括为：

① 为数据仓库提供数据，减少数据仓库数据抽取的复杂性。由 ODS 的定义可知，它具有面向主题和集成两个特点，因此来自业务系统的源数据首先进入 ODS，在进入 ODS 时完成数据清

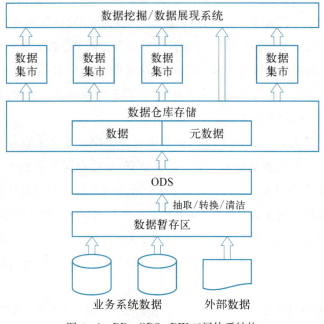

图 4-3 DB-ODS-DW 三层体系结构

洁和集成的工作,这样再向数据仓库提供的数据就是清洁的和统一的,减轻了数据仓库中数据抽取的工作量。

② 即时的 OLAP 分析。由于在业务系统中需要对近期或当前的数据进行分析,数据仓库相应的处理环节较多,同时数据仓库保存了大量的历史数据,如果将所有任务放在数据仓库中完成,势必造成留给数据仓库的数据处理时间减少,所以将这部分任务分配给 ODS。由于 ODS 保存了近期的数据,可以完成用户的即时分析需求。

③ 全局的 OLTP(联机事务处理)操作。由于 ODS 数据的集成性,整合了企业中不同业务系统的数据,同时,ODS 数据是可更新的,因此 ODS 可以提供面向企业全局的 OLTP 操作。

4.1.5 数据模型

数据仓库的构建是一个非常复杂的过程,需要从企业模型和具体行业的业务特点出发,构造出数据仓库的概念模型,实现具体业务的概念化和抽象化,并在概念模型和逻辑模型的基础上,进一步建立起数据仓库的物理模型,以便完成数据仓库的物理实现。

数据模型是对现实世界的一种抽象,根据抽象程度的不同,形成了不同抽象层次上的数据模型。与概念世界、逻辑世界和计算机世界相对应的数据模型,分别称为概念模型、逻辑模型和物理模型,这是在数据仓库开发过程中需要使用的三种数据模型。

(1) 概念模型

概念模型是客观世界到计算机系统的一个中间层次,最常用的表示方法是 E－R(实体—关系)图,除此之外,还有面向对象方法、动态模型分析法等。目前,数据仓库一般是建立在数据库的基础之上,所以其概念模型与一般关系型数据库的概念模型一致。

概念模型将总体分析设计中得到的用户需求抽象为计算机表达的信息结构,能真实反映现实世界,能满足用户对数据的分析,达到决策支持的要求,它是现实世界的一个真实模型;易于理解,有利于与用户交换意见,在用户的参与下,能有效地完成对数据仓库的设计;易于更改,当用户需求发生变化时,容易对概念模型进行修改和扩充;易于向数据仓库的数据模型转换。

设计概念模型的目的,是对所涉及的现实世界中的所有客观实体,进行科学的、全面的分析和抽象,为数据仓库的构建制定出"蓝图"。这是成功构建数据仓库的第一步。概念模型设计的关键,是要保证所有与数据仓库相关的客观实体(即业务内容)均得到正确的理解,并被完整地包含在模型当中。因此,在设计概念模型时,拥有足够的专业业务知识不仅是重要的,而且是必需的。

(2) 逻辑模型

对概念模型进行细分,即可构造出数据仓库的逻辑模型。逻辑模型,是从概念模型过渡到物理模型的中间层次,因此又称为中间层数据模型。中间层可以理解为数据仓库开发者和使用者之间,就数据仓库的开发进行交流和讨论的工具和平台。而开发者的任务,就是要保证逻辑模型的完整性和正确性,并能满足用户的使用需求。数据仓库的逻辑模型描述了数据仓库的主题的逻辑实现,即每个主题对应的模式定义。一般而言,高层概念模型中的每一个主要的实体或主题域,都需要建立一个对应的逻辑模型。

逻辑模型是数据的逻辑结构,如多维模型、关系模型和层次模型等。目前,对数据仓库数据模型的讨论大多集中在逻辑模型,其中最常用的是多维模型。在多维模型中,涉及以下一些基本概念:

① 维是指人们观察数据的特定角度。例如,企业常常关心不同销售数据随时间变化的情况,所以时间就是一个维度。

② 维的层次是指人们观察数据的某个特定角度还可以存在细节程度不同的多个描述。一个维度往往有多个层次,例如描述日期维度时,可以有年、季度、月和日等不同层次,则年、季度、月和日就是时间维度的层次。

③ 维成员是指维的一个取值。如果一个维是多层次的,则该维度的成员就是在不同层次上

取值的组合。例如时间维有年、月和日三个层次,则分别在三个层次上各取一个值组合起来就得到时间维的一个成员,即"某年某月某日"。

④ 度量描述了要分析的数值,例如销售额等。

⑤ 粒度是指数据仓库所保存数据的细化或综合程度的级别。细化程度越高,粒度越小;反之,细化程度越低,粒度越大。

(3) 物理模型

数据仓库的物理模型,是指逻辑模型在计算机世界中的具体实现方法,包括物理存取、数据存储结构的构造、数据存放位置的确定,以及存储分配策略等。数据仓库的物理数据模型是在逻辑模型的基础上实现的。为了保证数据仓库系统的运行效率,在物理模型设计时,应综合考虑CPU的处理能力、I/O设备的工作能力及存储设备的空间利用率等因素,并针对数据仓库数据存储量大、数据操作方法简单的特点,采用多种技术,提高数据仓库的性能。

要实现数据仓库的物理模型,设计人员必须做到以下几点:全面了解所选用的数据库管理系统,特别是存储结构和存取方法;了解数据环境、数据的使用频度、数据的使用方式、数据规模以及响应时间要求等,这些是对空间和时间效率进行平衡和优化的重要依据;了解外部存储设备的特性,如分块原则、块大小的规定、设备的I/O特性等。

不同的模型建模方式可以满足数据使用差异化的要求。根据层次不同,在应用层、业务信息层和数据整合层建模应当有不同的侧重点。

① 应用层的建模应当面向应用,分析主题,一般采用维度建模,多种粒度。多维数据模型是为了满足用户从多角度、多层次进行数据查询和分析的需要而建立起来的基于事实和维的数据库模型,其基本的应用是为了实现OLAP。其中,主要包括维表和事实表。维度数据模型通常采用星型或雪花型模型设计。

② 业务信息层的建模应当以用户及客户为中心,对信息进行整合加工,一般采用宽表设计,以便于理解。宽表是实例级多属性的模型,是数据挖掘、高级业务人员自助数据分析需要的一种数据结构,其设计方法是将详细数据按关键维度汇总或将关系数据进行反范式设计。其中,实例通常指客户、账户、产品实例、销售品实例等;多属性是指其中含有极多的属性(字段、列、变量、指标),几百个指标是很常见的,有时指标达3 000以上;详细数据按关键维度汇总以后,字段的业务含义明确,使用方便简单;关系数据反范式设计,减少数据查询时的Join(联接)次数,使用高效。宽表模型简单易用,适用于快速应用开发。

③ 数据整合层的建模应当面向主题。如采用第三范式设计最详细、最细节粒度,虽然规范化但不容易被理解。

4.2 周边技术与工具产品

4.2.1 ETL

在数据仓库中,工作量最大、日常运行中问题最多的一个任务是从业务数据库或从各种不同种类和形式的数据源向数据仓库抽取、变换、集成数据。究其原因,是因为源数据往往来自于各种不同种类和形式的业务应用。为了实现对数据的质量进行有效地维护和管理,使数据仓库能够准确、安全、可靠地从数据库中取出数据,经过加工转换成有规律信息之后,供管理人员进行分析,需要一种程序来对数据进行净化提炼,ETL(extract,transform and load)正是这样的程序。

ETL 是数据仓库的最基本流程,原来业务系统的数据经过抽取、转换并加载到数据仓库中心存储库的过程就被称为 ETL 过程,制定这一过程的测量称之为 ETL 策略,而完成 ETL 过程的工具则是 ETL 工具。ETL 是构建数据仓库的重要环节,也是企业数据管理的核心,按照统一的规则集成并提高数据的价值,是负责完成数据从数据源向目标数据仓库转化的过程,对数据仓库的后续环节影响比较大。

随着应用和系统环境的不同,数据的抽取、转换和加载具有不同的特点。一般地,ETL 主要过程如图 4-4 所示。

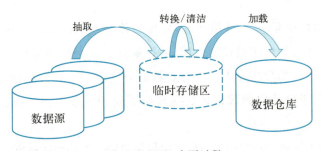

图 4-4 ETL 主要过程

(1) 数据抽取

在构建数据仓库的过程中,外部数据源所提供的数据并不都是有用的,有些数据对决策并不能提供支持。同时,外部数据源中数据冗余的现象普遍存在。数据仓库既然是面向主题的,那么在外部数据源中,只有那些与主题相关的内容才是必需的、有使用价值的。因此,必须以主题的需求为依据,对数据源的内容进行有目的的选择,这一过程被称为"数据抽取"(data extraction)。

数据是否有抽取价值，取决于其与数据仓库主题的关联程度。

数据抽取即是从数据源中抽取数据的过程。源数据进入数据仓库是通过数据抽取完成的，即从一个或多个源数据库中通过记录选取进行数据复制的过程。抽取过程是将记录写入 ODS 或者临时区以备进一步处理。数据抽取是 ETL 的首要任务，解决的主要问题是确定需要抽取的数据，并选用适当的抽取方式。

数据抽取的主要功能如下：

① 数据提取：主要是确定要导入数据仓库中的数据。

② 数据清洗：检查数据源中存在矛盾的数据，按照用户确认的清洁规则对数据进行清洗。

③ 生成衍生数据：由于数据仓库保存了大量的历史数据，同时要保证查询的效率，需要对用户经常进行的查询进行预处理操作，以提高查询效率，生成衍生数据。

数据抽取的方式有多种，主要包括时戳方式、日志方式、全表对比方式、全表删除插入方式等。时戳方式是相当普遍的方法，前提是所有的源表都有时间戳，这种方法抽取性能高，可实现数据递增加载，但需业务系统配合完成，且数据准确性受到一定时间的限制。日志方式不需要修改业务系统表结构，抽取速度较快，可实现数据的递增加载，但需对业务系统进行改造，对原有系统有较大影响。全表对比方式对已有系统表结果无影响，可实现数据的递增加载，但这种方法使 ETL 比对较复杂，速度较慢，特定情况下准确性不能保证。全表删除插入方式使得 ETL 加载规则简单、速度快，但对维表加外键不适用。

（2）数据转换

数据仓库的外部数据源，其文件格式、所依赖的数据库平台等，是多种多样的。在建立数据仓库时，必须对这些数据格式做转换处理，进行统一。数据转换是将抽取出的数据进行过滤、合并、解码和解释等，为数据仓库创建有效数据的过程。一旦数据抽取完成，则需要设计并确定转换规则应用于已抽取的数据。数据转换需要理解业务侧重点、信息需求和目前可用的源数据。

虽然数据转换较为繁琐，但却是 ETL 步骤中最简单的。常用的转换规则包括：

① 字段级的转换，主要是指数据类型转换，增加"上下文"数据，如时间戳；将数值型的地域编码替换成地域名称，如解码等。

② 清洁和净化，主要是保留字段具有特定值或特定范围的记录；引用完整性检查；去除重复记录等。

③ 多数据源处理，实现步骤包括代码转换、合并、派生。代码转换是将不同数据源中的数据值标准化为数据仓库数据值。合并是将两个或更多源系统记录合并为一个输出或"目标"记录；

派生是根据源数据,利用数学公式产生数据仓库需要的数据。

④ 聚合和汇总。通过字段名映射,将合并后数据进行聚合计算,经过筛选、排序、汇总,得到所需要的数据。

(3) 数据加载

数据加载是将转换好的数据装载到数据仓库中,通常分为以下几种方式。

① 初始装载。第一次对整个数据仓库进行装载。在装载工作完成以后,建立索引。

② 增量装载。由于源系统的变化,数据仓库需要装载变化的数据。在数据仓库中,增量装载可以保证数据仓库与源数据变化的同期性。在建设性合并的装载方式中,对增加的输入记录中标记了旧记录的替代,这可以作为增量装载的方式。当已装入的记录数据必须被改正后的数据记录取代时,要采用破坏性合并的装载方式作为增量装载的方法。

③ 完全刷新。周期性地重写整个数据仓库,有时也可能只对一些特定的数据进行刷新。

完全刷新与初始装载比较相似。不同点在于在完全刷新之前,目标表中已经存在数据。在初始装载完成后,为维护和保持数据的有效性,可以采用更新和刷新的方式:更新是对数据源的变化进行记录,而刷新则是指对特定周期数据进行重新装载。

数据仓库系统是集成的、与时间相关的数据集合,ETL作为数据仓库的核心,负责将分布的、异构数据源中的数据进行抽取、清洗、转换、集成,最后加载到数据仓库或数据集市中,成为联机分析处理、数据挖掘的基础。ETL能够按照统一的规则集成并提高数据的价值,是负责完成数据从数据源向目标数据仓库转化的过程,是实施数据仓库的重要步骤。要实现数据仓库中数据的自动更新运转,ETL技术是必不可少的关键技术之一。

主流数据仓库产品供应商都拥有各自的ETL能力。IBM的ETL工具称为IBM WebSphere DataStage,它为整个ETL过程提供了一个图形化的开发环境,支持对多种操作数据源的数据抽取、转换和维护,并将其输入数据集或数据仓库;Teradata的ETL工具称为ETL Automation,它利用Teradata数据库本身的并行处理能力,通过SQL语句实现数据的转换,提供对ETL流程的支持,包括前后依赖、执行和监控等;SAS的ETL工具称为ETL Studio,提供管理ETL流程和建立数据仓库、数据集市和OLAP结构的单控制点。其他几家公司则将其工具融合在大的数据仓库组件中,如Oracle的Oracle Warehouse Builder(WB)、SQL Server的Integration Services、Sybase的Data Integration Suite、BO的可扩展数据整合平台Data Integrator。专业ETL厂商的产品,具有完备的体系架构,久经考验的产品,但功能复杂、价格昂贵,如Data Stage、Informatica。而整体数据仓库厂家产品,最好发挥效率,但结构封闭,对其他支持有限,如Oracle的Warehouse Builder,Teradata的ETL Automation。

总的来说,在选择 ETL 工具时,应当从以下几个原则出发进行考虑:ETL 对平台的支持、对数据源的支持、数据转换功能、管理和调度功能、集成和开放性、对元数据管理。

4.2.2 OLAP 技术

目前主流的 OLAP 产品有 Oracle Express/Discoverer、SQL Server Analysis Services、DB2 OLAP Server、SAS OLAP Server 等,这些产品都可以生成多维数据立方体,提供多维数据的快速分析,支持所有主流关系型数据库,如 DB2、Oracle、SQL Server、Sybase 等,同时可读取关系数据库中细节数据,实现混合在线分析(HOLAP)或关系型在线分析(ROLAP)。并且,各厂商的 OLAP Sever 对自己的数据库产品的支持均好于其他数据库,各自的分析工具也都基于开放的 OLE DB 标准,可以访问支持 OLE DB 标准的数据立方体。

BO 公司和 Sybase 公司则分别提供了各自的 OLAP 分析工具 OLAP Intelligence 和 Power Dimension,支持标准 OLAP API,如 OLEDB for OLAP,能够对 Microsoft、IBM 等 OLAP 数据进行划分、钻取等处理,兼容第三方报表和展现工具。Teradata 尽管不提供独立的 OLAP 工具,但提供了相关技术,用于提升运行于 Teradata 数据仓库上的 OLAP 应用系统的性能。

4.2.3 报表技术

报表技术主要是将集成在数据模型里的数据,按照复杂的格式、指定行列统计项,计算形成的特殊表格。一般的简单报表可以使用通用的前台展现技术实现,而复杂的报表则需要使用特定的报表技术。主流的报表技术都可以灵活地制定各种报表模板库和指标库,并根据每个区块或单元格的需要引用指标,实现一系列复杂的符合要求的报表的自动生成。

主流数据仓库厂商的报表工具中较为有影响的包括 IBM 的 CognosReportNet、BO 的 Crystal Reports、Oracle 的 Oracle Reports。IBM 通过收购 Cognos 公司获得了完整的报表产品 CognosReportNet,覆盖了各种报表需求,包括管理报表、商业报表、账单和发票等;BO 公司提供了一个完整的企业报表解决方案 Crystal Reports Server,支持通过 Web 快速便捷地创建、管理和交付报表;Oracle Reports 工具提供了自由的数据格式方式,可以自动生成个性化字母或矩阵风格的布局,包括动态、数据驱动的图表;SQL Server 的报表功能包含在 Reporting Services(SSRS)中,包括处理组件、一整套可用于创建和管理报表的工具、在自定义应用程序中集成和扩展数据和报表处理的 API。与上述产品相比,Sybase 的 InfoMaker、Teradata 的 BTEQ 和 SAS 的 Report Studio 等报表产品在功能、性能、二次开发等方面都还存在着一定的差距。

4.2.4 数据挖掘技术

当数据积累到一定数量时，某些潜在联系、分类、推导结果和待发现价值隐藏在其中，可以使用数据发掘工具帮助发现这些有价值的数据。数据挖掘就是从海量数据中，提取隐含在其中的、人们事先不知道的但又可能有用的信息和知识的过程。通过数据挖掘能找出数据中隐藏的信息，实现用模型来拟合数据、探索、分析数据，驱动知识发现，实现机器学习等功能。

目前，IBM 公司的 IBM Intelligent Miner 支持典型数据集自动生成、关联发现、序列规律发现、概念性分类和可视化呈现，可以自动实现数据选择、数据转换、数据发掘和结果呈现这一整套数据发掘操作。Oracle 公司提供的数据挖掘平台称为 Oracle Data Miner，它提供了一个图形用户界面，通过简单易用的向导来指导完成数据准备、数据挖掘、模型评估和模型评价过程，根据需要自动生成将数据挖掘步骤转换成一个集成的数据挖掘/BI 应用程序所需的代码。SAS 公司的 SAS Enterprise Miner 将数据挖掘过程简单流程化，支持关联、聚类、决策树、神经元网络和经典的统计回归技术。Teradata 公司的挖掘工具称为 Teradata Warehouse Miner，它通过将数据挖掘技术整合到数据仓库来简化数据挖掘流程，该工具还可实现将多家厂商的数据挖掘技术嵌入 Teradata 企业级数据仓库环境中运行。Microsoft 数据挖掘平台不同于传统数据挖掘应用程序，它支持组织中数据的整个开发生命周期，允许第三方添加自定义算法以支持特定的挖掘需求，支持实时根据挖掘的数据集进行数据验证。对比于上述公司，Sybase 和 BO 公司并没有推出专门的数据挖掘平台或工具。

4.2.5 数据仓库产品

数据仓库技术是基于信息系统业务发展的需要，基于数据库系统技术发展而来，并逐步独立的一系列新的应用技术。数据仓库系统可以看作是基于数学及统计学严谨逻辑思维的并达成"科学的判断、有效的行为"的一类工具，也是一种达成"数据整合、知识管理"的有效手段。随着数据仓库技术应用的不断深入，越来越多的企业开始使用数据仓库技术建设自己的数据仓库系统，希望能对历史数据进行具体而又有针对性的分析与挖掘，以期从中发现新客户和客户新的需求。

目前主要的数据仓库产品供应商包括 Oracle、IBM、Microsoft、SAS、Teradata、Sybase、Business Objects(已被 SAP 收购)等。Oracle 公司的数据仓库解决方案包含了业界领先的数据库平台、开发工具和应用系统，能够提供一系列的数据仓库工具集和服务，具有多用户数据仓库管理能力，多种分区方式，较强的与 OLAP 工具的交互能力，以及快速和便捷的数据移动机制等特性。IBM

公司的数据仓库产品称为 DB2 Data Warehouse Edition，它结合了 DB2 数据服务器的长处和 IBM 的商业智能基础设施，集成了用于仓库管理、数据转换、数据挖掘以及 OLAP 分析和报告的核心组件，提供了一套基于可视数据仓库的商业智能解决方案。微软的 SQL Server 提供了三大服务和一个工具来实现数据仓库系统的整合，为用户提供了可用于构建典型和创新的分析应用程序所需的各种特性、工具和功能，可以实现建模、ETL、建立查询分析或图表、定制 KPI、建立报表和构造数据挖掘应用及发布等功能。SAS 公司的数据仓库解决方案是一个由 30 多个专用模块构成的架构体系，适应于对企业级的数据进行重新整合，支持多维、快速查询，提供服务于 OLAP 操作和决策支持的数据采集、管理、处理和展现功能。Teradata 公司提出了可扩展数据仓库基本架构，包括数据装载、数据管理和信息访问几个部分，是高端数据仓库市场最有力的竞争者，主要运行在基于 Unix 操作系统平台的 NCR 硬件设备上。Sybase 提供了称为 Warehouse Studio 的一整套覆盖整个数据仓库建立周期的产品包，包括数据仓库的建模、数据集成和转换、数据存储和管理、元数据管理和数据可视化分析等产品。Business Objects 是集查询、报表和 OLAP 技术为一身的智能决策支持系统，具有较好的查询和报表功能，提供多维分析技术，支持多种数据库，同时它还支持基于 Web 浏览器的查询、报表和分析决策。

从数据与业务流程中来看，企业开发了不同的工具来面向业务人员和 IT 人员。数据从源系统层中被获取后，从数据获取层进入存储层，进而被访问和应用。对于业务人员来说，在源系统层，可以使用产品数据管理（Product Data Management，PDM）来对源系统进行管理。PDM 是一种帮助工程师和其他人员管理产品数据和产品研发过程的工具。PDM 系统确保跟踪那些设计、制造所需的大量数据和信息，并由此支持和维护产品。在数据获取层，业务人员主要是使用 ETL 工具进行数据抽取和加载，目前主流的工具主要包括 Teradata 的 Teradata ETL Automation、IBM 的 Infosphere DataStage、Informatica 的 PowerCenter、Microsoft 的 SQL Server、Integration 和 Services(SISS)以及 Oracle 的 OWB、ODI。在数据存储层，业务人员主要是依靠数据库搭建深度分析平台，主要有 Teradata 平台(Teradata 2690)、IBM 平台(DB2、Netezza)、Oracle 平台(Oracle 11G)、Microsoft 平台(Microsoft SQL server)和 SAP 平台(Business Information Warehours)。在应用层的使用中，主要是面向 BI，目前的前端应用工具包括 Teradata 的 Teradata Warehouse Miner(TWM)、Teradata Portal、Teradata BI Reports、Teradata Dashboard，IBM 的 Congnos、SPSS，以及 BO 的 BusinessObjects XI。而在访问层中，主要侧重安全管理控制和数据导出。对于 IT 人员来说，主要是使用两方面的工具产品。一方面是元数据和数据质量管理，主要是 Teradata 工具，包括 Teradata MDS(数据管理平台)和 Teradata DQ(数据质量管理平台)；IBM 工具，主要是 Information Server；以及 SAS 工具 DataFlux。另一方面是系统管理，主要是 Teradata 系统管理工具,即 Teradata VMS。

相对于通用平台,数据仓库专用平台在安装和部署、性能、支持和服务、成本方面都存在差异,如表 4-2 所示。

表 4-2 专用平台和通用平台对比

	专 用 平 台	通 用 平 台
安装和部署 (installation and deployment)	所有的软硬件(操作系统、数据库、服务器、存储以及网络设备)都预先安装及测试过。一旦运达客户现场,在几个小时内就可以完成安装部署,开始运行。	用户需要从不同的厂商分别采购操作系统、数据库、服务器、存储以及网络设备。然后,可能需要花费几周的时间甚至几个月来完成系统的安装和测试工作。
性能 (performance)	数据仓库厂商投入大量的时间及资源设计及测试专用平台,专用平台的软硬件设备都是针对数据仓库典型的工作负载进行配置及优化过的,能够充分发挥平台的处理能力,因此,专用平台的性能要好于通用平台。	理论上,通用平台也可以针对数据仓库典型的工作负载进行配置及优化,但是这要花费大量的时间和资源,绝大多数用户没有时间以及专业能力去完成这样的工作。因此,通用平台搭建的数据仓库绝大部分是不均衡的,不适合于运行数据仓库。
支持和服务 (support and service)	当遇到问题时,只需一个电话,厂商的服务人员就会远程或现场解决问题。	由于软硬件从不同的厂商采购,当遇到问题时,需要联系多个厂商进行会诊,经常会出现厂商间互相推卸责任的场景。
总成本 (total cost of ownership)	专用平台的初始投资可能会较高,但是由于专用平台的管理和维护成本交替,因此经过 3—5 年的时间,专用平台的 TCO 是有竞争力的。另外,数据仓库厂商也推出了针对中小企业的中端解决方案,性价比很高。	通用平台的初始投资相对较低,但是后续维护管理成本较高。

4.3 挖掘任务与方法

数据结构越复杂,我们需要的数据挖掘模型、算法和工具也就越复杂。根据数据分析工作者的不同目标来划分数据挖掘任务的类型是很方便的。数据挖掘的基本任务按照其挖掘需要达到的目标可以分为分类和预测、聚类分析、关联规则、异常检测和智能推荐等。通过完成以上任务,发现数据的价值来指导商业决策。此外,按照是否有预先设置分类可以分为有监督学习和无监督学习。无监督学习模型也可以称为描述性模型,可以概括出数据中潜在的模式(相关、趋势、聚类、轨迹和异常)。有监督模型则是根据其他属性的值预测出特定属性的值,被预测的属性是目标变量、因变量,用来做预测的是解释变量、自变量。图 4-5 中的前两幅为无监督学习,后一幅为有监督的学习。

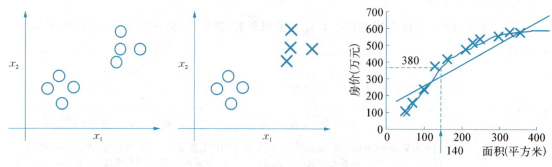

图 4-5 无监督和有监督学习模型

4.3.1 分类与预测

分类与预测是一种基于类标号的学习方式。这种类标号若是离散的,属于分类问题;若是连续的,则属于预测问题,或者称为回归问题。

分类能反映事物的类别,进而对事态发展进行预测。分类是数据挖掘的一项非常重要的任务,目前在商业上应用最多。分类的目的是学会一个分类函数或分类模型,该模型能把数据库中的数据项映射到给定类别中的某一个。分类的目的是:分析输入数据,通过在训练集中的数据表现出来的特性,为每一个类找到一种准确的描述或者模型。

数据分类操作通常有以下步骤:

第一步,根据给定的训练集,找到合适的映射函数。

第二步,使用上一步训练完成的函数和预测数据的类别,或者利用该函数的模型,对数据集中的每一类别进行描述,形成分类规则。

目前针对分类的方式已有若干不同领域的算法,其中从机器学习中引申出的决策树方法是一种较为通用并被深入研究的分类函数挖掘方法,已有多种较为成熟的决策树算法可供选择使用。

决策树分类器算法通常分为两个阶段,决策树构建和决策树修剪。利用训练样本生成决策树模型的过程即为决策树构建,决策树修剪是通过删除部分节点和子树,以避免"过度拟合[①]"。其中,建树阶段的耗时往往比修剪阶段要大,因为在建树阶段需要对数据进行多次扫描,而修剪阶段只需要访问生成的决策树而已。

---

① 过度拟合(overfitting)又称过学习,是指学习机器的训练误差过小,反而导致泛化能力下降,这是由于学习样本不充分以及学习机器设计不合理而引起的。

在建树阶段,要特别关注以下两个方面:如何找出用于定义某节点测试的分割点,以及若已选定某分割点,如何将数据进行划分。

目前决策树的修剪策略有三种:基于代价复杂度的修剪、悲观修剪和 MDL(最小描述长度)修剪。基于代价复杂度的修剪使用了独立的样本用于修剪,即与用于树的构建过程中使用的样本集不同,称为修剪样本。悲观修剪是昆兰在 1987 年提出的,将所有的训练样本都用于树的构建与修剪。MDL 修剪的基本原则是,最简单的就是最好的。与基于代价成本方法相比,利用 MDL 进行决策树修剪时无需额外的独立测试数据集。当然事前修剪可以与事后修剪相结合从而构成一个混合的修剪方法。事后修剪比事前修剪需要更多的计算时间,从而可以获得一个更可靠的决策树。

分类器可主要应用于以下几个场景:

◇ 文本分类:电商将客户按照关键词进行分类和情感分析。
◇ 信用风险分析:将信用卡申请按照中、低、高风险分类。
◇ 客户响应分析:预测哪些客户对电信公司的产品促销活动会响应。
◇ 客户流失预测:预测哪些客户会流失。
◇ 不满意客户预测:预测哪些客户会对移动公司的服务不满意,以提前进行客户满意度提升。

4.3.2 聚类分析

聚类分析(cluster analysis)的一般定义是根据数据的不同特征,将其划分为不同的数据类,是"物以类聚,人以群分"在原始数据集中的使用,它将物理或抽象对象的集合组成为由类似对象组成的多个类的过程被称为聚类。由聚类所组成的簇是一组数据对象的集合,这些对象与同一簇中的对象彼此类似,与其他簇中的对象相异,最终实现属于同一个类别的个体之间距离尽可能小(高相似度),而不同类别的个体间距离尽可能大(相似度尽可能小)。

小贴士

分类与聚类的差异

分类很好理解,是按照一定的规则,将元组划分为若干类别;聚类与分类的差异,就是在于并不会先入为主地给出规则,而是按照集合本身的特点来划分为若干类别,正所谓"物以类聚"。聚类的思想其实非常简单,举一个信用卡的例子。银行为了有针对性地对信用卡用户进行营销,首先要对用户进行市场细分。你当然可以按照一个简单的规则,如"年龄"、"职业"、"职位"、"收入级别"来对用户进行有规则的分类,但这样太主观了,谁能保证划分出来的几个用户群体的用卡行为就一定是接近的呢?为了尽量找到用卡行为相似的用户群体,为什么不从用户的历史用卡行为中去寻找呢?既然一个用户以前消费行为是这样,可想而知其未来大致也差不离。再辅之以用户基本信息,如上述"年龄"、"职业"、"职位"、"收入级别"等,也就更容易做到准确定位用户,从而实现业界常说的"精准营销"。例如,挖掘发现,有一类用户每隔一段时间习惯性地提取少量现金,而用卡消费往往在一些百货公司的奢侈品柜台,那么大致可以圈定这样一个用户群体,给他们寄账单的时候信封里塞上奢侈品广告也就变得自然而然了,这样是不是比不管青红皂白塞些超市折扣券要精准得多呢?

聚类是研究数据间逻辑上或物理上的相互关系的技术,其分析结果不仅可以揭示数据间的内在联系与区别,还可以为进一步的数据分析与知识发现提供重要依据。它是数据挖掘技术中的重要组成部分。作为统计学的重要研究内容之一,聚类分析具有坚实的理论基础,并形成了系统的方法学体系。聚类增强了人们对客观现实的认识,是概念描述和偏差分析等许多数据分析和处理的前提条件。目前主要有基于划分的聚类算法、基于层次的聚类算法、基于密度的聚类算法、基于网格的聚类算法、基于神经网络的聚类算法和基于统计学的聚类算法。

基于划分的聚类算法(partition-based methods):其原理就是需要对一堆散点进行聚类,最终聚类结果为"类内的点都足够近,类间的点都足够远"。首先我们要确定这堆散点最后聚成几类,然后挑选几个点作为初始中心点,再然后依据预先定好的启发式算法给数据点做迭代重置,直到最后到达"类内的点都足够近,类间的点都足够远"的目标效果。基于划分的聚类多适用于中等体量的数据集,但我们也不知道"中等"到底有多"中",所以不妨理解成,数据集越大,越有可能陷入局部最小。表4-3列举了比较主流的基于划分的聚类算法。

表4-3 基于划分的聚类算法

k-means	是一种典型的划分聚类算法,它用一个聚类的中心来代表一个簇,即在迭代过程中选择的聚点不一定是聚类中的一个点,该算法只能处理数值型数据
k-modes	k-means 算法的扩展,采用简单匹配方法来度量分类型数据的相似度
k-prototypes	结合了 k-means 和 k-modes 两种算法,能够处理混合型数据
k-medoids	在迭代过程中选择簇中的某点作为聚点,PAM 是典型的 k-medoids 算法
CLARA	CLARA 算法在 PAM 的基础上采用了抽样技术,能够处理大规模数据
CLARANS	CLARANS 算法融合了 PAM 和 CLARA 两者的优点,是第一个用于空间数据库的聚类算法
Focused CLARAN	采用了空间索引技术提高了 CLARANS 算法的效率
PCM	模糊集合理论引入聚类分析中并提出了 PCM 模糊聚类算法

基于层次的聚类算法(hierarchical methods)：其首先计算样本之间的距离，每次将距离最近的点合并到同一个类，然后再计算类与类之间的距离，将距离最近的类合并为一个大类，不停地合并，直到合成了一个类。层次聚类算法根据层次分解的顺序分为：自下向上和自上向下，即凝聚的层次聚类算法和分裂的层次聚类算法，也可以理解为自下而上法和自上而下法。自下而上法就是一开始每个个体都是一个类，然后根据联系寻找同类，最后形成一个"类"。自上而下法就是反过来，一开始所有个体都属于一个"类"，然后根据联系排除异己，最后每个个体都成为一个"类"。这两种方法没有孰优孰劣之分，只是在实际应用的时候要根据数据特点以及我们想要的"类"的个数，来考虑是自上而下快还是自下而上快。为弥补分解与合并的不足，层次合并经常要与其他聚类方法相结合，如循环定位。

表4-4 基于层次的聚类算法

算法	描述
CURE	采用抽样技术先对数据集D随机抽取样本，再采用分区技术对样本进行分区，然后对每个分区局部聚类，最后对局部聚类进行全局聚类
ROCK	也采用了随机抽样技术，该算法在计算两个对象的相似度时，同时考虑了周围对象的影响
CHEMALOEN	首先由数据集构造成一个k-最近邻图G_k，再通过一个图的划分算法将图G_k划分成大量的子图，每个子图代表一个初始子簇，最后用一个凝聚的层次聚类算法反复合并子簇，找到真正的结果簇
SBAC	SBAC算法则在计算对象间相似度时，考虑了属性特征对于体现对象本质的重要程度，对于更能体现对象本质的属性赋予较高的权值
BIRCH	BIRCH算法利用树结构对数据集进行处理，叶结点存储一个聚类，用中心和半径表示，顺序处理每一个对象，并把它划分到距离最近的结点，该算法也可以作为其他聚类算法的预处理过程
BUBBLE	BUBBLE算法把BIRCH算法的中心和半径概念推广到普通的距离空间
BUBBLE-FM	BUBBLE-FM算法通过减少距离的计算次数，提高了BUBBLE算法的效率

基于密度聚类的思想就是定一个距离半径，最少有多少个点，然后把可以到达的点都连起来，判定为同类。其原理简单说就是画圈，其中要定义两个参数，一个是圈的最大半径，一个是一个圈里最少应容纳几个点，最后在一个圆圈里的，就是一个类。它解决了k-means解决不了不规则形状聚类的问题，同时也对噪声数据的处理比较好。表4-5中DBSCAN是比较典型的基于密度的聚类算法，对上文中提到的两个参数的设置非常敏感。DBSCAN的扩展叫OPTICS(ordering points to identify the clustering structure)，通过优先对高密度(high density)进行搜索，然后根据高密度的特点设置参数，改善了DBSCAN的不足。

表4-5 基于密度的聚类算法

算法	描述
DBSCAN	DBSCAN算法是一种典型的基于密度的聚类算法,该算法采用空间索引技术来搜索对象的邻域,引入了"核心对象"和"密度可达"等概念,从核心对象出发,把所有密度可达的对象组成一个簇
GDBSCAN	算法通过泛化DBSCAN算法中邻域的概念,以适应空间对象的特点
OPTICS	OPTICS算法结合了聚类的自动性和交互性,先生成聚类的次序,可以对不同的聚类设置不同的参数,以得到用户满意的结果
FDC	FDC算法通过构造k-d tree把整个数据空间划分成若干个矩形空间,当空间维数较少时可以大大提高DBSCAN的效率

基于网格的(Gridding-Based)聚类算法是指将对象空间量化为有限数目的单元,形成一个网络结构,所有聚类都在这个网络中进行。其基本思想是将每个属性的可能值分割成许多相邻的区间,创建网格单元的集合,每个对象落入一个网格单元,网格单元对应的属性区间包含该对象的值。这种算法的处理速度很快,其处理时间独立于数据对象的数目,只与量化空间中每一维的单元数目有关。

表4-6 基于网格的聚类算法

算法	描述
STING	利用网格单元保存数据统计信息,从而实现多分辨率的聚类
WaveCluster	在聚类分析中引入了小波变换的原理,主要应用于信号处理领域(小波算法在信号处理、图形图像、加密解密等领域有重要应用,是一种比较高深和厉害的算法)
CLIQUE	是一种结合了网格和密度的聚类算法

神经网络(neural networks,NN)是通过模拟人的大脑处理机制的生理功能,由大量的、简单的处理单元(或称神经元)广泛互连形成的复杂网络系统,具有大规模并行、分布式存储和处理、自组织、自适应和自学习的能力,特别适用于处理需要同时考虑需要因素和条件的、不精确和模糊的信息处理问题。目前已广泛应用于语音识别、图像识别与理解、计算机视觉、智能机器人、故障检测等领域中。由于神经网络具有鲁棒性强、可去除噪声等优点,所以不会把几个噪声数据单独聚为一类,从而有效地避免了早上数据对于聚类结果的影响。自组织(SOM)神经网络是比较常用的神经网络聚类算法,可以在一维或二维的处理单元阵列上,形成输入信号的特征拓扑分布,结构如图4-6所示。该方法的基本思想是

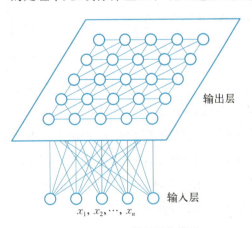

图4-6 SOM神经网络模型

由外界输入不同的样本到人工的自组织映射网络中,一开始时,输入样本引起输出兴奋细胞的位置各不相同,但自组织后会形成一些细胞群,它们分别代表了输入样本,反映了输入样本的特征。

表 4-7 对常用的几种聚类算法从可伸缩性、适合的数据类型、高维性(处理高维数据的能力)、异常数据的抗干扰性、聚类形状和算法效率六个方面进行了综合性能评价。

表 4-7　聚类算法综合评价表

算法名称	可伸缩性	适合的数据类型	高维性	异常数据的抗干扰性	聚类形状	算法效率
WaveCluster	很高	数值型	很高	较高	任意形状	很高
ROCK	很高	混合型	很高	很高	任意形状	一般
BIRCH	较高	数值型	较低	较低	球形	很高
CURE	较高	数值型	一般	很高	任意形状	较高
k-prototypes	一般	混合型	较低	较低	任意形状	一般
DENCLUE	较低	数值型	较高	一般	任意形状	较高
OptiGrid	一般	数值型	较高	一般	任意形状	一般
CLIQUE	较高	数值型	较高	较高	任意形状	较低
DBSCAN	一般	数值型	较低	较高	任意形状	一般
CLARANS	较低	数值型	较低	较高	球形	较低

聚类是数据挖掘中的一个热门方向,由于以上所介绍的聚类方法都存在着某些缺点,因此近些年对于聚类分析的研究很多都专注于改进现有的聚类方法或者是提出一种新的聚类方法。以下将对传统聚类方法中存在的问题以及人们在这些问题上所做的努力做一个简单的总结。

① 从以上对传统的聚类分析方法所做的总结来看,不管是 k-means 方法,还是 CURE 方法,在进行聚类之前都需要用户事先确定要得到的聚类的数目。然而在现实数据中,聚类的数目是未知的,通常要经过不断的实验来获得合适的聚类数目,得到较好的聚类结果。

② 传统的聚类方法一般都是适合于某种情况的聚类,没有一种方法能够满足各种情况下的聚类,比如 BIRCH 方法对于球状簇有很好的聚类性能,但是对于不规则的聚类,则不能很好的工作。k-medoids 方法不太受孤立点的影响,但是其计算代价又很大。因此如何解决这个问题成为当前的一个研究热点。有学者提出将不同的聚类思想进行融合以形成新的聚类算法,从而综合利用不同聚类算法的优点。在一次聚类过程中综合利用多种聚类方法,能够有效地缓解这个问题。

③ 随着信息时代的到来,对大量的数据进行分析处理是一个很庞大的工作,这关系到一个计

算效率的问题。有文献提出了一种基于最小生成树的聚类算法,该算法通过逐渐丢弃最长的边来实现聚类结果,当某条边的长度超过了某个阈值,那么更长边就不需要计算而直接丢弃,这样就极大地提高了计算效率,降低了计算成本。

④ 处理大规模数据和高维数据的能力有待提高。目前许多聚类方法处理小规模数据和低维数据时性能比较好,但是当数据规模增大,维度升高时,性能就会急剧下降,比如 k-medoids 方法处理小规模数据时性能很好,但是随着数据量增多,效率就逐渐下降,而现实生活中的数据大部分又都属于规模比较大、维度比较高的数据集。有文献提出了一种在高维空间挖掘映射聚类的方法 PCKA(projected clustering based on the k-means algorithm),它从多个维度中选择属性相关的维度,去除不相关的维度,沿着相关维度进行聚类,以此对高维数据进行聚类。

⑤ 目前的许多算法都只是理论上的,经常基于某种假设之下,比如聚类能很好地被分离,没有突出的孤立点等,但是现实数据通常是很复杂的,噪声很大,因此如何有效地消除噪声的影响、提高处理现实数据的能力还有待进一步的提高。

4.3.3 关联分析

关联规则的概念由 Agrawal、Imielinski 和 Swami 提出,是数据中一种简单但很实用的规则。关联规则模式属于描述型模式,发现关联规则的算法属于无监督学习的方法。关联分析又称为购物篮分析,是数据挖掘领域常见的一种算法,主要用于发现隐藏于大型数据集中的有意义的联系。关于关联分析,最耳熟能详的例子,就是尿布和啤酒,表示成关联规则就是(尿布)→(啤酒)。这就是使用关联分析方法所得到的结果。关联分析所得到的结果,我们可以用关联规则或者频繁项集的形式表示。

在关联分析中,包含 0 个或多个的项称为项集。如果一个项集包含 k 个项,那么就称为 k 项集。比如{牛奶,咖啡}则称为 2 项集。

一般关联规则涉及如下四个参数:

(1) 可信度(confidence)

设 W 中支持物品集 A 的事务中,有 c%的事务同时也支持物品集 B,c%称为关联规则 A→B 的可信度。简单地说,可信度就是指在出现了物品集 A 的事务 T 中,物品集 B 也同时出现的概率有多大。如铁锤和铁钉的关联规则的可信度问题:如果一个顾客购买了铁锤,那么他也购买铁钉的可能性有多大呢?如果购买铁锤的顾客中有 70%的人购买了铁钉,那么可信度就是 70%。

(2) 支持度(support)

设 W 中有 s%的事务同时支持物品集 A 和 B,s%称为关联规则 A→B 的支持度。支持度描述了 A 和 B 这两个物品集的并集 C 在所有的事务中出现的概率有多大。如果某天共有 1 000 个顾客到商场购买物品,其中有 100 个顾客同时购买了铁锤和铁钉,那么上述的关联规则的支持度就是 10%。

(3) 期望可信度(expected confidence)

设 W 中有 e% 的事务支持物品集 B,e% 称为关联规则 A→B 的期望可信度。期望可信度描述了在没有任何条件影响时,物品集 B 在所有事务中出现的概率有多大。如果某天共有 1 000 个顾客到商场购买物品,其中有 200 个顾客购买了铁钉,则上述的关联规则的期望可信度就是 20%。

(4) 作用度(lift)

作用度是可信度与期望可信度的比值。作用度描述物品集 A 的出现对物品集 B 的出现有多大的影响。因为物品集 B 在所有事务中出现的概率是期望可信度;而物品集 B 在有物品集 A 出现的事务中出现的概率是可信度,通过可信度对期望可信度的比值反映了在加入"物品集 A 出现"的这个条件后,物品集 B 的出现概率发生了多大的变化。在上例中作用度就是 70% ÷ 20% = 3.5。

可信度是对关联规则的准确度的衡量,支持度是对关联规则重要性的衡量。支持度说明了这条规则在所有事务中有多大的代表性,显然支持度越大,关联规则越重要。有些关联规则可信度虽然很高,但支持度却很低,说明该关联规则实用的机会很小,因此也不重要。

期望可信度描述了在没有物品集 A 的作用下,物品集 B 本身的支持度;作用度描述了物品集 A 对物品集 B 的影响力的大小。作用度越大,说明物品集 B 受物品集 A 的影响越大。一般情况,有用的关联规则的作用度都应该大于 1,只有关联规则的可信度大于期望可信度,才说明 A 的出现对 B 的出现有促进作用,也说明了它们之间某种程度的相关性;如果作用度不大于 1,则此关联规则也就没有意义了。

4.3.4 异常检测

什么是异常(outlier)?霍金斯(Hawkins)给出了异常的本质性定义:异常是在数据集中与众不同的数据,使人怀疑这些数据并非随机偏差,而是产生于完全不同的机制。在算法中,如聚类回归等一般都采用删除异常值的做法。然而事实发现,异常检测是分析师在数据挖掘过程中非常重要的一环,发现大部分与其他对象不同的对象,也称离群点。根据《韦伯斯特大辞典》中关于 outlier 的定义,当 outlier 用来描述人时,其含义是指其生活于居所等之外;用于描述动物或事物时,是指其远离主体;在统计学意义下,outlier 是指图或数据表上"显著远离"数据主体聚簇的数据点。

就离群点的成因而言,主要有以下三个方面:首先是数据来源于不同的类,根据 Hawkins 的离群定义,"离群点与其他点如此不同,以至于让人怀疑它们是由另外一个不同的机制产生的"。其次是自然变异,最后也是常见的人们认为的数据测量和收集误差。

在离群点的检测算法中,具有代表性的算法有:基于深度的算法 DeepLoc,基于局部差异的算法 Optics-Of,基于距离的算法 FindAllOutsD,基于小波变换的算法 FindOut,带离群度的局部离群点检测算法 LOF 和基于机器学习方法的二阶段规则推导算法 NP-rule 等。根据以上分析,离群统计的算法主要有以下几类:基于统计的算法、基于密度的算法、基于深度的算法、基于距离的算法和基于偏离的算法。

对于离群点的检测,可用于欺诈检测、入侵检测等,如电信和信用卡欺骗、贷款审批、药物研究、医疗分析、消费者行为分析、气象预报、金融领域客户分类、网络入侵检测等。其中欺诈检测是指盗窃信用卡的人的购买行为可能不同于信用卡持有者。信用卡安全中心试图通过寻找窃贼的购买模式,或者通过不同于常见行为变化来检测窃贼。入侵检测是指通过监视系统和网络的异常行为来检测对计算机系统和网络的攻击。

4.3.5 描述与可视化

描述是增加对复杂数据的了解,可视化是促进了解的方式。描述与可视化都不是单独的数据分析过程,需要与上述分析方法等结合使用,使分析的结果更加明晰。在对数据的分析完成后,问题的描述与呈现也是数据挖掘与数据分析的一项重要任务。其中,基本的描述是对描述性统计量的分析,如对反映集中趋势的描述统计量:数值平均数、算术平均数、调和平均数、几何平均数、位置平均数、众数、中位数、分位数等的分析;反映离中数据的描述统计量,如全距、平均差、标准差和离散系数的描述以及反映分布趋势的描述统计量,如偏斜度和峰度等的描述。

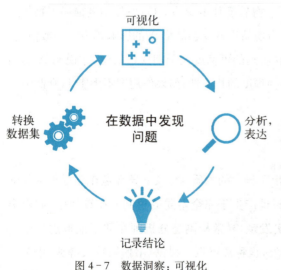

图 4-7 数据洞察:可视化

数据的可视化呈现有多种方式,传统的数据可视化工具,如 Excel、SPSS 等统计软件能形成对数据统计量的基本的可视化描述,而随着数据挖掘与数据分析的发展,现在的数据可视化工具已经从入门级发展到各种不同类型的可视化。根据应用类型可以分为离线和在线。其中在线的可视化工具,如 Google Chart API,目前可以提供动态图表工具;Flot,优秀的线框图表库,支持所有的 Canvas 的浏览器；Raphaël，创建图表和图形的 JavaScript 库，与其他库最大的不同是输出格式有限，仅限 SCG 和 VML；D3，可以制作信息图而并不仅仅是数据可视化；Visually 的定位就是"信息图设计师的在线集市"，也提供了大量的信息图模板。

地图工具是数据可视化过程中经常用到的工具。地图生成以前是 Web 上最困难的任务之一。Google Maps 提供的 Maps API 则让所有开发者能在自己的网站中植入地图功能。而其他小型化、特色化的地图市场，如 Modest Maps 是一个很小的地图库，只有 10 kB 大小，是目前可用最小的地图库。此外，Leaflet 是另外一个小型化的地图框架，通过小型化和轻量化来满足移动网页的需要。此外，Polymaps 是一个面向数据可视化用户的风格独特的地图库。

对可视化内容要求更高一些，可以用进阶的可视化工具如 Processing，只用编写一些简单的代码，然后编译成 Java 即可。目前还有一个 Processing.js 项目，可以让网站在没有 Java Applets 的情况下更容易地使用 java。Processing 社区目前已经拥有大量实例和代码。R，作为一种统计分析软件，集统计分析与图形显示于一体，绘图漂亮且灵活。

思考题

1. 数据仓库与数据库有何异同？请简明阐述数据仓库与数据集市的关系。
2. 简述 ETL 的过程及其作用。
3. 数据挖掘的常用算法包括哪些？掌握其区别与特性。

第五章 商业分析的组织环境

二十年前,当IT到达临界值时,首席信息官(CIO)诞生了;十年前,广告、营销和公关在企业内部融合,市场总监(CMO)诞生了;如今,随着大数据时代企业数据到达临界值,除了数据科学家外,企业需要能够将数据转化为商业能力的"数据领袖",而设立一个全新的C-Level战略决策——首席数据官(chief data officer,CDO),正被越来越多的企业提上日程。寻找技能熟练的人才是大数据分析面临的挑战之一。

5.1 商业分析团队建设

随着数据重要性的凸显,专业的商业数据分析团队的建设也被越来越多的企业所重视。

大数据分析师需求暴增是大数据市场价值的一种表现。数据行业作为目前高速发展的全新领域,面对强烈的市场需求,与建设常规的软件开发团队相比,企业在数据科学团队的招聘、建设和成长方面面临各种全新的挑战。一个专业的数据分析公司须拥有5人以上持有资格证书的数据分析师方能注册。除了资格证书,实际开发能力和大规模数据处理能力是作为大数据分析师的必备素养。商业智能能力中心(business intelligence competency center,BICC)是为促进智能化方案渗透而专门建设的团队,是执行并影响商业分析活动的职能中心,图5-1显示了BICC在企业中的组织模式,图5-2显示了BICC团队在组织中的主要作用。

数据分析能力、应用运营能力、项目管理能力是大数据时代商业分析师必须具备的三大能力。就目前而言,企业组建商业分析团队需要考虑以下三个问题:

① 职能定位,作为一个新兴的团队,这是对以往企业架构的挑战。目前不同企业的做法不一,有的企业直接让首席技术官(CTO)领导商业分析团队,有的则是财务总监(CFO)或者CMO领导,也有一些企业商业分析团队定位为研发团队,没有具体的日程表或者利益相关者。不同的组织方式取决于企业的组织模式、企业文化、资源和数据科学团队的具体任务。

② 资源需求,根据企业的具体任务的数量和难度,确定商业分析团队的规模。

 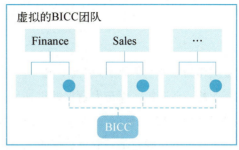
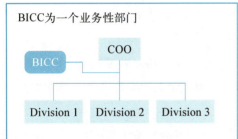 

图 5-1　BICC 在企业的组织模式

③ 团队构成，上述两者明确后，下一步面临的问题是如何找到合适的商业分析人才。以一个小型的商业分析团队为例，团队初创成员大致分为以下三类：技术项目经理、数据科学家和数据工程师。

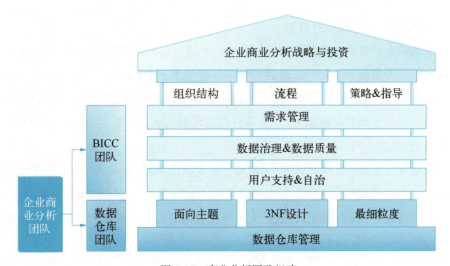

图 5-2　商业分析团队组建

5.2 商业分析人才需求

大数据作为一个当下热点,也催生出一些与大数据处理相关的职业,通过对数据的挖掘分析来影响企业的商业决策。而与大数据的迅速发展不相匹配的是,相关人才却出现了供不应求的状况,大数据分析师更是被称为"未来最具发展潜力的职业之一"。阿里巴巴集团研究员薛贵荣曾表示:"大数据分析师就是一群玩数据的人,玩出数据的商业价值,让数据变成生产力。"而大数据和传统数据的最大区别在于,它是在线的、实时的、规模海量且形式不完整,无章法可循,因此"会玩"这些数据的人就很重要。

在美国,据 2018 年 Glassdoor 网站统计,大数据分析师平均每年薪酬高达 7.8 万美元[①],而国内顶尖的互联网公司,大数据分析师的薪酬要比同一个级别的其他职位高 20%到 30%,且颇受企业重视。

作为职场新秀,商业分析师需要具备怎样的能力是入门者需要关注的问题。首先,什么是商业分析师? 通常认为商业分析指的是通过数据的规范化、结构化分析业务流程,发掘商业潜力并且设法改善现状使得企业能更好地达到既定商业目标的一种手段。而国际商业分析研究所(IIBA)为这个职业给出了一个更清晰的官方定义:商业分析师作为企业利益相关者之间的桥梁,负责观察、分析、沟通和验证企业的政策、业务流程和信息系统中所需要做出的改善。他们需要在满足这些需求的大环境下理解企业存在的问题和机遇,提出最佳的方案使企业达到既定目标。

5.2.1 商业分析人才的社会需求

全球最大的职业社交平台领英发布的《2016 年中国互联网最热职位人才报告》显示,研发工程师、产品经理、人力资源、市场营销、运营和数据分析是当下中国互联网行业需求最旺盛的六类人才职位。据分析,上述六类热门职位的人才当前都处于供不应求的状态,但是人才稀缺程度各有不同。其中研发工程师需求量最大,而数据分析人才最为稀缺。领英报告表明,数据分析人才的供给指数最低,仅为 0.05,属于高度稀缺。

美国大数据及商业智能软件公司 SiSense 调查研究指出,截至 2015 年,资讯分析相关人才起薪约为年薪 5.5 万美元,相较美国大学毕业生平均年薪的 4.76 万美元,高出 7 400 美元,而最高薪的数据科学家,平均年薪为 13.2 万美元,打败一大批科技公司的高阶工程师,而且这个差距还在继续拉

---

① Glassdoor. Business Analyst Salaries[EB/OL].[2018 - 10 - 26] https://www.glassdoor.com/Salaries/business-analyst-salary-SRCH_KO0,16.htm

大。被《哈佛商业评论》誉为"21世纪最性感工作"的数据科学家可以说是数据分析师的进化版。

互联网作为新兴的行业,其上述六类热门职位中,约有50%的人才从业年限都在0—3年之间。六大热门职位的在职时间普遍低于制造业、金融业等传统行业。其中数据分析平均从业年限只有3.4年,且资深从业者最少。作为一个新兴行业,其处于供不应求的状态。因而,商业分析师的培养在当前的社会环境中非常有前景。

5.2.2　商业分析人才的职业类型

麦肯锡认为未来需要更多的"转换者",能够在IT技术、数据分析和商业决策之间架起一座桥梁的复合型人才是最被人需要的。"转换者"可以驱动整个数据分析战略的设计和执行,同时连接IT、数据分析和业务部门的团队。如果缺少"转换者",即使拥有高端的数据分析策略和工具方法也是于事无补。大数据时代不仅凸显了数据的价值,而与数据有关的一系列职业也成为热门职业。主要包括的职业有:

① 数据规划师。在一个产品设计之前,为企业各项决策提供关键性数据支撑,实现企业数据价值的最大化,更好地实施差异化竞争,帮助企业在竞争中获得先机。

② 数据工程师。大数据基础设施的设计者、建设者和管理者,他们开发出可根据企业需要进行分析和提供数据的架构。同时,他们的架构还可确保系统能够平稳运行。

③ 数据架构师。擅长处理散乱数据、各类不相干的数据,精通统计学的方法,能够通过监控系统获得原始数据,在统计学的角度上解释数据。

④ 数据分析师。职责是通过分析将数据转化为企业能够使用的信息。他们通过数据找到问题,准确地找到问题产生的原因,为下一步的改进找到关键点。

⑤ 数据应用师。将数据还原到产品中,为产品所用。他们能够用常人能理解的语言表述出数据所蕴含的信息,并根据数据分析结论推动企业内部做出调整。

⑥ 数据科学家。大数据中的技术专家,具备多种交叉科学和商业技能,能够将数据和技术转化为企业的商业价值。

小贴士

商业分析师和数据科学家的区别

在当前数据大热门的时代,有两种职业常常被混为一谈,即商业分析师与数据科学家。两者都是使用数据的专家。通常情况下,商业分析师一般拥有的是商科、人文社科的背景,专长于在各种来源的数据中挖掘信息和研判，用以评估过去、现在和未来可能的经营成绩，然后向企业展示和解释其结论。企业用户需要商业分析师给出不同情况下的有效分析模型和方法。

与此相反，数据科学家因为有计算机科学、数学或工程技术的学术背景，他们事实上通过使用统计程序开发了收集数据的框架，并通过创建及实施支持他们成果的算法来应用数据。这些算法有助于商业决策和数据管理，同时创建数据可视化以帮助解释收集到的数据。

总言而之，商业分析师是从结构化和非结构化的来源数据研究和提取有价值的信息，解释过去的、现在的和将来的经营业绩，确定最佳分析模型和途径，为商业用户提供和解释解决方案。数据科学家则是借助统计编程，设计、开发和运用算法来支持商业决策制定工具，管理海量数据，创建可视化以帮助理解。

5.2.3 商业分析师能力与资格

商业分析师不仅仅是一个职位，还要关注与之相关的多个职位，跨界多个领域。作为一名商业分析师，有三个境界：初级境界，主要做数据的搜集和整理，呈现的结果往往只是原始的数据，需要再经过一番分析才能呈现出价值。中级境界，除了要让数据说话，还能在数据整理的过程中发现问题。比如，淘宝商家的热销品销售量下降、公司运营的项目某个时期进展不大，都需要用数据分析"问题出在哪里"。高级境界，数据分析师能掌握用户规律，预见未来。他们的报告会找出问题，还会指出解决的方向，比如，建议公司几个部门开展调查、进行改进。

数据分析师在企业的数据利用和发展之中承担着越来越重要的角色。在数据价值尚未得到重视的企业时代，每一个企业工作人员都或多或少参与了数据分析的过程。但是在数据分析专业化的今天，数据分析师的责任和价值也愈发凸显，对数据分析师的能力要求也提上了一个新的日程。我们通常所讲的数据分析师是指在不同行业中，专门从事行业数据搜集、整理、分析，并依据数据做出行业研究、评估和预测的专业人员。

作为一名数据分析师，需要有七种能力：数据采集、数据存储、数据提取、数据挖掘、数据分析、数据展现和数据应用的能力。而以上能力我们在数据分析的过程和应用上已经详细分析。

互联网本身具有数字化和互动性的特征，这种属性特征给数据搜集、整理、研究带来了革命性的突破。以往"原子世界"中数据分析师要花较高的成本（资金、资源和时间）获取支撑研究、分析的数据，数据的丰富性、全面性、连续性和及时性都比互联网时代差很多。与传统的数据分析师相比，互联网时代的数据分析师面临的不是数据匮乏，而是数据过剩。因此，互联网时代的数据分析师必须学会借助技术手段进行高效的数据处理。更为重要的是，互联网时代的数据分析师要不断在数据研究的方法论方面进行创新和突破。

数据分析师能力的基本要求可分为业务能力、分析能力和IT能力。业务能力是指理解行业动态和发展趋势、客户的需求与行为以及企业内部的业务流程。大部分的数据分析师，都是面向业务的，这就决定了在其业务范畴内，在理解业务的前提下，具备充分的数据解读能力。而每一个行业的专业数据解读都是从基本的指标开始的，这是数据分析师必修的课程。分析能力是指使用数据分析方法从海量数据中发掘有意义的知识，并将其转化为商业洞察力。这是数据分析师的核心技术，商业分析师的基本能力。IT能力是指通过对大数据的采集、整合和清理，把大数据散乱的数据变成结构化的可供分析的数据。此外，成为一个优秀的

图 5-3 商业分析人员素质要求

分析人员，需要有好奇心、洞察力、善于沟通、性格坚韧和数据化的思维方式等特质。

5.2.4 职业前景

一般来说，商业分析师需要至少本科以上学历，专业可以是金融、科技、管理和会计等。需要注意的是，很多企业都希望聘请有相关工作经验的人员。如果之前是数据分析师、系统分析师、商业需求分析师或者金融分析师的人就有很大希望能够成为商业分析师。

从事一项事业当然还要看这份职业的前景。商业分析师在企业的上升空间很大。他们可以期望成为高级分析师、特别领域的商业分析专家、商务主管、企业构架师，甚至总监或副总裁。还有经验丰富的分析师另起炉灶成立独立的咨询公司，接收外包的咨询业务。每个行业都可以用到商业分析师，而需求量最大的就是信息技术类和管理顾问类公司，其次就是会计事务所、投资银行和金融公司等。

商业分析师从广义上讲可以分为以下几个职位：

① 项目数据分析师。是指通过采集数据，提取和量化资料，并运用相应的数据模型，对项目投资、项目运营、项目评价等项目管理各个环节进行分析和判断，为决策者提供决策依据。

② 数据分析师。更注意的是对数据、数据指标的解读，通过对数据的分析，来解决商业问题。主要有三个层次：业务监控，建立分析体系以及行业未来发展的趋势分析。

③ 数据挖掘工程师。更多的是通过对海量数据的挖掘，寻找数据的存在模式或者说规律，从而通过数据挖掘来解决具体问题。数据挖掘更多是针对某一个具体问题，是以解决具体问题为导向的。

④ 数据建模师。更偏向中小数据量，使用多维统计学的方法。机器学习等方面的方法则较少使用。

5.3 商业分析组织环境的发展变化

大数据浪潮注定将会引领企业在收入和成本方面进行变革，但只有极少数的组织真正在企业中实践该变革并创造经济效益。成功管理大数据及数据分析不仅仅是拥有先进的技术、运营模型或者人才，而是要将这三个重要方面紧密联系在一起，创造出基于差异化数据分析的企业文化。

就组织环境而言，商业分析从其名词创建以来，目前正处于有利的发展环境之中。首先就其外部环境而言，商业分析的材料——数据资源正在被国内外社会广泛接受，在社会形成广泛的热潮，使人们对数据以及基于数据的分析形成了接受和认可的状态。而商业分析人才的培养，经历了从其尚未形成一个完整的职业名称和职业分类，到如今已经有资格证书和准入门槛、有大量的培训教程对入门者进行引导的过程。并且目前高校也开始注重商业分析师的培养。

数据的增长、覆盖范围和处理速度注定将转变企业的管理模型并改变企业的决策方式。但要在这些方面获得真正的成功，需要鼓励组织成员探寻数据所提供的潜在价值。这需要一群熟练掌握信息技术及数据分析方法且拥有核心的批判性思维方式的新人，以及有能力将这些技巧和方法与商业领域的知识及专业经验相结合的人才。技术将为企业的转型奠定基础，但需要注意的是，技术虽不可或缺，却不是企业实现差异化的核心因素。

> **案　例**
>
> 　　2011年，美国保险业巨头美国国际集团（AIG）负责350亿美金的财产保险部门引进首席科技官穆里·布卢斯瓦尔（Murli Buluswar），旨在突破"虽拥有丰富的数据，数据分析相关知识却非常贫乏"的尴尬处境。这位首席科技官带领新团队挑战传统智慧，并提出具有深度的问题，然后进一步采用科学的数据分析方法解决这些问题。由于AIG需要支付的理赔金额高达每日1亿美金，因此仅减少1—2个基点就可为企业带来很高的利润。但从AIG所拥有的与风险相关的大量数据中提取价值，需要革命性的技术。

Buluswar 加入后，先后采取了以下行动：在确定该部门所需处理的事务范围后，将团队成员安排至适合的岗位，确定需要解决的问题以及如何将其与成熟组织进行整合。为了建立数据分析的企业文化，科学团队将在最初两年为企业提供无偿服务，以低风险无成本的方式开始为整个企业建立商业数据分析能力。

AIG 科学团队最初由 5 位成员组成，后来发展至 100 位成员。由于所聘用的人才来自完全不同的行业，因此能提出富有洞察力的问题，并能在多个领域及不同职能间找出问题，这一点被认为是最重要的能力。团队成员主要具有以下三种技能：咨询技能、扎实的专业数据分析能力以及对方案的实施能力。团队会兼顾数据分析为企业带来的短期、中期和长期效果，并将商业分析技能运用于跨产品线及跨地区的销售与市场营销、承销以及索赔上。

由于 AIG 科学团队已获得成功并已明确制定了参与商业的合作规则，这使得科学团队更容易参与到企业运作中。2014 年，科学团队在核心及战略问题方面所做的工作为企业带来了可观的投资回报。这是科学团队所取得的初步成功——清晰展现出商业分析能为企业带来价值。

5.4 大数据环境下的企业文化建设

随着大数据被人们了解，在企业建设中，数据成为资产，行业垂直整合和泛互联网化深刻影响了社会企业的价值理念，因而企业文化建设也产生了不同的影响。而在"互联网+"背景下，传统企业也开始进行转型，而这种转型是一个复杂的工程，不可能一蹴而就。在对所在行业发展特征和本质深度深刻理解的基础上，需要通过系统的互联网思维体系，来构建一套线上线下互动的全媒体营销体系和电子商务体系，并设计出面向互联网的商业模式、组织结构和企业文化。

以银行业为例，目前，商业银行已经意识到了数据资产的重要性，但是，在实践的道路上，大多数银行还没有建立数据导向型文化。在大数据环境下，企业面对着来自内部从员工到部门、外部人才需求和文化的冲击。首先需要看到大数据对于企业员工的挑战。数据的使用和企业中人的智慧之间的冲突也对企业危机有潜在的隐患。再者，对银行传统企业文化而言，银行对纯净数据的偏爱在大数据时代要改变为对非结构化的少数不精确的数据保持容忍；对于相关性的分析冲击了人们对于事件背后深层次原因的追寻。大数据改变人们的生活、工作和思考方式，建立在强调因果关系基础上的世界观受到挑战。最后大数据的应用,在减少信息不对称、提高交易效率上发挥了巨大的作用,但也改变了银行的风险特征。例如,在风险数据搜集方面,可多角度验证数据的全面性和可信性。

就部门而言,大数据技术部门需要强化与其他业务部门的合作。在大数据时代,企业进行数据分析的背景也发生变化,包括数据规模,真实精确挖掘商业价值、实现快速分析响应等。为了帮助企业实现经营目标,大数据技术部门尤其需要加强与其他技术或业务部门的合作。

大数据产生了巨大的人才需求,催生出新的用人文化。工具本身不可能产生价值,企业需要大量能够运用这些工具的人才,他们能够从庞大的数据中挖到"金矿",并将数据的价值以通俗易懂的形式传达给决策者。大数据时代呼唤人才,需要新的用人文化,这对企业的用人机制也产生了影响。

因而,从企业文化的角度而言,大数据对于企业文化建设的影响主要体现在企业的价值理念、人才管理、部门沟通、风险管理和外部合作等方面。

5.4.1 "数据资产"理念

《纸牌屋》是2013年最火的一部美剧,出品方兼播放平台Netflix分析其在全世界3 300万用户的观看喜好和习惯等数据,选择评分最高的演员出演《纸牌屋》,最终实现Netflix股价超低谷时的三倍,这就是大数据的魅力。在这个言及企业核心竞争力必谈大数据的时代,亚马逊等电商们在分析客户喜好定向推送产品,电视剧网站可以利用大数据赚钱,企业的数据成为驱动其决策的资产。这体现出了一种隐含的趋势:资源价值从实体转向了虚拟,国内外也提出了相关的概念:digital business,即数字化商业。

虚拟资产化导致了信息部门将从成本中心转向利润中心。数据渗透到各行各业,渐渐成为企业战略资产。拥有数据的规模、活性以及收集、运用数据的能力,将决定企业的核心竞争力。数据的虚拟资产化对企业应用主要体现在下面两个方面:数据共享和智能决策。

以往,企业内的数据在各个部门之间没有形成相互关联和共享,成为各个部门的私有财产。各部门之间的沟通成本较高,从而对企业业务执行的效能产生了阻碍。大数据强调各个部门数据之间的关联和沟通,在这种背景下形成企业数据集中的资源池,对于各个部门的协作和资产理念也产生了重要的影响。

另一方面,行业用户重视对大数据的深入挖掘与分析,推动企业决策机制从业务驱动向数据驱动转变,以提高企业竞争力。数据成为企业的利润之源,掌握了数据也就掌握了竞争力。因而企业必须更加注重数据的收集、整理、提取和分析,智能决策的价值愈发显现。

5.4.2 企业量化管理

在大数据思维语境中,企业文化建设不仅是一个行为过程,而且也是一个量化过程,即企业文化建设主体的行为和结果都可以量化为具体的数值,通过动态跟踪和储存积累,形成数据库,为统计分析和考核评价奠定科学基础。

量化管理是企业文化工作管理提升的现实选择。管理大师彼得·德鲁克说:"管理不在于知,而在行。"可见企业文化形成后付诸实践是多么重要。而量化管理的一个显著作用就在于使企业文化见之于行、行之有效。

量化管理的典型特征是把践行企业文化的行为及结果量化为数据,所采用的工具是多维度的考核评价模型及测评表。归纳起来,企业文化量化考评主要具有以下六个特点:

- 一是科学化,基于动态考查和静态考查的定量分析,最大限度避免了定性分析中的主观性因素所造成的偏差;
- 二是体系化,表明量化管理是一项系统性工程;
- 三是指标化,体现了大数据背景下"一切皆可量化"的思维;
- 四是动态化,体现了量化管理对企业文化发展规律的认识和把握;
- 五是闭环化,表明量化管理过程的完整性;
- 六是精细化,表明量化管理使企业文化真正落实、落细、落深。

5.4.3 企业商业分析部门建设

企业对数据的需求在引发对数据分析人才供应热潮的同时,企业商业分析团队和商业分析部门的建立同样成为企业打造数据分析文化的一个重要举措。

每一个数据项目由四部分组成,第一是理解业务需求,第二是收集和处理数据,第三是做数据模型,第四是运行出结果。企业的数据需求一方面使企业增加了对专业的数据分析部门的需求,另一方面,也驱动企业内部的业务合作,推动了企业之中的部门壁垒的打破,对于企业整体的向心力促进产生了积极的作用。

5.4.4 企业风险管理

大数据从数据生成、信息收集到数据的发布、分析和应用,牵涉各个层面,带来一些风险。例如数据共享产生的数据公开、大数据存储的隐私泄露等风险。但是,大数据通过分析也能预测企业面临的风险以进行及时的管控。大数据对企业内的风险管理扩大了企业资产的范围,对于企业安全管理产生了新的管理意识。

以自贸区为例,目前在中国(上海)自由贸易区现有监控体系的基础上,从自贸区中的金融风险入手,结合大数据技术构建自贸区风险监控平台。这一平台的建立需要打破各个管理部门的数据壁垒,构建统一的数据标准,整合不同的数据资源,包括自贸区中银企的资信状况和业务活动、资金流的进出、利率和汇率的变化等,以确保后续分析的有效性和可靠性。结合分布式计算、云计算和粒计算方法的大数据技术,对物流、资金流、信息流各个方面进行数据分析和挖掘,采用并行关联规则算法、并行优化算法、并行分类算法和并行聚类算法等,挖掘自贸区中的风险特征模式。

5.4.5 企业外部合作

在大数据时代下,如何构建生态系统,实现共赢,需要成为站在大数据时代风口的幸运者与企业通力合作,共同来挖掘商业价值。对于每一个企业来说,还是要做好自己所属价值链最值得做的那一环,牢牢把握自身,把行业端的大数据相关价值挖掘做好。在大数据驱使下,除了选择重要的战略定位关键点,我们也可以做助力者,或者是宣传员,一起推动大数据的发展。

在企业合作中,大数据在企业合作对象的选择上也发挥了重要的作用。首先企业可以通过社会舆论和候选合作企业的相关数据分析预测与其合作的可行性及未来风险。此外,大数据也对企业合作者的范围带来了巨大的变化。企业在其合作对象选择中,大数据为跨行业、跨地域的企业合作带来了巨大的机遇。

大数据时代,给互联网从业者带来了巨大的机遇,也给传统行业注入了新的生机。不仅在数据分析本身的新知识发现,而且企业文化与企业氛围、企业的组织结构与权力分配等都受到新一轮的改组。大数据时代机遇和挑战并存,抓住这个机遇,迎接这个挑战,经济和社会的发展会进入一个新的阶段。

思考题

1. 简述商业分析在组织环境变革中产生的影响。
2. 思考商业分析人才需求旺盛所带来的机遇与挑战。
3. 具体谈谈如何在某一领域构建一个商业分析团队。

第二编 通信业及其商业分析应用

第六章　通信业及其商业分析概述

在通信技术突飞猛进的当代，通信业成为全世界发展速度最快的产业之一。受益于国家与政府对公共安全的重视，以及经济快速发展带来的大型活动增加，我国通信业保持快速增长的趋势。

随着通信技术的不断发展和国内电信行业的改革重组，中国电信业的市场环境发生了根本性的变化：中国移动、中国联通、中国电信三大电信运营商形成三足鼎立之势。这三大电信运营商在业务上面临着激热的竞争：市场压力加大、客户对服务质量要求逐步提高、竞争成本日益增加、ARPU[①]和利润逐步下降。随着我国政府对电信行业的准入管制逐渐放开，国外电信运营商已开始窥视和伺机进入中国电信市场。中国电信运营商正面临一个由国内电信运营商和国外电信运营商组成的全新的、更加激烈的全方位的市场竞争环境和发展环境。

为了减少在如此激烈的竞争环境和发展环境中受到的不利影响，各电信运营商在竞争前期纷纷采用传统的大众化营销策略以获取更多的市场份额，但是这种没有考虑未来发展的营销策略带来的结果是：成本增加、资源浪费、老客户不断流失、新用户增量不足、ARPU值不断减少、各电信运营商的利润水平不断下降。由此可见传统的市场营销策略发挥的作用越来越小，电信运营商开始意识到客户才是电信企业生存和发展的根本。于是电信运营商关注的焦点开始转向于：改善服务质量，提高客户的满意度和忠诚度；提升客户价值来实现企业价值，得到客户和企业的双赢；利用信息化管理模式取代原来的传统管理方法等。

电信运营商在长期发展过程中积累了大量的客户信息数据和消费数据，这些数据真实地反应了电信客户的消费行为，它们是电信运营商的重要资产和财富。电信运营商希望通过深入分析数据从中挖掘更有价值的商业信息，制定更优质的服务策略满足客户的需求，进而建立企业和

[①] ARPU（average revenue peruser）即每用户平均收入。用于衡量电信运营商和互联网公司业务收入的指标。ARPU注重的是一个时间段内运营商从每个用户所得到的收入。很明显，高端的用户越多，ARPU越高。在这个时间段，从运营商的运营情况来看，ARPU值未必说明利润高，因为利润还需要考虑成本，如果每个用户的成本也很高，那么即使ARPU值很高，利润也未必高。

目标客户之间的一种长期稳定的、互惠互利的关系,最终实现"保留老客户,获取新客户,提高客户价值"的目标。

如何才能把大量的客户数据和消费数据变成电信运营商的财富？它们之间的转换需要借助一种信息处理技术——数据挖掘。数据挖掘是一种能把隐藏在海量的不完整的、嘈杂的、模糊的、随机的实际应用数据中,人们尚未发现的但又潜在有用的信息和知识提取出来的技术。数据挖掘在商业领域的主要应用是对存放在商业数据库中的业务数据进行清理、集成、选择和变换,并进行建模分析,从中挖掘出有助于商业决策的关键性数据和模型。因此将数据挖掘技术应用于电信行业,通过构建数据平台将企业数据合理地组织在一起,利用数据挖掘技术进行分析,对于有效地理解客户、开展面向电信客户的针对性营销和服务具有重要意义,能实现增加收入、降低成本、提高企业利润的最终目的。

6.1 通信业概述

人类进行通信的历史已很悠久。早在远古时期,人们就通过简单的语言、壁画等方式交换信息。千百年来,人们一直在用语言、图符、钟鼓、烟火、竹简、纸书等传递信息,古代人的烽火狼烟、飞鸽传信、驿马邮递都是这方面的例子。现在还有一些国家的个别原始部落,仍然保留着诸如击鼓鸣号这样古老的通信方式。在现代社会中,交通警的指挥手语、航海中的旗语等不过是古代通信方式进一步发展的结果。

通信,指人与人或人与自然之间通过某种行为或媒介进行的信息交流与传递,从广义上指需要信息的双方或多方在不违背各自意愿的情况下采用任意方法、任意媒质,将信息从某一方准确安全地传送到另一方。通信业作为先导性和基础性产业,在这个信息社会和经济社会的时代里发挥着极其重要的作用,它是很多行业的基础。了解通信业的发展史,可以更好地认识现代通信,同时对未来通信的发展也将有更加清晰的认识。图 6-1 所示为通信方式的发展历程。

6.1.1 通信业历史与发展

通信业是促进国家经济发展、提高人民生活水平的重要产业,如何发展好移动通信产业已成为各个国家和地区的共同议题。我国移动通信产业格局几经变化,从最初的中国电信,到 1994 年中国联通的成立是第一次引入竞争,又于 1998 年在前二者的基础上成立了中国移动是第二次引入竞争;再到 2001 年,成立新的中国电信和中国网通,形成了中国电信、中国网通、中

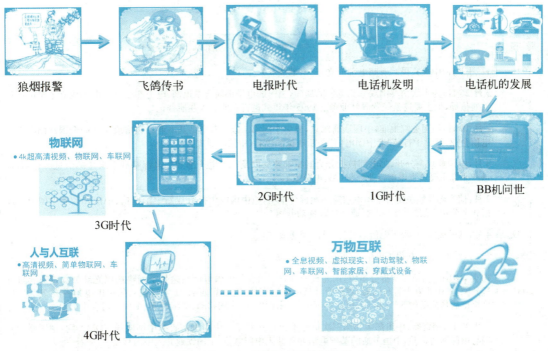

图 6-1 通信方式的发展历程

国移动、中国联通、中国卫通、中国铁通六家基础电信企业的竞争格局；直至 2008 年，卫通先并入网通，网通后与联通成立新联通，电信收购中国联通 CDMA 网，成立新电信，铁通并入中国移动，形成了中国移动、中国联通和中国电信三家基础电信运营商共存的多寡头垄断市场结构。在这期间，我国移动通信产业由 1G、2G 向 2.5G 过渡，随着 2009 年 1 月 3G 牌照的发放，我国移动通信行业进入全新的发展时期。互联网和移动通信网紧密结合，移动通信终端逐渐发展成为通信和计算机技术融合的产物；同时，用户的通信需求正在向网络化、多媒体化和个性化趋势发展。2011 年以来，移动通信产业坚持技术进步和融合创新，加快 3G 发展建设，丰富业务应用，行业继续保持了平稳较快发展，有力地推动了产业格局变化和应用领域创新，继续成为推动电信行业发展的主导性力量。目前 4G 已经全面使用了，5G 也已试用。在技术发展驱动和市场需求拉动共同作用力下，移动通信业务不断创新，业务体系更加丰富。从技术发展来看，移动通信技术从固定到无线、从窄带数据通信到宽带数据通信、从电路交换到软交换的方向发展，新技术的商业化应用进程也在不断加快。技术的不断发展和商业化应用，驱动了通信业务的不断创新。

表 6-1 所列为中国通信业的发展历程。

表 6-1　中国通信业的发展历程

年 份	事 件
1949	11月1日,中央人民政府邮电部成立(邮电部成立)
1994	3月26日,为了效仿英国双寡头竞争的局面,当时的电子部联合铁道部、电力部以及广电部成立了邮电部移动通信局,但主要还是经营寻呼业务。1995年正式进行企业法人注册登记
1994	7月19日,经国务院批准,中国联通成立,成为中国第二家经营电信基本业务和增值业务的全国性国有大型电信企业,被赋予打破"老中国电信"垄断地位的色彩(中国联通成立)
1998	3月,电信业政企分开,邮电部被拆分为国家邮政局以及在原电子部和邮电部基础上组建的信息产业部,信息产业部主要负责电信行业监督(邮、电分家)
1999	2月,信产部开始决定对中国电信第一次拆分重组,原中国电信拆分成新中国电信、中国移动和中国卫星通信3个公司,寻呼业务并入联通(电信、移动分离)
1999	4月,网通成立,获得了电信运营许可证(网通成立)
2000	12月,铁通成立,获得了电信运营许可证(铁通成立)
2001	10月,中国电信第二次拆分重组,南北拆分的方案出台。中国电信长途骨干网将按照光纤数和信道容量进行分家,其中北方十省与网通、吉通合并后的中国网通,南方和西部21省组成新的中国电信占有70%。拆分重组后形成新的5+1格局,包括中国电信、中国网通、中国移动、中国联通、中国铁通及中国卫通
2008	5月23日,国资委、中组部主导第三次拆分重组正式开始。中国电信收购中国联通CDMA网,中国联通G网与中国网通合并,中国卫通的基础电信业务并入中国电信,中国铁通并入中国移动
2009	1月7日,工信部为移动、电信、联通发放第三代移动通信牌照(全业务运营)
2013	年底,工信部为三家运营商颁发了 TD-LTE 4G 牌照
2014	7月,中国通信设施服务股份有限公司(俗称"铁塔公司")正式挂牌成立
2015	"两会"召开前,工信部又为中国电信和中国联通颁发了 FDD-LTE 4G 牌照
2016	5月,向中国广播电视网络有限公司颁发"基础电信业务经营许可证",第四大运营商诞生
2019	6月,工信部正式向中国电信、中国移动、中国联通、中国广电发放5G商用牌照

6.1.2　电信运营商

中国通信行业产业链的参与者有:电信运营商、终端制造商、内容提供商(CP)、网络设备制造商、系统集成服务商、服务提供商、测试厂商、芯片厂商、应用软件商、管制机构以及用户,如图6-2。电信运营商主要负责建设、管理和运营电信网络,向用户提供基于网络可控性的电信服务。例如:中国移动、中国电信、中国联通等。终端制造商主要负责生产固定电话、移动电话、PDA、网卡等用户设备,帮助用户使用电信服务。例如:华为、小米、苹果、三星、中兴等。内容提供商(CP)主要负责为电信运营商提供服务内容,支持数据业务,如手机报、手机证券、无线音乐等。例如:新浪网站、腾讯网站、唱片公司、证券公司等。

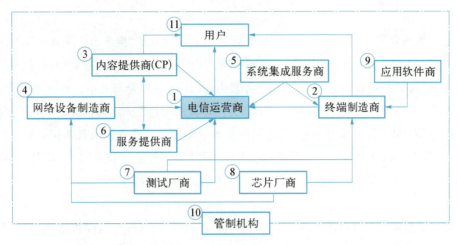

图6-2 中国通信行业产业链

在这条产业链中,电信运营商处在核心位置上,在产业链中发挥主导作用,这是由其所拥有的资源和优势决定的。在产业链中,电信运营商是系统设备的主要采购者、电信业务的主要提供者,其不仅拥有庞大的网络资源和客户资源,而且拥有完善的网络平台和收费渠道,是产业链中主要的"价值实现者"和"价值分配者"。电信运营商直接面对最终用户,最了解用户的需求,但是他们不掌握技术,也不可能独自去提供所有的内容服务。共同进退的动力促进运营商充当产业链核心,发挥组织、协调作用,主动寻求与下游相关企业的合作,探索新型合作关系,平衡各方面的利益关系,使产业链更加协调、健康地发展[①]。

运营商通常和网络设备制造商结成联盟,共同开展市场的业务推广,在国外如德国电信和西门子、AT&T和朗讯等,就是最显著的联盟。这样运营商之间的竞争就不只是最表面化的形式,其核心是产业链之间的竞争。运营商和网络设备制造商会互相参与对方的业务开发和业务流程设计,促使应用与技术实现互动,互相促进,最终实现产业链的胜利。

小贴士

> 运营商,即提供网络服务的供应商,是指提供固定电话、移动电话和互联网接入的通信服务公司,如中国联通、中国电信、中国移动;而如诺基亚、三星等这些通信设备的生产厂家叫终端制造商。因为国家在电信管理方面相当严格,只有拥有工信部颁发的运营执照的公司才能架设网络,所以从通信行业来说,虽然终端制造商和运营商是相互依存的,但运营商一般更有优势。

---

① 范军.通信行业产业链中各环节共赢策略分析[D].北京邮电大学,2006.

(1) 中国电信

中国电信集团公司是我国特大型国有通信企业,连续多年入选"世界500强企业",2018年位居世界500强第141位。公司下属"中国电信股份有限公司"和"中国通信服务股份有限公司"两大控股上市公司,形成了主业和辅业双股份的运营架构,并在香港和美国上市。它主要运营CDMA、CDMA2000、FDD-LTE、TD-LTE网络和固网,为用户提供综合性固定通信业务、移动通信业务等基础电信业务和互联网接入服务业务、信息服务业务等增值电信业务以及其他相关业务。服务品牌有天翼、天翼飞Young、天翼e家、天翼领航、天翼WIFI等。截至2018年3月31日,固网宽带用户总数达到1.37亿户,移动用户达2.65亿户,其中4G用户达2.00亿户。

(2) 中国移动

中国移动通信集团公司(China Mobile Communications Corporation),简称中国移动(CMCC),于2000年4月20日成立。拥有中国移动(香港)集团有限公司,由其控股的中国移动有限公司在国内31个省(自治区、直辖市)和香港特别行政区设立全资子公司,并在香港和纽约上市。它主要运营GSM、TD-SCDMA、TD-LTE网络和固网,经营移动话音、数据、IP电话和多媒体业务,并具有互联网国际联网单位经营权和国际出入口局业务经营权。除提供基本话音业务外,还提供传真、数据、IP电话等多种增值业务。服务品牌有全球通、神州行、动感地带等。截至2018年9月31日,移动电话客户数达到9.16亿户,其中移动4G用户数6.95亿户。

(3) 中国联通

中国联合网络通信集团有限公司(简称中国联通)于2009年1月6日在原中国网通和原中国联通的基础上合并组建而成,在国内31个省(自治区、直辖市)和境外多个国家和地区设有分支机构,是中国唯一一家在纽约、香港、上海三地同时上市的电信运营企业,连续多年入选"世界500强企业"。它作为全业务运营商,同时运营GSM、WCDMA、FDD-LTE和固网。主要经营固定通信业务,移动通信,国内、国际通信设施服务,卫星国际专线业务,数据通信业务,网络接入业务和各类电信增值业务,以及与通信信息业务相关的系统集成业务等。服务品牌有沃品牌、沃3G/4G、沃家庭、沃派等。截至2018年9月31日,宽带用户数8 035万户,固话用户数5 683万户,移动电话客户数3.10亿户,移动4G用户数达到2.14亿户。

小贴士

运营商的另一种形式——虚拟运营商

虚拟运营商(virtual network operator,VNO),是指拥有某种或者某几种能力(如技术能力、设备供应能力、市场能力等)与电信运营商在某项业务或者某几项业务上形成合作关系的合作伙伴，电信运营商按照一定的利益分成比例，把业务交给虚拟运营商去发展，其自身则腾出力量去做最重要的工作，同时电信运营商自己也在直接发展用户。例如：京东通信、苏宁互联等。

虚拟运营商就像是代理商，他们从移动、联通、电信三大基础运营商那里承包一部分通讯网络的使用权，然后通过自己的计费系统、客服号、营销和管理体系把通信服务卖给消费者。工信部在 2013 年底和 2014 年初先后向两批共 19 家民营企业颁发了虚拟运营商牌照。

随着互联网的全面冲击、城镇化进程的推动、新劳动法的颁布等，未来电信运营商还将面临着更多的机遇与挑战。

6.2 运营商的业务

业务，即个人或某个机构的本行业本职工作。通俗来说就是各行业中需要处理的事务，其最终的目的是"售出产品，换取利润"。可以说，业务贯穿了整个企业，企业中所有的行为均属于"业务"范畴。如图 6-3 可以看出企业中涉及的一般业务。

电信运营商的业务按照职能划分，可以划分为客户管理、市场营销管理、供应商/合作伙伴管理、资源管理、财务绩效管理、信息管理。表 6-2 所示为某运营商设定的 BIO① 实例。

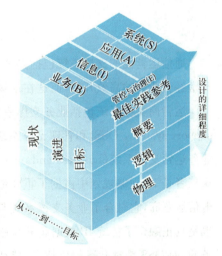

图 6-3　企业中的一般业务

表 6-2　某运营商设定的 BIO 实例

分类	分析域							
客户管理	竞争对手客户经理洞察	中高端价值流失	189 呼转应对	网龄终端捆绑	农村市场发展	校园市场发展	家庭市场发展	客户知识提炼
市场营销管理	数据卡 TD 固话精准营销	短号集群营销	飞信营销	139 邮箱营销	手机报营销	彩铃活跃度提升	空中充值触发营销	电子渠道迁移

---

① BIO(business improvement opportunities)：业务改进机会。

续 表

分 类	分 析 域							
供应商/合作伙伴管理	SP发展管理	SP欺诈管理	SP评估	合作伙伴业务发展	合作伙伴业务收益	—	—	—
资源管理	SIM卡资源管理	号码资源管理	有价卡资源管理	终端管理	网络流向流量特征	热点小区分析	网元收益分析	—
财务绩效管理	运营绩效管理	预算管理	内部结算管理	国内网外结算管理	国际结算管理	代理商结算管理	SP结算管理	银行结算管理
信息管理	元数据管理	数据质量管理	主数据管理	—	—	—	—	—

6.3 运营商的支撑系统

通信运营商的支撑系统包括多个方面，其有效的建设与实施能够很好地支持通信运营商的日常经营业务的高效开展，而这在市场环境日益变化的今天尤为重要。

运营商支撑系统包括业务支撑系统(business support system，BSS)、运营支撑系统(operation support system，OSS)和管理支撑系统(management support system，MSS)，前二者又合称电信业务运营支持系统(business and operation support system，BOSS)。在企业，特别是在电信行业，这三者是IT战略规划中占据了重要地位的三大支柱内容。对于BOSS，面对客户是统一的；面对电信运营商，它融合了业务支撑系统与运营支撑系统，是一个综合的业务运营和管理平台，同时也是真正融合了传统IP数据业务与移动增值业务的综合管理平台。BSS是面向运营商业务和服务的，而OSS是对BSS提供技术(特别是计算机技术)支撑和管理的。有了BSS才会有OSS。从辩证法角度看，BSS决定OSS，但OSS对BSS起反作用，二者缺一不可。

当前，面对用户需求的变化以及国家加快实施国民经济和社会信息化战略的形势，运营商按照原有的业务和服务模式将难以满足需求，从"提供单纯的通信服务"向提供"综合信息服务"的转型成为我国运营商的共同选择。然而，在拓展新市场的过程中，运营商不仅要提供不同种类的业务，与此相配套地，还要提供不同的业务组合模式、计费模式、服务模式。这些均离不开IT支撑系统的支持。伴随电信业的快速成长，IT支撑系统得到了快速发展，但在建设、部署以及应用过程中，暴露出很多问题，有些问题已经严重影响了系统的可持续发展，IT支撑系统无论从架构、能力还是服务水平上都难以满足发展的需要，系统必须实现转型，甚至重构。可以说，IT支撑系统是电信运营的"中枢神经系统"，IT支撑系统的转型将是电信转型的重要组成部分。

从目前我国运营商的实践来看，对 IT 支撑系统的认识基本是一致的，即包括 BSS、OSS、MSS 三个子系统。三个子系统在整个 IT 支撑系统中承担不同的责任，同时彼此之间关联。整个 IT 支撑系统能力的提高需要各个子系统能力的同步提高，如图 6-4 所示。

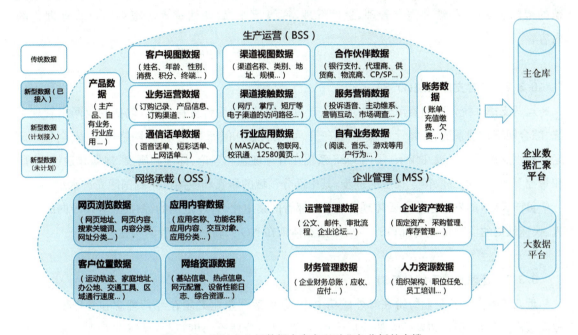

图 6-4　通过企业级数据仓库实现对业务分析的支撑

6.3.1　业务支撑系统(BSS)

随着市场环境的迅速变化和竞争的日益加剧，业务支撑系统已成为各大电信运营企业竞争的焦点。从中国移动的 BOSS 到中国电信的 CTG-BOSS，各电信运营商都在逐年加大对业务支撑系统的投资。从电信行业角度分析，尽管 BSS 系统投资巨大，但总体的运行效率相对较低，因此必须采取主动式管理思路来提升 BSS 的性能。主动式管理是指主动地去管理 BSS 系统，包括提升系统性能、优化数据以及提高运行质量等，而非"救火式"系统管理——在被动的响应情况下，管理维护人员在故障发生后才去处理故障，而故障可能已经造成了一定程度的损害。主动式管理的目的是主动地发现和解决系统可能出现的问题，消除系统潜在的风险，延长系统的使用周期，从而进一步提高业务和系统的运作效率，增强客户满意度。对 BSS 系统进行主动式管理涉及技术、管理、维护等方面。

有效地利用设备与系统投资是实现精益运营的基本要求之一，提高 BSS 系统运行效率应该针对各种可能导致系统运行效率降低的原因进行详细分析，主动对 BSS 系统进行有效管理和维护，从而提高整个系统的稳定性和高可用性，降低设备故障率，减少资源和成本的浪费，保障各业务系统平稳、健康地运行。作为提升 BSS 系统运行效率的一种管理方式，主动式管理涵盖的范围非常广泛，涉及需求管理、进度管理、资源管理、后评估管理等很多项目管理理论的内容。

6.3.2 运营支撑系统(OSS)

运营支撑系统是面向资源（网络、设备、计算系统等）的后台支撑系统，包括专业网络管理系统、综合网络管理系统、资源管理系统、业务开通系统、服务保障系统等，为网络可靠、安全和稳定运行提供支撑手段。近几年来，国内 OSS 系统在管理理念和理论、标准和研发、规划和建设、应用和管控等多个方面都取得了长足的进步，其中部分领域的研发和应用已达到国际先进水平。

目前，OSS 的发展趋势主要体现为：系统部署的集中化、管理范围的综合化、客户导向的市场化、快速敏捷的流程化。当前 OSS 发展的热点体现在 NGN、新一代网管的构建上。

6.3.3 管理支撑系统(MSS)

近几年各大运营企业纷纷在海外成功上市，电信运营企业必须在经营理念和管理模式上有较高层次的飞跃，调整和理顺内部管理流程，提高财务管理透明度，促进精确化管理。在此背景下，管理支撑系统开始在电信运营企业的 IT 规划建设与应用中承担日益重要的任务。管理支撑系统是电信运营企业为了迎合不断变化的市场和自身的发展而创建的一种先进的管理平台。其承担着提供管理信息、促进企业管理流程的自动化和重组、提供共享服务和实现虚拟团队等重要任务。同时它也是企业信息化的基础平台，是 BSS、OSS 等系统的展现窗口。MSS 所支撑的范围与 eTOM 中的企业管理域相对应，包括为支撑企业所需的所有非核心业务流程，内容涵盖制定公司战略和发展方向、企业风险管理、审计管理、公众宣传与形象管理、财务与资产管理、人力资源管理、知识与研发管理、股东与外部关系管理、采购管理、企业绩效评估、政府政策与法律等。早期国内各电信运营企业的 MSS 只是一些独立的 OA、财务管理和人力资源管理系统，而且各省、区、市分公司独立建设，互不兼容，无法实现信息交互。

而新一代的 MSS 系统规划、建设体现了如下转变：站在企业角度构建 MSS；以财务集中、流程管控为核心，加强 MSS 与生产系统的信息交互，包括业务量收管理、实物商品的进销存管理、员工的绩效及薪酬管理；固化工作流程，强化内部控制。

总之，MSS 的兴起从某种层面上说是对传统管理模式的一种颠覆，其目标就是要打破曾经靠

"拍脑袋"决策的体制,借助 IT 工具,以市场为导向,协调各种资源,整合业务流程,理顺渠道关系,更好地适应市场竞争的需要。通过精确管理,实现企业效益最大化,为客户带来好处、创造价值,并使企业在这个竞争无处不在的时代尽可能地规避风险。最终成为其核心竞争力,从而推动中国电信企业向国际化企业转变。

此外,运营商在参与企业信息化建设的过程中,还要了解 IT 服务管理。IT 服务管理是一套协同流程(process),它通过服务级别协议(SLAs)来保证 IT 服务的质量,它融合了系统管理、网络管理、系统开发管理等管理活动与变更管理、资产管理、问题管理等许多流程的理论和实践。我们认为,IT 服务管理是对 IT 服务整个生命周期的管理,IT 服务涉及人力资源、组织架构、管理、流程及技术等诸多方面,包括 IT 的预研、计划建设、运行维护等环节。IT 服务管理在近几年得到了相当大的发展。各级政府机构、标准组织、行业协会和企业根据自身的情况和对 IT 服务管理的理解,开发了自己的 IT 服务管理方法或标准。较为典型的标准和方法有 ITIL——以流程为中心的 IT 管理行业标准、BS15000——以流程为中心的 IT 管理国家标准、BS7799——以安全为中心的 IT 管理标准以及 COBIT——面向 IT 审计的 IT 管理标准。

综上所述,在运营商转型的过程中,竞争是起主要作用的因素。这就要求各运营商不断转变观念,面向市场,提升管理,苦练内功;要按照市场经济的基本规律,从"以网络为中心"向"以业务和服务为中心"、"以用户为中心"转变。而 IT 支撑系统把大量的用户基本信息、用户通信消费行为信息、市场需求信息、网络和业务信息以及内容信息与网络整合成为一个综合的信息平台,并且通过信息平台的不同模块与网络的各个链路、节点以及设备进行交互,实现整个网络运行行为、市场销售行为、业务开发行为、产业链整合行为的 IT 化,为不断提升运营商的经营水平奠定坚实的基础。

6.4 业务管理指标体系与运营商 KPI

评价指标体系是指由表征评价对象各方面特性及其相互联系的多个指标所构成的具有内在结构的有机整体。与评价指标体系概念相似的业务管理指标体系,旨在评价电信运营商业务的完成情况。

关键绩效指标 KPI 是通过对组织内部流程的输入端、输出端的关键参数进行设置、取样、计算、分析,衡量流程绩效的一种目标式量化管理指标,是把企业的战略目标分解为可操作的工作目标的工具,是企业绩效管理的基础。KPI 可以使部门主管明确部门的主要责任,并以此为基础,明确部门人员的业绩衡量指标。建立明确的切实可行的 KPI 体系,是做好绩效管理的关键。KPI

是用于衡量工作人员工作绩效表现的量化指标,是绩效计划的重要组成部分。

平衡计分卡(balanced score card,BSC)作为一种有效的绩效考核管理工具在电信行业应用广泛,而随着流量时代的到来,国内移动运营商原有的基于 BSC 的 KPI 体系需要根据业务的发展进行相应的调整,以适应流量战略的落实需求。在移动运营商沿用多年的基于 BSC 的绩效考核管理体系中,虽然已经根据 3G 的推进,增加了 3G 类 KPI,但是仍没有建立从流量经营战略分解下来的、体系化的流量 KPI 架构。近几年,随着繁重的 KPI 对移动运营商经营带来负面影响的增多,移动运营商的关键绩效考核指标不断简化,仅保留收入、利润、客户满意度等核心指标,将指标总数减到十个左右。在关键绩效指标不断凝练的过程中,也与时俱进,增加了 4G 用户数发展、4G 网络质量等具有时代特色的业务指标。① 图 6-5 为某电信运营商 KPI 示例。

1. 客户满意度	14分	6. TD客户	5分
1.1 综合满意度及领先	其中6分	6.1 TD客户净增数	其中3分
1.2 客户感知短板满意度	其中8分	6.2 无线座机净增客户数	其中2分
2. 集团客户业务	13分	7. 家庭市场	3分
2.1 集团客户信息化收入	其中3分	7.1 家庭净增通信客户	其中1分
2.2 重要集团客户覆盖率	其中4分	7.2 宽带净增客户数	其中2分
2.3 集团客户专线到达率	其中2分	8. 通信客户	10分
2.4 信息化解决方案	其中3分	8.1 存量收入保有率	其中2分
2.5 集团客户基础管理	其中1分	8.2 中高端客户数量	其中4分
3. 数据增值业务	10分	8.3 净增有效通信客户数	其中3分
3.1 数据业务占收入比重	其中6分	8.4 新增净增通信客户比	其中1分
3.2 重点数据业务活跃用户	其中4分	9. 加、减分及否决指标	3分
4. 话务量	2分	9.1 业务管理	1.5分
4.1 长漫话务量占比	其中2分	9.2 营销综合评估	1.5分
5. 品牌	5分	9.2 客户投诉	-3分
5.1 全球通品牌健康度	其中3分		
5.2 动感地带品牌健康度	其中2分		

图 6-5 某电信运营商 KPI 示例

6.5 运营商的数据和数据分析

在我国,随着政府对电信运营行业的进一步放开和相关政策约束的一系列调整,我国电信行业中企业间的市场竞争日趋激烈。同时,用户对电信服务质量的要求也越来越高,面对运营成本的大幅度增加,如何能够在满足用户需求和提供优质服务的前提下充分利用现有设备降低运营成本、提高运营效益成为电信运营企业能否占据竞争优势地位的重要因素之一。显然,降低其运

---

① 周忠坤.移动运营商基于流量经营战略的绩效考核指标体系设计[J].会计师,2014(4):77-79.

营成本、满足用户需求需要强大的数据管理作为其管理者和决策者的决策支持。然而,用户数量和服务种类的激增使电信运营企业数据管理的难度急剧加大。一方面,联机作业系统因为需要保留足够的详细数据以备查询而变得笨重不堪,系统资源的投资跟不上业务扩展的需求;另一方面,管理者和决策者只能根据固定的、定时的报表系统获得有限的经营与业务信息,无法适应激烈的市场竞争。这种情况下,用户的个性化需求也很难得到满足,这就对电信行业的数据管理技术提出了更高的要求。

此种情况下,基于海量通信业务数据,为企业决策者决策提供支持和分析预测的数据仓库系统无疑就成为电信运营企业关注的焦点。这套被喻为"数字神经系统"的软件可以通过各路"神经"把对外界环境变化各运营与支撑系统所积累的海量历史数据的感知迅速传输至"大脑"中枢,然后将经过中枢处理得出的应对及预防措施及时反馈给各路"神经"。

在数据仓库技术不断发展的过程中,全球许多著名大型电信运营商已通过采用数据仓库系统获得了巨大收益。AT&T、SBC、GTE、比利时电信、法国电信、巴西 BCP 电信等几十家全球著名大型电信运营商,就是在激烈的市场竞争中,纷纷采用数据仓库解决方案来占据市场优势的成功典范。目前,全球各大电信运营商对数据仓库的应用主要集中在数据整合动态生成报表、消费行为分析、客户流失预测及客户关系管理分析等方面。

6.5.1 数据整合

将多个信息系统的数据进行整合,解决由于数据的多个出口、多种表现形式而导致的异构性等问题,生成一致的、中央集成的数据是国外电信厂商对数据仓库最基本的应用。

沃达丰(Vodafone)是英国一家全球性的电信运营商,以全资或完全控股的形式掌握着分布在全球 26 个国家的子公司。2003 年 6 月末,Vodafone 在全球的用户数量已经超过了 12.2 亿。它需要一个中央报告系统来负责整合广泛的数据源。IT 环境日益增加的异构性——包括主机、UNIX 和 Windows 操作系统——使中央访问相关的数据成为企业需要解决的首要问题。

借助于安装中央报告系统,Vodafone 的员工能够整合广泛数据源的数据并在非常短的时间内生成先进的报告。新系统的核心是 SAS IT 资源管理。来自多个数据源的数据,包括 HP OpenView、ARS Remedy 以及 SAP R/3 的 IBM Tivoli 和 CCMS 数据(通过 SAS IT Management Adapter for SAP)可以自动提取并整合到数据仓库中。目前数据仓库包含不到 10GB 的数据。基于完备的数据整合方案,该公司还在计划将数据源的数量从 5 个增加到 10—20 个。

利用数据仓库技术中元数据的思想,将报表元素分解成基本构件,实现对数据按用户轴、时间轴、地域轴、通话类型轴等,对用户的呼叫量、消费量等进行分析统计,形成各种各样的报表,使

公司主管能够查看跨业务部门、跨区域的成果,包括收入、客户资料、利益率、费用、实际情况与预测等。

6.5.2 消费行为分析

数据仓库与数据挖掘通过对用户的分类,从消费能力、消费习惯、消费周期等诸方面对用户的话费行为进行分析和预测,为企业的相关解决措施提供依据和帮助。

意大利电信移动公司(Telecom Italia Mobile,TIM)是全球最大的电信供应商之一,在欧洲和南美拥有 4 800 万客户。为避免客户流失以及向现有客户交叉销售产品,TIM 使用基于数据仓库的客户行为分析软件分析客户行为,对公司的客户数据库进行分段。该系统为 TIM 提供准确的、最新的客户智能分析,旨在提升客户盈利和市场投资回报。在竞争激烈的移动服务市场,TIM 需要准确预测最有可能流失的客户,以便有针对性地开展维系工作。借助对客户行为的分析,TIM 实现了这一目标。在使用该分析系统之前,TIM 只有客户的联合视图。而现在,TIM 拥有了开展有效客户关系管理所需要的客户行为的完整视图。

该分析系统可以帮助 TIM 运行复杂的分析软件,这一功能可以提高公司的竞争力。例如,应用它来监视促销活动之后的新产品或服务的提供,监视响应的速度使公司能够随意变更促销活动,以及评估任何变更对客户盈利的影响。

6.5.3 客户流失预测模型

数据仓库和数据挖掘技术能帮助企业建立一个客户流失预测模型,尽可能准确地预测客户流失的概率和可能性,以便及早采取相应的措施,防止现有客户流失。还可以利用数据仓库技术实现优惠策略在模型上的仿真,根据优惠策略进行模拟计费和模拟出账,其仿真结果将提示所制定的优惠策略是否合适,并可按情况进行调整、优化,使优惠策略获得最大的成功。

阿根廷电信(Telefonica de Argentina)是南美洲最大的电信服务供应商。公司拥有 10 000 多名员工,提供多项通信服务,有 400 多万条线路和近 140 000 名客户访问互联网。

面临在客户当中建立忠诚度,同时减少客户流失的挑战,Telefonica 的商业智能部门采取的数据挖掘解决方案流程的一部分是建立不同的预测模型,旨在根据以前知道的信息来了解客户的行为。通过应用数据挖掘技术,Telefonica 能够预测有可能流失的客户。根据这类信息来为措施分配优先级和有效的管理资源,以支持客户维系和收缴客户的应收账款。通过根据盈利性对客户进行分段,一旦知道高盈利性的客户即将离开,系统将提示公司采取挽留措施。

借助于预测模型,Telefonica 实现了预测客户行为,表现在建立了更具盈利性的长期关系;根据客户行为分析,预测个人愿意购买的产品;使用预测功能,更有效地管理活动,为目标客户提供更多的产品。

6.5.4 客户关系管理(CRM)分析

客户关系管理的应用是根据客户属性,从不同角度深层次分析客户,从而达到了解客户以增加新客户量、提高客户忠诚度、减少客户流失、不断增加利润贡献度的目的。一些世界级电信运营商,如英国电信、AT&T、德国电信、MCI、SPRINT、TELIA 等,无不把 CRM 作为企业竞争的利器。客户关系管理主要包括客服中心优化和客户生命周期管理两大板块。

客服中心是运营商和客户接触较为频繁的通道,因此客服中心拥有大量的客户呼叫行为和需求数据。我们可以利用大数据技术深入分析客服热线呼入客户的行为特征、选择路径、等候时长,并结合客户历史接触信息、客户套餐消费情况、客户人口统计学特征、客户机型等数据,建立客服热线智能路径模型,预测下次客户呼入的需求、投诉风险以及相应的路径和节点,这样便可缩短客服呼入处理时间,识别投诉风险,有助于提升客服满意度;另外,也可以通过语义分析,对客服热线的问题进行分类,识别热点问题和客户情绪,对于发生量较大且严重的问题,要及时预警相关部门进行优化。

客户生命周期,是指客户关系发展水平随时间动态变化的发展轨迹,客户关系发展水平随时间的变化呈现出明显的阶段性。客户生命周期管理包括新客户获取、客户成长、客户成熟、客户衰退和客户离开等五个阶段的管理。国内外运营商在客户生命周期管理方面应用的案例都比较多。如 SK 电讯新成立一家公司 SK Planet,专门处理与大数据相关的业务,通过分析用户的使用行为,在用户做出离开决定之前,推出符合用户兴趣的业务,防止用户流失;而 T-Mobile 通过集成数据综合分析客户流失的原因,在一个季度内将流失率减半。

比利时第二大移动运营商 Mobistar 为 200 多万客户提供服务,拥有 30% 以上的市场份额。公司的网络质量部门通过 CRM 来处理网络信息和客户调查,指出最常见的客户问题领域,从本质上帮助 Mobistar 提高现有的客户满意并吸引潜在的客户加入进来。

Mobistar 的网络质量部门与技术部门协作,以全面洞悉客户需求和导致客户流失的原因。评测电信行业客户满意度的一种方法涉及查看网络性能、每日评测和客户满意度调查。公司通过这种方法来了解哪类技术问题真正影响了客户满意度,以及每个技术问题的相对重要性。CRM 推动精心设计的调查和全面分析的完美组合,为 Mobistar 提供了增强客户了解的强大工具。Mobistar 通过应用 CRM 来确定有可能流失的客户类型,以及确定网络质量有可能让客户不满意的领域。它可以真正帮助 Mobistar 了解客户,以及规划真正有效的资源,实现使用方法的变革。

思考题

1. 如何更有效地提升业务支撑系统的运行效率?
2. 请按照自己的理解,对电信业的数据流进行梳理,并绘制数据仓库结构图。
3. 你觉得电信业客户关系管理中有待完善的部分还有哪些?

第七章　商业分析在通信行业客户生命周期管理中的应用

第六章中我们已经简要介绍过客户生命周期管理包括新客户获取、客户成长、客户成熟、客户衰退和客户离开五个阶段。针对电信运营商的实际情况,在这里将电信客户生命周期划分为获取、提升、成熟、衰退和离网五个阶段。图7-1详细列举了数据挖掘模型在客户生命周期各阶段的主要应用场景,后续我们将结合具体的业务场景来对客户关系管理的五个阶段进行更深入的应用阐述。

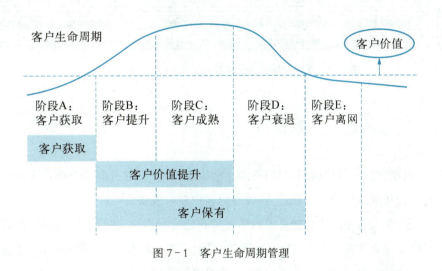

图7-1　客户生命周期管理

在客户获取阶段,我们可以通过算法挖掘和发现高潜客户;在客户成长阶段,通过关联规则等算法进行交叉销售,提升客户人均消费额;在客户成熟期,可以通过大数据方法进行客户分群(RFM、聚类等)并进行精准推荐,同时对不同客户实时忠诚计划;在客户衰退期,需要进行流失预警,提前发现高流失风险客户,并作相应的客户关怀;在客户离网阶段,我们可以通过大数据挖掘高潜回流客户,具体见图7-2。

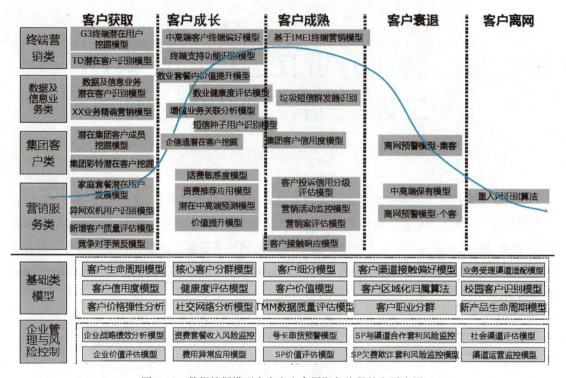

图 7-2 数据挖掘模型在客户生命周期各阶段的主要应用

7.1 客户生命周期——获取期

客户生命周期管理中的获取期,以识别潜在换机客户为例,通过商业分析算法识别出潜在用户,可以对其进行相应的精准营销,以达到较好的客户获取效果。

在这一阶段,有大量使用非智能终端的零流量或低流量客户,终端成为限制客户流量提升的主要障碍,所以在获取期需要识别 TD-SCDMA 智能终端(即 3G 终端)潜在客户,增强客户上网能力,提升客户流量。根据对电信业务的理解,建议可以从以下几个方面入手:

◇ 确定关键时刻换机客户,包括补卡、终端合约到期和更换二手手机;
◇ 确定终端营销重点客户群换机客户,包括高价值、高流量或年轻群体中潜在换机客户;
◇ 构建综合换机指数模型(见图 7-3),识别潜在换机客户。

可应用的业务场景为:从模型评分前 5% 客户中找出 10% 的换机客户,覆盖下月所有自然换机客户的 10%,比自然换机率提升 2 倍,提升了客户的获取率。

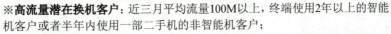

图 7-3　终端潜在换机用户模型

7.2　客户生命周期——提升期

客户生命周期管理中的提升期，可以分析客户流量需求，匹配合适档次流量套餐，提升流量。

在这一阶段，流量标准套餐档次众多，分析哪些客户是营销的目标客户、该给客户推荐什么档次的套餐是流量套餐营销面临的主要问题。可以从以下几个方面入手：

◇ 选取近三月产生过流量的通信客户，计算客户流量套餐需求量；

◇ 根据客户流量套餐需求量选择两个最接近的套餐档次作为备选套餐；

◇ 假设用户分别订购两个备选套餐，进行流量资费预演，推荐客户最划算的套餐。

针对最近三月有流量且无流量标准套餐的客户，可首先判断其是否有非标准流量套餐。如果无，再判断其是否使用流量少（如流量是否低于 0.5 M），以此来决定是否推荐办理套餐。如果使用流量大于 0.5 M，则推荐办理套餐。对于有非标准流量套餐的客户，进一步判断其使用流量是否超出非标准流量套餐。如果没有则不推荐办理流量套餐，如果超出，继续判断流量费用超出是否小于 5 元。如果小于 5 元则推荐办理，如果大于 5 元则强烈推荐办理。

同理还设计了套餐升档目标客户预测模型。即针对最近三月有流量且有流量标准套餐的客户,首先判断流量标准套餐是否超出来决定是否推荐升档套餐。如果没有,则不推荐升档流量套餐;如果有超出,则继续判断流量标准套餐是否是 5 元包。如果不是 5 元包,进一步判断流量超出是否跳档。如果流量超出没有跳档则推荐升档,如果流量超出跳档则强烈推荐升档。如果流量标准套餐是 5 元包,进一步判断超出流量是否不足 5 元。如果超出 5 元则强烈推荐升档,如果是不足 5 元则推荐升档。

　　通过对以上流量套餐匹配模型的营销效果进行评估,发现营销效果较好,强烈推荐办理短信营销用户群办理量较 6 个月有流量无标准套餐用户群提升 6.5 倍,较强烈推荐办理未短信营销用户群提升 1.9 倍。强烈推荐升档短信营销用户群升档量较 6 个月有标准套餐且超出的用户群提升 8.7 倍,较强烈推荐升档未短信营销用户群提升 4.4 倍。

　　可应用的业务场景为:客户服务中心提取了 2.3 万个用户进行了短信营销,套餐办理成功率比未营销组提升 6.5 倍,套餐升档成功率比未营销组提升 8.7 倍。

7.3　客户生命周期——成熟期

　　客户生命周期管理中的成熟期,可以对投诉文本进行自动分类,提升客户满意度。

　　在这一阶段,提升客户满意度,是提升全业务运营环境下市场竞争力的关键;需要对投诉内容进行分析,识别投诉原因。可以从以下几个方面入手:

　　◇ 构建投诉内容智能识别模型(complain content recognize,CCR),引入文本挖掘与智能识别技术分析投诉内容;

　　◇ 结合业务活动,预先定义客户投诉原因并基于支持向量机(SVM)等分类模型构造客户投诉分类器,实现投诉原因的预分类。

　　图 7-4 是某通信公司利用文本挖掘技术构建了 CCR 模型对客户投诉原因进行识别的过程,同时对比了 CCR 模型和传统分类效果,发现新模型的准确率远远高于传统的 WMS 分类模型。

　　业务场景:精确识别客户投诉原因,准确率从 23% 提升至 85%;快速识别客户投诉原因,180 秒分析全网 7.3 万条投诉记录。

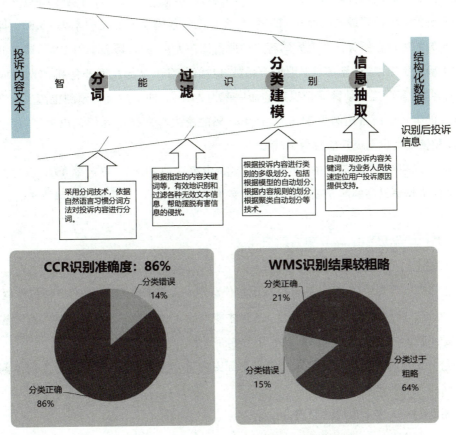

图 7-4　某通信公司 CCR 投诉原因自动识别模型

7.4　客户生命周期——衰退期

客户生命周期管理中的衰退期,可以建立价值流失和离网预警模型,及早识别高风险客户。

在这一阶段,在全业务竞争的环境下,竞争日益激烈,客户价值流失和离网现象严重;需要建立价值流失和离网预警模型,及早精确识别高风险用户。可以从以下几个方面入手:

◇ 对近三个月月均 ARPU ≥ 50 元的在网非停机客户,根据近三个月消费,预测未来两个月内的价值流失可能性;

◇ 对全部在网非停机客户,根据用户近两个月消费情况,预测未来三个月内的离网可能性。

通过建立客户离网预警模型,对其结果整理分析发现,对于近三个月月均 ARPU$\geq$=50元的在网非停机价值流失概率最高的前5%的客户,客户流失预警模型的命中率为45.8%,即实际流失预测也流失的客户在所有预测流失的客户中所占比例为45.8%,覆盖率为19%,即有19%的流失客户被正确识别出来,预警模型识别提升倍数3.8倍。对于全部在网非停机离网倾向最高的前4.8%的客户,客户流失预警模型识别的命中率为31.8%,即实际流失预测也流失的客户在所有预测流失的客户中所占比例为31.8%,有49.1%的流失客户被正确识别出来了,模型覆盖率为49.1%,预警模型识别提升倍数为10倍。

业务场景:离网倾向最高的前4.8%的客户,命中率达到31.8%,覆盖率49.1%,提升倍数为10倍;价值流失概率最高的前5%的客户,命中率45.8%,覆盖率19%,提升倍数3.8倍。

7.5 客户生命周期——离网期

客户生命周期管理中的离网期,可以准确定位跨网一人多卡客户,赢取客户钱包份额。

在这一阶段,跨网一人多卡现象严重,怎样才能准确定位跨网一人多卡客户,有效赢取客户钱包份额是面临的一个问题。可以从以下几个方面入手:

◇ 通过分析本网客户交际圈和异网号码交际圈的重合度,准确定位到同时使用本网和异网号码的跨网一人多卡客户;

◇ 分析跨网一人多卡形成的原因;

◇ 设计赢取客户钱包份额的营销策略。

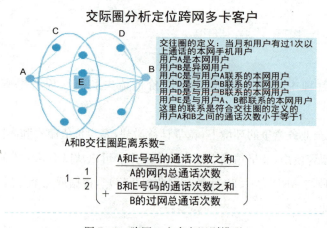

图7-5 跨网一人多卡识别模型

原因分类			具体原因描述	用户数占比
宽带固话原因			被竞争对手的宽带或固话捆绑,即家里的宽带或者固话和联通/电信号码有绑定关系	41.25%
集体策反原因			所在单位要求使用联通/电信号码,或者单位赠送了联通/电信手机	8.75%
客户主观原因	上网体验原因	上网快	3G体验好,竞争对手网速快,覆盖好	18.75%
		上网资费便宜	竞争对手的手机上网的资费更加便宜,赠送流量多	14.38%
		手机好	竞争对手的终端好(功能更强大,明星机,性价比更好等)	0.63%
	语音通话需求	语音资费原因	竞争对手的打电话资费更加便宜	14.38%
		工作原因	希望一个工作号码一个家庭号码,区别使用	1.88%
		出差原因	因为经常要到某地出差,所以同理办理了该地的手机号码	2.50%
	社交原因		受身边重要的亲朋好友影响而使用了联通/电信的号码	10.00%
其他原因			不清楚、方便些、使用苹果手机等原因	9.38%

图 7-6 跨网一人多卡形成原因调查

业务场景:提取模型识别的1 179个跨网一人多卡客户电话外呼,有效回收问卷440人,其中真正一人多卡客户201人,命中率达到46%。

在客户生命周期理论的视角下,在通信行业的各个阶段都可以采取相应的商业分析方法,对用户进行分类管理,以获取与留存有不同价值的客户。一方面,这使得企业产生防范意识,在一定程度上有助于维持稳定的营收,降低技术更迭较快的通信行业的经营风险;另一方面,在占用资源不高的情况下,可以帮助企业获得超额的利润,有助于其取得竞争优胜。

思考题

1. 客户在生命周期的五个阶段分别有什么特征?
2. 结合自己所关心的行业,利用生命周期方法进行分析。

第八章 商业分析在通信业市场营销中的应用

通信业作为和数据产业紧密连接的领域,拥有相对较多的用户数据。随着网民普及率日益增高,用户对通信服务质量要求提高,在通信业市场竞争日趋激烈的形势下,如何利用大数据取得竞争优势、提升市场地位成为业内普遍关注的话题。市场营销则是提升经营效率的重要方面。

8.1 直复营销与精准营销

直复营销概念的提出已有一段历史,随着科技的不断进步,在实践层次,其对企业产生的价值逐渐体现,因此渐渐受到业内外重视而被广泛采用。然而,直复营销仍存在着较多不足:定位不准确、投入与回报的关系难以量化,从而可能会达不到企业预期的效果。

近年来,精准营销概念的兴起及其相关理论和方法的发展和成熟,对解决传统直销广告中目标客户的有效性问题无疑大有裨益。信息和网络对人们产生的影响越来越大,改变着人们的生活消费方式,通信业也不例外。在我国,企业须顺应科技趋势,对现状与场景有充分认识,积极迎接新时代营销新亮点。

8.1.1 直复营销

案 例

1872 年,蒙哥马利·华尔德创办了美国第一家邮购商店,标志着一种全新的营销方式的产生。在营销传播手段日渐多元化、广告投放成本日渐高涨的现代社会,公司需要更精准、可衡量和高投资回报的营销沟通,而直复营销因其效果好、成本低、可试验而成为解决这一矛盾的有效方式。

直复营销(direct marketing 或 direct response marketing),指的是直接回应的营销。其中营销包括了市场推广和产品服务销售两方面的含义。直复营销作为一种已经广为市场所接受的营销方式,既是一种商业战略思想的体现,同时也是一种具有高度可操作性的方法和工具。企业利用各种广告媒体如商品目录、直邮函件、报纸杂志、电视电话等直接刺激、推动及引发消费者的购买欲望。广告接受者做出迅速而直接的响应,以电话、信函或其他方式将购买意愿直接反馈给企业,企业再以邮寄、送货上门等方式完成商品运送,最终完成交易。

案 例

国内直复营销机构

驿邮商函 DM 直邮营销有限公司立足中国市场,致力于提供整合的一站式数据库商函营销服务,在激烈的市场竞争下,最大化地满足用户的营销需求。

驿邮最初成立于 2002 年 8 月,由北大资深人士结合国内企业营销现状所成立,引进国际上成熟专业的直复营销理念。公司总部位于北京,先后在上海、深圳设立分公司,初步形成一个以全国重点城市为主体的商函数据库营销网络,是国内唯一一家专注于商函制作、商函直邮的数据库营销机构。自成立以来,驿邮不断总结、更新、引进、整合,拥有了为不同行业领域、不同地区的客户提供专业数据库商函的营销服务的能力和经验。

驿邮在高质量的数据库和强大的运营系统支持下,协助上千家企业通过数据库直邮实现其市场投入的最大价值回报。从数据采集、客户市场分析、数据库有效筛选、商函设计制作到邮寄,从客户的需求出发不断完善服务流程、深化客户服务,与各地企业建立了长期战略合作关系,共同致力于实现客户效益最大化,为客户的品牌搭建和销售推广提供强势的营销平台。

8.1.2 精准营销

直销广告提供了一种直接抵达用户的营销范例,在实现时,对目标客户的识别越清晰准确,直复营销的效果就会越好。因此,如何在纷繁复杂的客户中准确地识别哪些是目标客户,对于投放直销广告的商家来说,成为关键性的问题。只有目标定位精准,才能使直销在成本上得到有效控制,而且在效果方面有更精确的控制,并能及时根据特殊情况做出相应调整。传统"跑马圈地"式的粗放型营销方式已逐步退出企业视线,"精耕细作"式的精准营销成为企业发展的大趋势。新营销革命已经来临,企业必须寻找到一套量身定制的营销组合拳。

精准营销(precision marketing),是在充分了解顾客信息的基础上,针对顾客偏好,有针对性地进行精细到个人的营销。精准营销往往由直复营销、数据库营销等多种手段结合,前提是掌握精确的目标受众数据、匹配的营销信息以及有效的市场手段。精准营销是不同于大众营销的一种营销新趋势,在精准定位的基础上,依托现代信息技术手段建立个性化的顾客沟通服务体系,实现企业可度量的低成本扩张之路。

精准营销是多部门、多角色,多渠道协同的过程(如图8-1)。精准营销从客户多源信息出发,洞察客户需求,并整合营销资源来进行营销活动,对用户行为进行反馈,最后进行营销效果的评估。

图8-1 精准营销的协同过程图示

相对于传统的营销方式,精准营销的优势如下:

① 定位精确。由于精准营销能够对目标顾客与潜在顾客进行精准判断,精确到个人习惯及购物偏好,从而能够更加准确地匹配需求,将企业的产品及服务传达给对应的用户。

② 效果可测。传统营销方式以同一渠道的所有用户作为区分依据,往往无法明确订单和广告直接的关联点在哪里。而将营销对象细化到每一个客户时,能针对个体进行投入回报率的计算,以便进行后续的调整。

③ 节约成本。尽管精准营销需要投入资金,但在精准营销下,只需针对目标顾客的需求进行个性化营销,减少了企业的不必要营销开支,并提升营销的回报率,从而使得企业的整体收益提高。

④ 实时控制。由于是企业自己来选择营销的受众群体,这就使得企业可以实时跟踪营销效果,并随时进行调整。

8.1.3 电信运营商实施精准营销的背景

随着国内电信市场竞争的日趋激烈,电信业需求与服务价值转变,电信运营商的经营模式逐渐从"技术驱动"向"市场驱动"、"客户驱动"转化。面对客户的多样化、层次化、个性化需求,大众化营销已失去优势,基于客户信息、客户价值和行为以及深入数据分析的精确化营销理念逐渐被各大电信运营商接受。

美国电信运营商 Verizon 成立了精准营销部门 Precision Marketing Division。该部门提供精准营销洞察(precision market insights)和商业数据分析服务。如在美国,棒球和篮球比赛是商家最为看中的营销场合,此前在超级碗和 NBA 的比赛中,Verizon 针对观众的来源地进行了精确数据分析,球队得以了解观众对赞助商的喜好等,即可基于营销洞察提供精准广告投放服务。

美国电信运营商 Sprint 则利用大数据为行业客户提供消费者和市场洞察,包括人口特征、行为特征以及季节性分析等方面。电信运营商 AT&T 提供 Alert 业务,当用户距离商家很近时,就有可能收到该商家提供的折扣很大的电子优惠券。

电信运营商实施精准营销的背景可包括市场压力、需求和服务价值变化、传统业务衰退、用户需求进阶等威胁,但同时电信运营商有着完整准确的用户数据,也具备了相应的系统支撑环境。

电信运营商面临的来自市场的压力可归纳为保存量、激增量、促融合和新应用。保存量是要解决移动和宽带高端存量客户流失问题;激增量即同时寻求合适的运营模式,开拓新的增量市场;促融合是通过固定电话和移动电话捆绑快速建立核心客户群;新应用是以业务应用为先导,注重消费者的需求,关注小众市场。

电信业需求与服务价值在发生转变,用户需求真正在多媒体化。以前人们对于电信运营商的需求是以通话为主,而现在的需求则不仅仅是通话,还有视频通话、上网、解决实际问题等,而将来则是以用户为中心的多媒体体验,人们的需求随着科学技术的进步也在不断更新和变化(见图 8-2)。

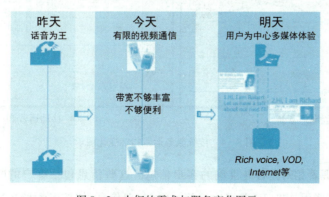

图 8-2 人们的需求与服务变化图示

用户服务需求的变化使得传统业务价值衰退。传统的用户价值以话音为中心,随后以内容为中心,最后以非话音为中心(见图8-3)。而用户为内容付费的部分则是电信运营商的核心价值所在。

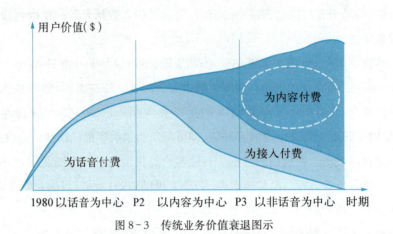

图8-3 传统业务价值衰退图示

传统电信运营商往往局限于对整体指标的统计(见图8-4),而忽略了个体客户的数据产生的价值。

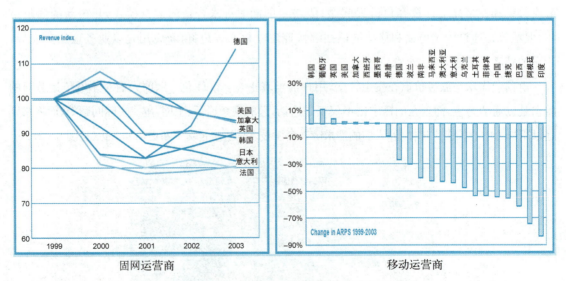

图8-4 传统服务运营指标变化图示

电信运营商掌握着相对完善并准确的客户信息。这些信息包括客户的收入信息(如月平均区内费趋势、总跳表费用趋势、IP费用比例等)、缴/欠费信息(如按时缴费次数、平均每次欠费时长等)、在网时长信息(成为电信客户时长)、客户接触记录信息(如 10000 号呼叫次数、业务受理比率等)、数据业务使用行为信息(如月平均上网流量、平均每天上网时长等)、呼叫行为信息(如传统长途月平均呼叫次数、IP 长途呼叫趋势等)、产品拥有信息(如是否拥有 IP 语音服务、拥有号线个数等)、竞争行为信息(如月平均呼叫移动次数、非电信 IP 不同运营商个数等),等等(见图 8-5)。因此,电信运营商可以对这些数据进行分析和挖掘,从而获得可以提升企业利润的有用信息。

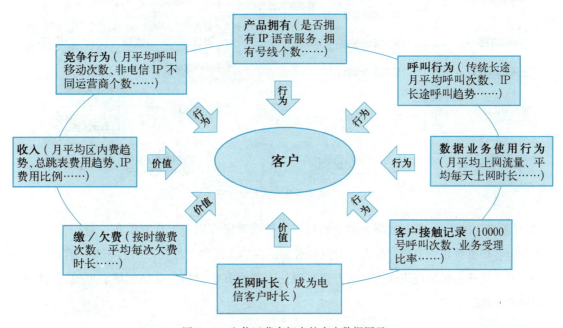

图 8-5　电信运营商拥有的客户数据图示

电信运营商具备相应的系统支撑环境。电信运营商不仅拥有庞大的客户信息,还具备相应的系统支持,近年来,电信运营商的管理系统相对来说越来越完善,各省市的电信运营商都有相应的系统支撑其运营和进行营销活动。图 8-6 为一个通信运营商的系统支撑环境实例,实现了用户数据从获取到处理到营销应用的整个流程。

8.2　精准营销核心

精准营销是根据客户的消费需求、消费特征等对客户进行细分,针对不同需求特征的客户

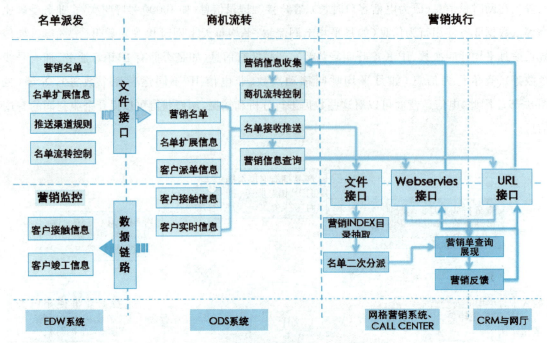

图 8-6 电信运营商的系统支撑环境

群,提供差异化的产品、套餐或服务的营销过程。精准营销有别于大众营销和一对一营销,是介于不区分客户群提供无差异产品大众营销和对每一客户都提供个性化产品的一对一营销之间状态的营销。其核心可从理论和实践两方面来阐述。理论方面指精准营销的核心思想,实践方面指精准营销的核心技术。

8.2.1 精准营销的核心思想

当今,人们越来越忙,消费者在买什么和从哪种渠道了解产品、服务及销售商的问题上,有着无以计数的选择,顾客可以以他们想要的价格去购买那些满足他们需求的有特定特性和利益的产品。所以,今天的市场营销应该是渗透式营销,企业不再只是营销它们的产品,而是进入到消费者的世界。而这正是精准营销能做到的。进行精准营销,首先就要分析出目标顾客的需求点,然后依此需求开发出产品并说服消费者购买。精准营销注重与顾客的沟通,走进客户的世界,使得企业和顾客的目标逐渐一致,并达到统一。蒙牛酸酸乳在这方面就做得很出色,它把酸酸乳与超级女声的"酸酸甜甜"联系在一起,选择超女为之代言。由于选择了恰当的营销方式,蒙牛的品牌价值迅速升值。

案　例

白领女装是近几年北京服装市场最为成功的女装企业之一,该企业不惜重金争取到机场显眼位置的广告牌,以使每位乘坐飞机的乘客注意到白领这个品牌,将来往机场的很多女性视为"白领"的潜在顾客,因为他们符合"白领"的目标定位:高薪、职业。而来往的男性在送太太、女友礼物时,也会将该品牌作为一个选择。

总的来说,精准营销需要做到以下几个方面:

① 精确的市场定位。精准营销的首要特点就是目标精确,如果说传统营销是"机关枪扫射",那么精准营销就是"点射",即将企业的广告呈现在最需要它们的人群面前,以产生尽可能大的回报,与顾客建立长期个性化沟通体系。

② 满足个性化的需求,实现客户链式反应增值。精准营销的系统手段保持了企业和客户的密切互动沟通,从而不断满足客户个性需求,建立稳定的企业忠实顾客群,实现客户链式反应增值,从而达到企业的长期稳定高速发展的需求。

③ 市场情报的收集和研究。精准营销注重对市场情报的收集和研究,注重对目标人群的分析,注重客户的反馈。精准营销人员明白"没有调查,就没有发言权"的道理:在很多时候,市场的真实情况都与营销人员的想法有很大的出入。所以,精准营销人员须设法使自己与市场取得联系,以了解市场。

反过来说,只有了解市场、了解顾客,营销人员才能真正做到投放精准。否则,只能是"想当然"的精确,效果可能还不如传统的营销方式。因此,对于客户数据的挖掘和分析就显得尤为重要。

8.2.2　精准营销的核心技术

精准营销的核心技术主要是 1C+5P。1C 即客户细分,具体就是静态客户细分和动态生命周期的客户细分。静态客户细分就是用聚类方法和技术对客户进行细分;动态生命周期的客户细分就是根据客户的生命周期进行细分,客户生命周期主要分为获取、提升、成熟、衰退和离网五个阶段。而 5P 为产品(product)、渠道(place)、价格(price)、促销(promotion)和时机(period)。其中产品、渠道、价格和促销是一般市场营销的四大要素,即用什么样的产品、什么样的渠道和价格进行促销,而在精准营销中,还增加时机要素,即在合适的时机将合适的产品以合适的渠道和价格进行促销。而所有这些过程和分析都要进行商业分析和数据分析才能够给出合适的解决方案。

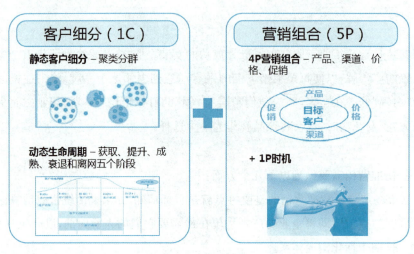

图 8-7　精准营销核心图示

(1) 客户细分(1C)

客户细分的概念是美国市场学家温德尔·史密斯(Wendell R.Smith)于 20 世纪 50 年代中期所提出。所谓客户细分,主要指企业在明确的策略、业务模式和专注的市场条件下,根据客户的价值、需求和偏好等综合因素对客户进行分类,分属于同一客户群的消费者具备一定程度的相似性,而不同的细分客户群间存在明显的差异性。正确的客户细分能够有效地降低成本,同时获得更强、更有利可图的市场渗透。

客户细分理论的提出和应用具有一定的客观基础,它是商品经济发展和市场竞争日益激烈的产物,其理论依据主要有两点:

① 客户需求的异质性。并不是所有的客户需求都是相同的,只要存在两个以上的客户,需求就会不同。由于客户需求欲望及购买行为是多元的,所以客户在购买产品和使用服务上的需求呈现较大的差异,客户需求的异质性是进行客户细分的内在依据。

② 企业资源的有限性。现代企业受到自身实力的限制,不可能提供满足所有顾客需求的产品和服务。任何一个企业,即便是处于市场领先地位,也不可能在整个营销过程中占绝对优势。为了进行有效的竞争,企业必须进行客户细分,选择最有利可图的目标客户群体,集中企业资源,制定科学的竞争策略,来提高自己的竞争优势。

具体地,客户细分可以分为以下几类:

a. 静态客户细分

传统的客户细分依据的是客户的统计学特征,这种细分方法存在着很大的误差。随着数据挖掘技术的日趋成熟,数据挖掘也成为客户细分的一种重要手段,聚类算法便是其中一种。通常的做法是在客户关系管理中结合数据挖掘技术,进行必要的数据收集和准备,然后建立模型,最后利用数据挖掘工具得出结论,进行决策。聚类是数据挖掘领域的一个重要方法。所谓聚类就是将数据对象分组成若干类或簇。由聚类所生成的簇是一组数据对象的集合,这些对象与同一个簇中的对象彼此相似,与其他簇中的对象相异。聚类分析的典型应用包括生物学上的基因分类和动植物分类,商务上对客户群体的分析,地理数据的分析,Web日志文档分析等。在许多应用中,可将一个簇中的数据对象作一个整体处理,如对属于同一个簇的客户提供相同的客户服务。

聚类分析主要研究的是统计学中"物以类聚"问题,它的实质是建立一种分类的方法,能够将一批样本数据(或变量)按照它们在性质上的亲疏程度在没有先验知识的情况下自动进行分类。类就是一个具有相似性的个体集合,不同的类之间具有明显的相异性。聚类与分类不同,在机器学习领域,前者是一种无指导的学习,而后者是一种有指导的学习。在分类时,对于目标数据中存在哪些类,事先是知道的,只需将每个数据点属于哪一类识别出来;而聚类是在事先不知道到底有多少类的情况下,以某种度量为标准,将具有相似特征的数据对象划为一类,同时分离具有不同特征的数据对象。聚类需要考察所有的个体才能决定类的划分,并由算法自动确定。聚类技术最早被运用在分类学中。在市场研究领域,聚类技术是市场细分、寻找目标市场及目标客户群的常用且有效的方法。作为数据挖掘技术的一项主要分析方法,聚类分析能作为一个独立的工具来获得数据分布的情况,观察每个簇的特点,根据需要集中对特定的某些簇作进一步的分析。

由于客户关系管理在国外已经发展了一段时间,因此已经有一些聚类分析算法应用于客户细分的探索和实践,比如采用 k-median 聚类算法对购物商场的顾客进行细分,采用 k-means、SOM(self-organizing map)、fuzzy k-means 聚类算法对股票交易客户进行细分,运用模糊聚类算法对在线音乐用户进行细分等。国内也有多名商业分析人员采用聚类分析方法来分析、预测客户行为。比如湖南移动采用 SPSS 统计软件提供的 k-means 聚类算法对客户进行细分以辅助营销决策,另外还有一些将 k-means 聚类法、层次聚类法(系统聚类法)、减法聚类法(subtractive clustering)、模糊 c 均值(FCM)聚类算法应用于客户细分的实验和尝试。

b. 基于生命周期的客户细分

客户生命周期是指从一个客户开始对企业进行了解或企业欲对客户进行开发开始,直至客户与企业业务关系完全终止且与之相关的事宜完全处理完毕的这段时间。客户生命周期管理包括新客户获取、客户成长、客户成熟、客户衰退和客户离网等五个阶段的管理,这在第七章中已经详细论述过。图 8-8 则列出了在五个不同的客户生命周期中可采用的客户细分算法。国内外运营商在客户生命周期管理方面应用的案例都比较多。如 SK 电讯成立的公司 SK Planet,专门处理与大数据相关的业务，通过分析用户的使用行为，在用户做出离网决定之前，推出符合用户兴趣的业务，防止用户流失。T-Mobile通过集成数据综合分析客户流失的原因，在一个季度内将流失率减半。

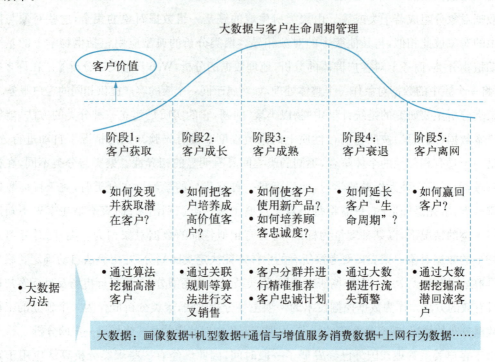

图8-8 客户生命周期及各阶段的数据分析重点

c. 基于维度选择象限法的用户细分

可以根据自身的实际情况，如数据是否可以获取、获取数据的复杂程度等因素，来确定应该采取的维度。

我们先从客户的行为、价值、历史数据、人口统计、地理统计、态度/倾向、制约条件、认知/印象、场合、需求等常用的维度进行简单的解释，每一个维度下面都有可能包含很多种变量。

客户行为：这个维度所描述的是客户在使用产品时所表现出来的行为特点。比如说使用量就是最常见的一种变量。有的客户使用量高，而有的客户使用量低。从使用量扩展出来的变量有可能是使用量的变化率。有的客户的使用量在快速增加，而有的客户的使用量在快速下降。另外，客户对某种产品的使用、客户对某种销售渠道的使用(如呼叫中心、销售终端等)都是客户的行为。显然，行为这个维度所需要的数据是比较容易获得的，而且对于业务也有很强的指导意义。

客户价值：顾名思义，这个维度包括客户带来的收入、为某客户提供服务所需要的成本、为了获取这个客户所需要的成本、客户的生命周期价值等。考虑到获取数据的难易程度，收入是最常用的一个变量。同时，成本和生命周期价值等也是非常重要的变量，应该尽量获取。

客户历史数据：这个维度包含了客户和企业之间所发生的事件的记录，如服务开始日期、投诉记录等。从这些数据中又可以推导出客户合同期、忠诚度等变量。

人口统计：这个维度包括客户的性别、年龄、收入、职业、婚姻状况等。

地理统计：这个维度包括客户的所在地。从这里可以看出所在地是属于占主导地位的市场（如沿海各省），还是属于不占主导地位的市场（如北方各省）。

态度/倾向：这个维度指的是客户总体上对产品和服务的态度。例如，有些客户愿意尝试新的业务，是时尚型的客户；有的客户选择产品偏重实用，属于实用型的客户，等等。显然，利用现有的系统想要获取这些数据是比较困难的。一般来说，要通过客户的问卷调查或其他外部渠道来获取这方面的数据。

制约条件：这个维度指的是客户在购买产品的过程中受到的制约。比如，某潜在客户要购买的产品，但他和另外一家供应商的合同期还没有结束；又比如，某些客户的经济条件限制了该客户购买某种产品。因此，国外有些电信运营商就给客户转网所产生的费用提供补偿。

认知/印象：这个维度指的是客户对所提供的产品和服务的印象，或者是对品牌的认知。这些数据一般来说也是通过问卷和访谈来获取的。

场合：这个维度指的是客户会在什么情况下产生需求。

需求：这个维度描述的是客户对于产品的需求，比如说对于某个客户来说，质量、服务和价格中哪一个最重要，也可以是客户对产品哪一方面的功能最需要。通过直接反映客户的需求，使公司在开发产品和制定价格时有的放矢，并针对不同的客户群采取不同的营销措施。

在实际工作中根据需要也可能产生新的维度。在维度选择的象限法中，横坐标轴代表的是这些维度所能提供的对于客户内在需求的解释能力，纵坐标表示的是获得数据的难易程度。显然，价值维度的解释能力要比态度/倾向高。解释能力越高，按照这种维度进行分群的意义就越大。这就解释了为什么使用收入指标来作为划分客户群的标准。纵坐标表示的是获得数据的难易程度，有些数据是能从现有的业务系统中直接或通过一定的运算提取出来的，如价值、行为等；有些数据则必须从外部通过客户访谈、问卷调查或焦点小组的形式获得，而且只能是样本数据，如需求、认知/印象等；有些数据虽然目前在系统中没有，但通过对系统的完善和对客户数据收集工作的加强，也会逐渐对这些数据形成积累，如客户历史数据、态度/倾向等。

根据以上象限分析，得出客户细分维度结果。如通过象限法，基于企业现状和假定条件，可以得出价值、行为和人口统计等是比较理想的分群维度。

在用象限法进行分析时,横纵坐标轴的定义会直接影响分析的结果。当客户分群的目的不同时,所采取的横纵坐标轴也不一样。即便是为同一种目的,二维的分析也不一定全面。所以可以多考虑几种横纵坐标轴的定义,进行不同的组合,对得出的结果加以综合考虑。比如,在进行维度选择时,也可以考虑用稳定性、与公司组织架构的一致性、获取数据的成本、数据质量等作为横纵坐标轴的定义。

为了更好地通过分群获取对客户内在需求的了解(获取洞察力),分群维度会多于一个。举例来说,如果仅按照客户为公司带来的收入分群,那么能得出高收入、中收入和低收入的客户分群,但却很难了解为什么有的客户是高收入,有的客户是低收入,也就是说不能获取足够的洞察力。如果再引入另外一个维度,比如行为维度,那么就能从客户分群中得到更多的信息。一般来说,维度越多,获取的洞察力就越多,但同时复杂性也就越大。

d. 价值—行为客户细分

利用企业已经掌握的客户的海量信息,用价值和行为作为客户细分的主要维度,通过科学的分析方法,有效地对客户进行细分,得出客户分群并加深对客户需求的理解,以此为基础制定公司的市场营销战略和战术。"价值—行为"的客户细分方法最适用于普通客户的客户分群。价值这个维度主要包含的变量有收入、为客户提供服务所带来的成本、为了争取客户所进行的投资(如广告费用、促销费用等)和客户生命周期价值(根据客户带给公司的利润以及客户接受公司服务的时间长短,如5年或更长),用现金流折现法得出客户对于公司的价值等。

价值和行为这两个维度是客户细分主要考虑的维度,价值和行为所包括的大部分变量都可以从公司现有的经营数据中获取,从而大大降低了获取数据的难度,缩短了获取数据的时间,提高了获取数据的准确性。另一方面,从行为和价值所包含的变量中也能洞察客户对于品牌的认知度、客户的态度/倾向等其他维度所包含的信息。

利用"价值—行为"客户细分方法,在客户分群的基础上对客户盈利性进行全面分析,深入了解各个客户分群的使用模式、对各个产品的偏好,对公司产品开发或产品组合起到了指导作用。进一步结合其他数据和外部数据(如人口统计数据和问卷调查结果),对各个客户分群的认识得到了进一步的提高,使公司对于客户需求的理解更深了一层。通过新得出的客户分群,公司重新调整了营销战略和战术,提高了市场份额和营销工作的效率。

第一步,对所有客户进行以价值为维度的聚类分析。价值可能会包含多个变量,如各个产品的收入、收入的增长率等。聚类分析的结果将把客户分成几类,分别是V1、V2、V3……每个聚类中的客户在价值方面都和同一聚类中的其他客户有一些相似的地方。

第二步,对所有客户进行以行为为维度的聚类分析,方法同上,只不过是变量变成了描述客户行为的一组变量。聚类分析的结果将把客户分成几类,分别是 B1、B2、B3……每个聚类中的客户在行为方面都和同一聚类中的其他客户有一些相似的地方。

第三步,将价值聚类(V1、V2、V3……)按照一定的方法进行排序,可以在价值维度所包含的许多变量中挑选一个比较主要的变量作为排序基准,假设这个主要的变量是总收入。对行为聚类做同样的处理,得出一个新的聚类排序。将这两个排序分别分布在一个平面图的横坐标轴和纵坐标轴上。为了能使最后得出的客户分群容易理解并具有一定的实际意义,要对价值维度得出的聚类组和行为维度得出的聚类组分别按照一定的标准进行排序。排序的标准可选用在这个维度中所包含的所有变量中最具有代表性的,或是市场经理认为比较重要的变量,这样就可以在一个二维平面图上识别出一定的客户分群。

第四步,每个客户都会在这个平面图上找到自己的位置。比如,客户 A 在价值聚类中属于 V3,在行为聚类中属于 B2,那么客户 A 在平面图上就能找到自己的坐标。

第五步,把所有客户都分布在这张平面图上。不同的颜色表示不同的客户密度。

第六步,识别客户分群。客户分群通常指的是在某一区域的客户数量超过了整个区域的平均数量。客户数量在某一区域越多,说明这个客户分群所具有的代表性越大;客户数量在某一区域越少,说明这些客户不太具有代表性,构成一个有意义的客户分群的可能性就越小。

第七步,结合人口统计和地理统计或其他外部数据,对客户分群进行描述,确认这些客户分群真正有意义,并且对客户特征进行描述。

第八步,如果以上客户分群是为了公司整体的战略(而不只是为了某一次营销活动),那么就要对以上的客户分群进行深入分析,而且要把这种客户分群扩展到公司本身的客户之外,对整个市场进行分析,如对于每个客户分群相对于竞争对手的市场份额、每个客户分群的总体价值分析等。

e. RFM 客户细分

RFM 细分模型是根据消费者的消费间隔、消费频率和消费金额三个变量来识别重点客户的细分模型。RFM 分析是广泛应用于数据库营销的一种客户细分方法。R(reenecy)指客户上次消费行为发生至今的间隔,该时期越短,则 R 越大;F(frequency)指在某一段时期内消费行为的频率,消费次数越多的客户越有可能与企业达成新的交易;M(monetary)指在某一段时期间内消费的金额。RFM 分析的所有成分都是行为方面的,应用这些容易获得的因素,能够预测客户的消费行为。RFM 分析是一种有效的客户细分方法。根据客户的消费日期将客户排序,最近的排在前面,这样就可以将客户分为若干部分。对于 F 和 M 的值需要先经过标准化处理,然后再采用相同的方法确定 F 和 M 的排序,这样每个客户就可以被定位在一个三维空间内,每一个客户都存在相应的(R,F,M)值并从小到大排序,再按照一定的比例划分消费群。

(2) 营销组合(5P)

a. 产品(product)

通过数据分析评估客户对各类产品的偏好度,向客户推荐合适的产品。

案例

业务内容模型,提升彩铃活跃度

业务需求:
- 不断扩大信息业务用户规模,培养用户使用习惯不仅是实现从移动通信专家向移动信息专家转型的关键,也是增强用户黏性,提升客户忠诚度的重要手段;
- 如何保持客户持续的使用热情,提升业务活跃度。

解决方案:
- 建立铃音偏好模型,识别客户铃音偏好;
- 采用合适的渠道向客户推荐合适的铃音,提升业务活跃度。

方案效果:
- 普及率由活动前的35%提升至73%,排名从第15名上升至第3名;
- 人均信息费从6.6元提升至12.6元,升幅191%。

---

b. 价格(price)

通过数据分析了解客户的资费能力,向客户推荐价格合适的产品。

案例

资费预演模型发挥套餐捆绑作用

业务需求:
- 为积极拓展全球通品牌发展,扩大规模优势,继续保持移动语音业务市场的主导地位,有效反击竞争对手,需要大力开展八大套餐的市场推广;
- 目前全球通品牌溢价过高是客户离网的主要原因。

解决方案:
- 根据客户的历史通话行为,进行套餐预演,向客户推荐价格最合适的套餐。

方案效果:
- 对照组八大套餐营销成功率提升了8.96倍。

c. 渠道（place）

建立产品渠道推荐模型，可辅助运营商选择最合适的渠道推荐产品，提高渠道效能。

案 例

产品渠道推荐模型

电信运营商通过对来自不同数据源数据的析取，提取相关的变量，采用 logistic 回归进行模型设计，分别对客户的 Web 渠道偏好度、短信渠道偏好度和电话渠道偏好度建立模型，对客户的渠道偏好度进行评分，从而选择合适的渠道向客户推荐产品（过程见图 8-9）。

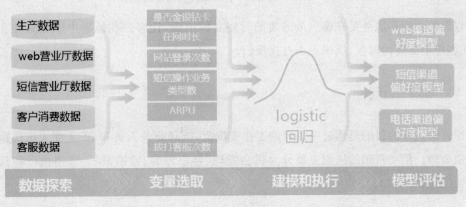

图 8-9　电信运营商通过分析选择推荐产品渠道过程

d. 促销（promotion）

基于前面的分析基础，指导促销活动的进行。

案 例

长途话务推送活动

通过前面的基础分析，在促销前，通过话务弹性模型定位高弹性客户，通过话务赠送敏感性模型判断给弹性客户优惠额度。具体如下：

首先利用话务弹性模型，定位高弹性客户，然后将话务分成漫游、长途、闲时通话，并识别客户话务特征，通过话务赠送敏感性模型，开展营销活动向弹性客户赠送特定话务，最终促使长途话务得到提升，用户使用习惯得到培养。

e. 时机(period)

客户需求随时在变化,因此需实时把握最佳营销时机(见图 8-10)。

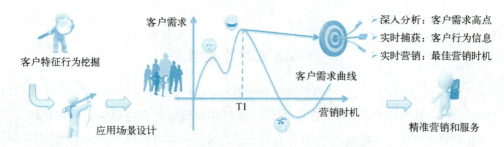

图 8-10 精准营销中把握最佳营销时机图示

最理想的营销和服务是在客户最需要的时候立即出现,让客户在惊喜中感受服务和产品溢价;而在客户不需要的时候,从来不去打扰他们。

8.3 精准营销流程

精准营销流程的目的是通过一系列的工作流规范,指导业务人员和 IT 支撑人员快速规范地构建营销活动。精准营销的流程主要分为机会发现、客户理解、营销策划、营销执行和营销评估五个方面(见图 8-11)。

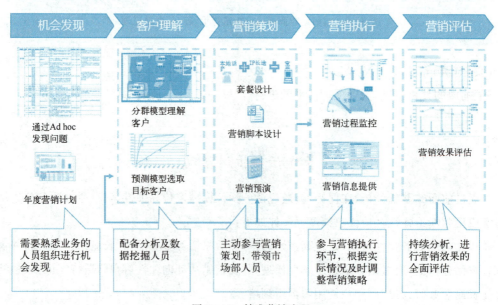

图 8-11 精准营销流程

8.3.1 机会发现

机会发现属于战略层面的基础,需要熟悉业务的人员组织进行机会发现。机会发现的主要工作就是发现要针对哪些市场做哪些营销活动来开拓市场。

案例

客户获取

住宅客户一般都有置办一户宽带和多个手机网络的需求。运营商可以采用共享套餐的模式,将多个产品进行组合来营销,例如推出固定电话、宽带、手机网络三合一的套餐,通过优惠价格占领市场地位。某电信运营商的相关套餐资费设计见表8-1:

表8-1 套餐资费情况

套餐名称	套餐内基础产品	月套餐使用费(元)	年套餐使用费(元)	固话手机超共享时长后通话资费	
e9-129	固话 2M宽带 手机	129	1 299	市话 0.11元/ 分钟	长话 0.30元/ 分钟
e9-149	固话 3M宽带 手机	149	1 499		
e9-169	固话 4M宽带 手机	169	1 699		

优惠可选包包括:

(1) 手机上网包:赠送上网流量。

(2) ITV加装包:25元/月,预存一年ITV使用费免费提供ITV机顶盒。

(3) 话务量优惠包:包括手机长途漫游包和固话话务量可选包。

(4) 手机加装包:加3元/月,可增加1部后付费手机。

8.3.2 客户理解

客户是5C中的1个C,客户理解即客户细分对客户的特征和需求进行分析,主要有以下四种方法。

(1) 基于分群模型理解客户

根据客户的属性、行为、需求、偏好以及价值等因素对客户进行分类,发现其中共同的特征与偏好,以便实施针对性的策略。

(2) 基于预测模型选择目标客户

预测模型是一类模型,基于历史数据,预测一个人以某一特定方式行为的可能性。预测是指是用尽可能简单的、抽象的方式来描述预测对象,它能说明预测对象与其相关因素之间的相关性。通过预测模型来为新产品寻找目标群体。

(3) 基于简单规则选取目标客户

具体如图8-12所示,利用决策树模型,对条件进行一一筛选,可以了解客户的消费水平,对客户的潜在价值进行评估,进而契合用户不同层次的需求。

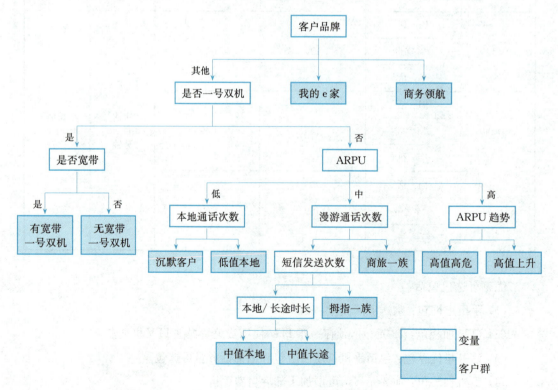

图8-12 基于规则的客户细分举例

(4) 基于事件选取目标客户,即事件营销

事件营销(event based marketing),指以客户需求为中心,基于客户行为和特征的挖掘,针对不同营销场景,设计营销触发规则,实现对目标客户的自动实时捕获,在最佳营销时机接触客户,开展精准营销和服务。

案 例

客 户 理 解

目标客户群:同时有固话、宽带和手机多业务需求的用户,现有用户群信息表 8-2。

表 8-2　现有用户群信息

用 户 群	数 量	用 户 群	数 量
e8	167 976	固话+宽带	137 528
e8+CDMA	22 536	固话+宽带+CDMA	24 828

排除其中部分用户,排除条件表 8-3 中展示的特殊用户数据,即得到以正常价格购买套餐的客户分类标准。对新推出的共享套餐以及其他套餐进行决策树分析,客户的选择条件情况如图 8-13。

表 8-3　排除条件

排 除 类 型	排 除 条 件
全局剔除组	公免非住宅和停拆机用户
固话	含有省直字样的商品
	预付费
CDMA	员工套餐
	手机预付费
	69 元以上档次
	虚拟网
	定价中包含 e9 共享字样
	联通老套餐
	VIP 用户
宽带	包月宽带
	学生宽带
	2M 以上宽带

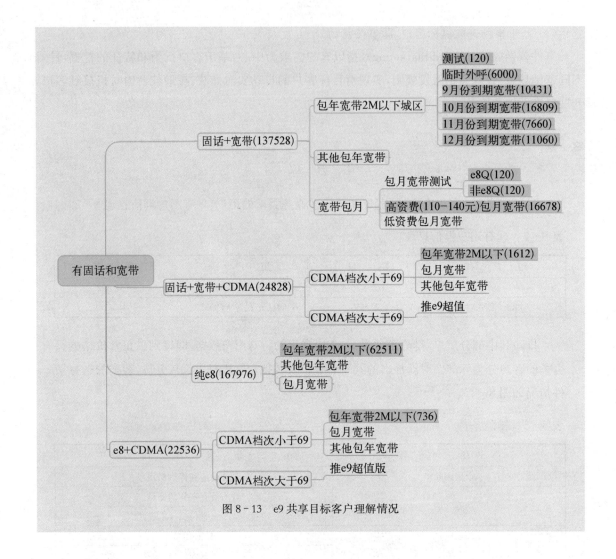

图 8-13　e9 共享目标客户理解情况

8.3.3　营销策划

营销策划主要包括以下内容：

① 套餐梳理：客户锁定条件梳理，套餐内容和亮点梳理，档次匹配，营销建议。

② 营销脚本梳理：参考营销套餐梳理报告，结合执行渠道和数据匹配特点，梳理营销脚本。

③ 执行渠道设计：目标客户群和套餐对渠道流程需求分析，确定渠道组合和优先关系。

④ 营销考核设计：为营销活动的执行渠道及相应管理部门设定相关的考核指标。

⑤ 营销试验：随机性的抽取样本数据进行针对性营销试验。

案例

营销策划（续前）

套餐卖点梳理：固话/手机基本月租费、来显、彩铃；189电子邮箱；手机本地包接听，送手机报及天气预报；固话手机互打免费；同一住宅2台电脑共享上网带宽，送星空杀毒；赠送1个月ITV体验。手机上网优惠信息和话务量优惠信息分别如表8-4和8-5所示。

表8-4 手机上网优惠信息

月功能费	包含流量	说　　明
5元	30MB	1. 超出部分按流量计费，0.005元/kB，500元封顶。 2. 手机上网标准计费按流量计费，不区分WAP和CARD，不区分1X和EVDO，不含WIFI
10元	80MB	
20元	150MB	
30元	230MB	

表8-5 话务量优惠包信息

优　惠　包	资　　费
手机长途漫游包	对用户收取6元、10元或15元功能费，国内长途漫游一口价分别降为0.39元/分钟、0.36元/分钟或0.29元/分钟
固话话务量可选包	每月加3元（含30分钟国内长途话费），国内长途直拨0.2元/分钟

据此对营销政策和套餐亮点进行梳理，给出了具有针对性的营销建议信息，如表8-6所示。如对有固话需求的宽带用户推荐共享套餐、对用户手机号码进行关联与优惠、对用户行为进行识别并进行关联推荐，以及同手机商合作作为互补产品的建议。

表8-6 营销梳理建议

序号	类型	营销建议条件	显　示　格　式
1	套餐推荐	有固话的宽带用户	推e9共享版套餐
2	交际圈分类	C网交际圈个数较多	宣传可增加1部后付费手机
		拨打最多CDMA时长	宣传固话手机互打免费

续 表

序号	类型	营销建议条件	显 示 格 式
3	行为特征	长途较多	宣传固话话务量可选包,每月加3元(含30分钟国内长途话费),国内长途直拨0.2元/分钟
		宽带流量增加	宣传宽带免费提速
		拨打过12121	宣传手机赠送天气预报
		是否订购星空杀毒	宣传宽带送星空杀毒
		是否定手机报	宣传手机送手机报
		是否有手机上网	宣传有手机上网的优惠包
4	特殊对端号码	拨打NOKIA热线	有NOKIA使用经验,可赠送NOKIA终端
		拨打LG热线	有LG使用经验,可赠送NOKIA终端
		拨打三星热线	有三星使用经验,可赠送NOKIA终端

表8-7 营销信息展现

客户基本信息区
接入号码
客户名称
证件类型
证件号码
性别
年龄
入网时间
客户联系信息

CDMA信息区
接入号
商品
入网时长
是否开通彩铃
是否开通来显
账单金额
近3月平均账单金额
本地费用
长途费用
本地通话时长
国内长途通话时长

固话信息区
接入号
商品
入网时长
是否开通彩铃
是否开通来显
账单金额
近3月平均账单金额
本地费用
长途费用
本地通话时长
国内长途通话时长

宽带信息区
接入号
商品
入网时长
宽带速率
账户余额
生效月份
失效月份
近3月平均账单金额
上网天数
宽带费用

营销建议区
建议外呼时间
营销建议区

8.3.4 营销执行

营销执行主要包括三个方面：营销波次确定、营销人员培训、营销波次执行。波次管理是提升仓储拣货效率的一种方法，一般会将订单按照一定的波次策略合并为一个波次指导拣货。营销波次指的是按照某种标准、将不同的营销策略聚合在一起，分多批次执行。

(1) 营销波次确定

① 目标客户名单特征分析（见图 8-14）；

② 定义活动波次计划；

③ 定义营销资源配置计划。

(2) 营销人员培训

帮助营销执行人员理解营销目的和方案、套餐内容，熟悉营销流程和脚本、支撑系统使用，提升营销技能。

(3) 营销波次执行

① 周期性的或大规模的营销波次执行；

② 包括执行前准备、营销执行、过程监控和改进四个过程（见图 8-15）。

案 例

营销执行（续前）

图 8-14 详细列举了客户接触的基本信息，为后续客户的特征提取做准备。

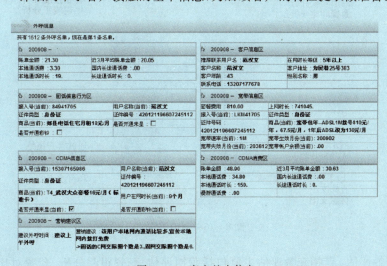

图 8-14　客户基本信息

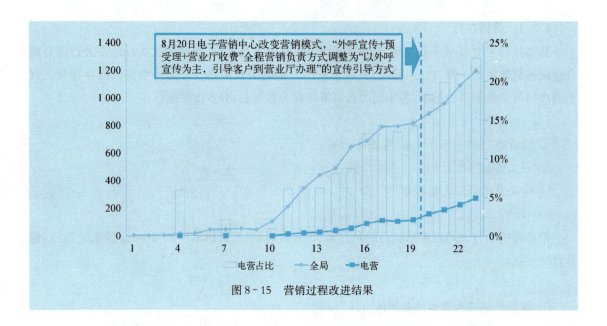

图 8-15 营销过程改进结果

8.3.5 营销评估

营销评估主要包括以下四方面内容（见图 8-16）：

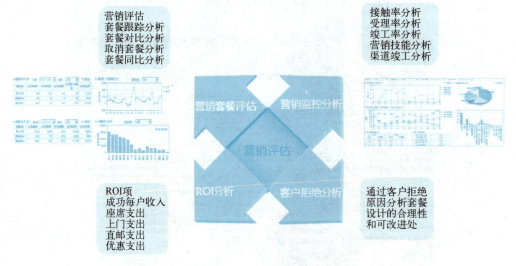

图 8-16 营销评估

① 营销套餐评估：营销套餐评估主要包括营销评估、套餐跟踪分析、套餐对比分析、取消套餐分析、套餐同比分析等，详见图 8-17。

② 营销监控分析：营销监控分析主要包括接触率分析、受理率分析、竣工率分析、营销技能分析和渠道竣工分析等。

③ ROI 分析：主要包括 ROI 项、成功每户收入、座席支出、上门支出、直邮支出和优惠支出等。

④ 客户拒绝分析：通过客户拒绝原因分析套餐设计的合理性和可改进处。

案例

营销评估（续前）

外呼用户数和营销成功率逐步上升（见图 8-17）。

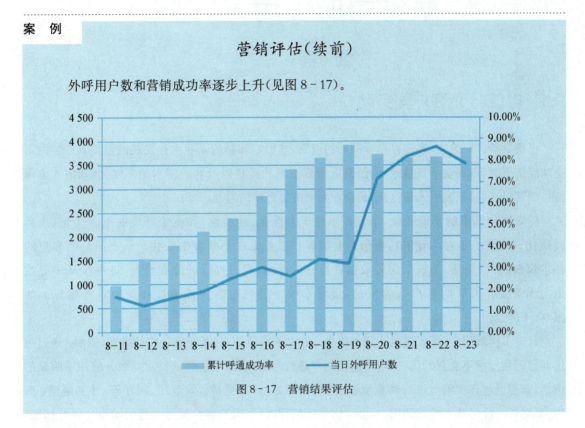

图 8-17 营销结果评估

对直复营销与精准营销让通信行业用户与企业建立更密切的纽带，有助于企业在激烈的通信行业竞争中抵达客户、了解客户，通过营销创新来吸引新顾客并维系顾客忠诚度。

思考题

1. 精准营销的核心思想 1C+5P 具体指的是哪些内容？
2. 请找出 1—2 个身边精准营销的案例，并利用 1C+5P 进行分析。
3. 在客户细分过程中有哪些注意事项？

第九章 商业分析在通信业客户服务中的应用

9.1 电信行业客户服务简介

市场竞争客户为先,客户是企业利润的引擎,是影响和制约企业生存发展的重要资产。面对全球经济下滑、市场竞争日益激烈、消费者维权意识的提高以及客户需求的多样化,如何才能保留住老客户,同时积极引入新客户,是企业面对的最直接的问题。

随着客户需求的不断变化(信息需求趋于个性化、社会化)和竞争环境的不断变化(产品同质化、异质性、不对称竞争),电信行业的客户服务也在不断发生变化。从不满意的客户的基本属性、行为特征、系统情况等数据进行分析,分析客户打分的分布情况,进一步从中寻找出与满意度有关联的客户行为变量,最终形成一系列与客户满意度相关的业务指标。如图9-1所示。

针对不同的用户,需要提供不同的服务。针对不满意用户,需要实行关怀措施,例如:通过短信调研问卷发掘不满意的用户;对不满意用户进行回访,并给予关怀。针对对服务感知不明显的用户,需要通过各类渠道进行满意度服务宣传,例如,自有渠道:营业厅、网厅等,外部渠道:广告、微博等。针对基本满意的用户,需要引导他们评高分,引导客户树立合理的满意度评分标准,例如,设计短信调研问卷主动下发给客户,并提示"10分:满意,9分:一般,1—8分:不满意"等信息,引导用户客观评分。

当然,一些运营商为了在短期提升客户服务质量,会使用一些提升客户满意度的"黑科技"。例如:① 找出那些不满意的客户,例如曾经投诉过的客户;② 分析不满意客户的特征;③ 找出会反馈给上级即愿意受访的不满意客户;④ 分析会反馈给上级即愿意受访的不满意客户的特征;⑤ 构建受访意愿的模型;⑥ 总结治标的方法,如发红包、引导评价等。

为了提升客户满意度,为客户提供完美的精准服务,在此我们提出了两个阶段五步骤的精准服务支撑体系,如图9-2所示。

图 9-1 客户满意度评价指标

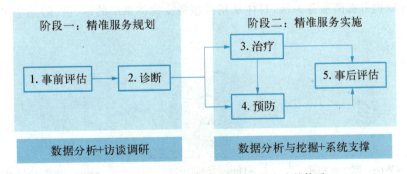

图 9-2 两个阶段五个步骤的精准服务支撑体系

该体系采用数据分析、挖掘及系统支撑等手段，分两个阶段五个步骤提升客户满意度。

阶段一：精准服务规划。实施初期建议先全面诊断，了解客户在满意度方面的现状、短板及问题。

阶段二：精准服务实施。基于规划对满意度问题进行针对性治疗、预防及评估，实现满意度提升。

9.2 客户满意度提升

案 例

优化提醒服务,提升客户满意度

提醒服务:即在一定条件下,通过短信、IVR(交互式语音应答系统)、外呼、网营弹出框等方式,由系统主动触发的免费告知服务,包括业务订购关系变更、业务使用情况及费用变化情况等。

例如:"××移动提醒服务:截至×月×日×时×分,您本账期已产生通信费用××元,提醒您特别关注。如需变更高额提醒金额,请登录移动网上营业厅 www.sh.10086.cn。如需取消,可回复 QXGETX 中国移动。"

再例如:"××移动提醒服务:截至×月×日×时×分,您本月国内移动数据流量费用(不含移动数据流量套餐费)已超过 50 元,请您合理规划流量使用。为节省您的上网费用,可回复 666 选择 2 元/5M 流量叠加包。"

本小节将以提升提醒服务为例,具体从精准服务支撑体系中的诊、治、防三个过程进行介绍和阐述。

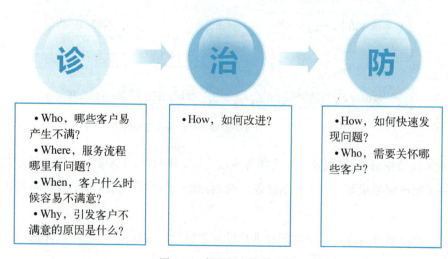

图 9-3 提醒服务提升步骤

9.2.1 服务现状评估及诊断(诊)

(1) Who:分析不满意客户特征,发现不满意用户群体

以某电信运营商为例,图9-4所示为不满意客户的占比。

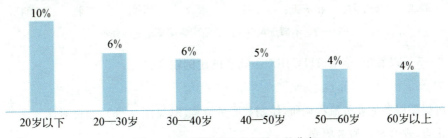

图9-4 不满意客户在年龄上的分布

由图9-4可以看出,年轻人中不满意用户的比例高。反映出年轻人对于提醒服务质量要求更高。

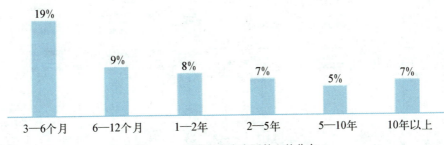

图9-5 不满意客户在网龄上的分布

由图9-5可以看出,新入网用户不满意的比例高。反映出新入网用户对于提醒服务的感知不如老用户。

图9-6 不满意客户在用户等级上的分布

由图9-6可以看出,高每用户平均收入(ARPU)用户不满意的比例高。反映出高价值用户对于提醒服务质量要求更高。

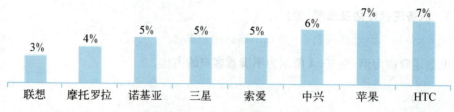

图 9-7　不满意客户在用户使用终端类型上的分布

由图 9-7 可以看出,苹果、HTC 用户不满意的比例较高。

(2) Where：梳理服务流程,发现提醒服务流程优化点

通过对提醒服务的业务流程调研,绘制其服务流程图(见图 9-8),通过对流程图的分析发现流程的优化点,提升客户服务感知。

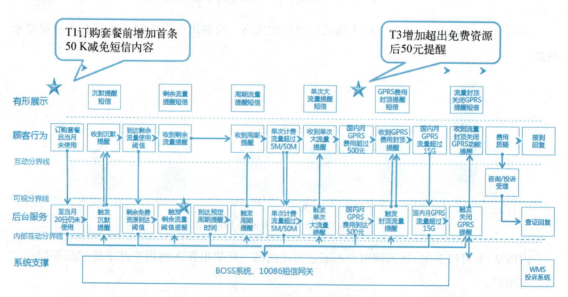

图 9-8　提醒服务的流程图

(3) When：对客户满意度有较大影响的时机

客户满意度的调查结果在不同时机下会有少许差别。一般情况下,在月初调查的要比月中和月末的客户满意度高；如果客户在满意度调查前收到较多的广告或者促销短信,其满意度会降低。所以针对第一种情况,要把握住调查时机；针对第二种情况,要适度把握广告发放情况。

(4) Why：深入分析,发现客户不满主因

通过对提醒服务不满意客户的深访调研,结合客户投诉记录、短信测评和内部运营分析,充分了解客户需求。深访调研发现,提醒服务的及时性最受客户关注,收不到、被打扰、看不懂是主要问题。

由图 9-9 和图 9-10 所示的例子中,我们可以看到:① 在对提醒服务不满意客户中,有 51.8% 的客户对流量提醒不满意;② 45.8% 的客户对欠费提醒不满意;③ 客户对欠费提醒最不满意的是提醒太频繁;④ 对流量提醒最不满意的是提醒不及时。

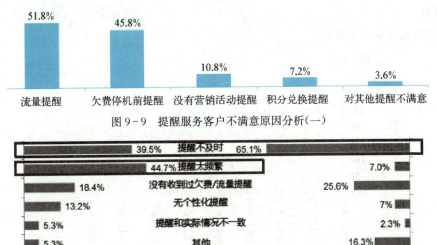

图 9-9　提醒服务客户不满意原因分析(一)

图 9-10　提醒服务客户不满意原因分析(二)

9.2.2　服务提升方式(治)

情况一:提醒不及时。GPRS 话单延时较为明显,且无法在短期内解决,因此用户收到 GPRS 流量提醒的时候肯定会不及时。如图 9-11 所示,用户的 GPRS 话单生成就有延迟,在话单生成后下发提醒还要有 5—30 分钟的延迟。

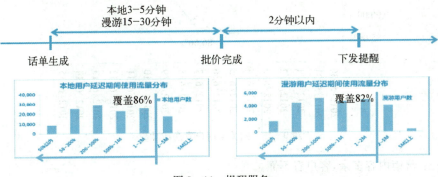

图 9-11　提醒服务

解决方案:优化提醒时机。将 0M 剩余流量提醒的阈值提前至 1M,覆盖了 85% 左右的延迟情况,使用户收到 0M 提醒时还没有收取费用。

情况二：客户常被打扰。当达到15元阈值后每天发送一条低额提醒短信，告知用户及时充值，使客户常常被打扰。

解决方案：优化低额短信下发规则。即：达到15元、5元、0元的阈值时仅仅只向用户下发一条提醒短信。

调整结果如图9-12所示。

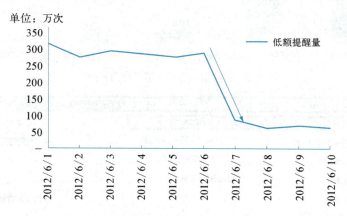

图9-12 低额提醒规则修改后发送量变化情况

低额提醒规则修改后，提醒短信量从之前的近300万条/天，降低至80万—90万条/天，节省了成本的同时避免了对客户的过度打扰；发送成功率也从原来的87%左右提升到94%—96%，如图9-13所示。

图9-13 网关至用户发送成功率

情况三：营销内容多余，客户看不懂。

解决方案：对全量的短信模板进行梳理，针对95%的用户都会收到的30种短信模板，将其进行了修改。以剩余流量提醒为例，调整内容如下：

① 将短信条数从4条减至2条。

② 更改短信模板。例如：将"××客户,截至××,您本月×共有×M,剩余流量已不足×M(1M＝1024K)。仅供参考,具体以月结账单为准。为节约您的上网费用,建议您回复 305 选择合适的移动数据流量套餐;移动数据包月套餐客户更可回复 666 选择流量叠加包服务(资费：2元/5M),获得更多优惠流量。现在登录 http：//go.10086.cn/? adid＝1000 获取最新资讯和便捷导航服务,尽情'手机冲浪'！本服务免收任何信息费。"改为"××移动提醒服务：截至××,您本月×共有×M,剩余流量已不足×M。具体以月结账单为准。为节省您的上网费用,可回复 666 选择 2元/5M 流量叠加包。直接回复 QXLLTX 即可退订该提醒服务。"

情况四：客户对服务认知不够。

解决方案：主动引导,加强客户对服务认知。

① 满意度服务宣传,例如：在官网、官方微博等处进行满意度服务宣传。

② 短信调研,对用户进行引导和关怀。例如："尊敬的客户,为提高您在手机使用过程中的便捷性,上海移动已推出十项提醒服务,请问最近半年您有没有收到过任何形式和内容的提醒服务,比如欠费停机提醒、流量超出套餐提醒、积分兑换提醒等。收到过请回复'是'或'y';没有收到过请回复'否'或'n'。回复本条短信免费。"

9.2.3 提前预测潜在服务(防)

除了以上两节说的"诊"和"治",下面将从"防"这一角度来提升客户满意度。我们可以通过对不满意客户进行关怀提升用户满意度。首先,通过组合模型(规则模型＋预测模型＋综合评分模型)识别潜在不满意用户;接着,将不满意用户细分成 6 个群,刻画群体特征,给出针对性的关怀策略;最后,提取模型中不满意评分最靠前的用户参与品质部的关怀活动,如图 9－14 所示。

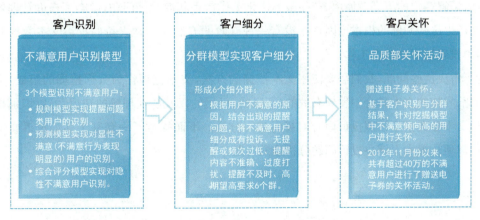

图 9－14 对不满意客户进行关怀的过程

当然，我们还可以从时机、频次、内容和感知等方面入手，设定监控指标，监控关键过程指标，及时发现异动，在发现异动后及时做出反应。

9.3 基于文本挖掘开展投诉分析

9.3.1 文本挖掘在投诉管理中的应用背景

文本挖掘（text mining，TM）是近几年来数据挖掘领域的一个新兴分支，是以文本数据为特定挖掘对象的知识挖掘。文本挖掘是抽取有效、新颖、有用、可理解的、散布在文本文件中的有价值知识，并且利用这些信息更好地形成知识的过程。文本挖掘的核心思想首先是采用文本切分技术，提取文本特征，把文本数据转换成结构化数据，然后利用数据挖掘技术，诸如聚类、分类、关联分析等，发现新的概念和获取相应的关系。

当今时代，通信行业竞争日益激烈，要在竞争中领先，需要不断提升客户满意度。客户投诉是客户对企业的服务质量、水平、能力等方面态度的集中反馈，是企业搜集、整理用户意见和建议的有效途径，是企业持续改进的动力。要实现客户满意必须处理好客户的投诉，客户投诉管理工作直接影响企业服务水平的高低。对企业而言，通过完善的投诉管理机制提高投诉处理工作及时性和准确率；通过投诉分析，及时发现深层次问题，避免投诉扩大、升级；预测潜在不满意的客户，提前做好关怀工作等是投诉管理的最终目标。

一方面，为了保持竞争优势并赢得市场，企业需一直将投诉管理作为重点工作来开展，从投诉处理中积攒大量的文本类数据，其间蕴藏着客户的需求和产品服务问题的改进机会点。另一方面，投诉分析又面临着文本信息量大非结构化、投诉点多难聚焦、对投诉原因分析少等问题。无法及时了解客户的不满意原因、产品服务优化工作抓手获取难等问题，影响了投诉管理效率和效益，而产生这些问题的根本原因在于没有一种有效的方法来处理大量的投诉文本数据并从文本数据中发现知识以改进工作。

为了解决这些问题，我们需要使用文本挖掘的方法，文本挖掘作为数据挖掘的组成，可以从非结构化、异构的文本集合中发现有效的、新颖的、可用的以及能被理解的知识，可以识别投诉内容，通过文本分类模型按照投诉内容对投诉进行分类。下面探索了一套基于移动投诉文本识别的模型，以便从根本上解决投诉问题分析难的问题。

> **小贴士**
>
> 投诉文本的特点如下：
> ① 投诉记录短，一条投诉记录字数一般在100字左右；
> ② 文本记录的只是客户口述表达的表面原因，由投诉处理人员根据用户的投诉采取边听边记录的方式，可能产生信息失真；
> ③ 分类体系复杂，已知的 WMS 分类体系为五级架构，类别多并且类别之间的区分度小，而且伴随着业务的发展，类别会发生变化；
> ④ 各类别的投诉量不均衡，例如基础通信投诉占比量较大等。
> 因此利用挖掘进行投诉文本分析时，选择合适的训练集、选用恰当的分类算法非常重要。

9.3.2 文本挖掘模型——CCR 分类模型

投诉内容识别模型（complain content recognizer，CCR），是用于投诉原因识别和分类的模型，模型以投诉文本数据为基础，采用文本挖掘、数据统计技术，支持投诉管理、业务分析等应用。模型的算法和工具可依据应用和需求不断更新和演进，具体见图 9-15。

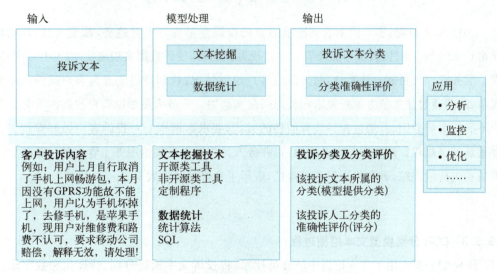

图 9-15 CCR 分类模型

CCR 模型在支持投诉管理应用中，主要用于两大方面：① 支持直接对投诉问题的分析应用需求；② 以分析结果中的异常情况作为问题发现的入口，支持闭环的投诉问题解决过程。

投诉管理日常流程,主要包括两类:① 基于投诉问题发现和解决的问题管理流程;② 基于导航优化的日常管理流程。

案 例

解决营销活动中出现的问题

2012年6月,"客户突破2 000万幸福好礼充值送"活动正式开始,到了7月份投诉量达到3 172件,成为投诉量最大的营销活动。活动开始后,业务投诉管理人员不能够实时掌握投诉情况,只能在每个月结束后才能知晓上月投诉情况,并采取事后的补救措施。9月起,服务品质管理平台投诉试运营,投诉数据实现准实时(3小时内)展现。服务管理人员通过该系统,每天跟踪客户投诉情况,找到客户投诉焦点,并通过任务督办流程要求业务管理人员落实解决。业务管理人员,根据跟踪到的客户投诉热点,通过层层下钻,准确定位客户投诉的具体原因,采取有针对性的提升手段。落实提升手段后将结果反馈给服务管理人员。服务管理人员通过持续跟踪,客户投诉热点被逐一解决,投诉量显著降低,取得了良好的治理效果。

解决常规管理中出现的问题

2012年4月起,客户因未收到账单引发的投诉量呈逐月上升趋势,截至8月,月均环比增长27.1%。9月起,服务品质管理平台投诉试运营,投诉数据实现准实时(3小时内)展现。服务管理人员通过该系统,每天跟踪客户投诉情况,找到投诉焦点为客户反映收不到账单,随即通过任务督办流程要求相关部门落实解决。业务人员根据客户投诉内容分析客户不满的主要原因,并通过投诉流程前移的方式,要求客服中心对投诉客户做好安抚工作并重新邮寄账单。落实服务提升手段后,业务人员将结果反馈给服务主管人员。服务管理人员通过持续跟踪,客户投诉量显著降低,取得了良好的治理效果。

9.3.3 CCR 分类模型文本挖掘过程

CCR 模型主要应用了文本挖掘中的分类技术,将投诉文本通过分词、特征化和数字化,转变成机器可以识别和处理的形式,选取合适的算法,对投诉进行分类并挖掘出各类别下的原因热词,用于投诉热点和原因的分析。

该模型由多重分类框架构成,一方面采取关键词匹配方式用于分类并获得投诉原因;另一方面采用文本挖掘模型实施训练形成分类器,用于文本分类并识别投诉原因。下面以上海移动公司客户投诉管理为例,图9-16为WMS客户投诉处理系统流程框架。

图9-16 WMS客户投诉处理系统流程框架

在上海移动的分类中,基于"挖掘原因"的需要,事先预设定义好待分文本的分类体系。体系采用基于业务知识的人工分类方法,形成三层分类结构,其中第一层直接对应WMS第一层的相关类别,第二层是对第三层的归纳,分类时直接分到第三层(原因层)。在此基础上,模型方法对投诉文本的处理,经过五个阶段,分七个步骤,如图9-17所示。

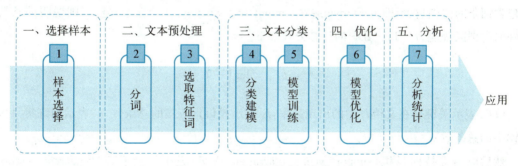

图9-17 CCR模型挖掘过程描述

(1) 选择样本

按规则选择和提取数据生成样本集,分为训练集和测试集,其中训练集用于建立模型,测试集评估模型的分类能力。CCR模型中评估了均衡取样和自然取样两种方式,均衡取样是每个投诉大类类别下取相同数量样本,自然取样即不均衡取样。前期采用均衡取样的方式制作训练集。

(2) 文本预处理

文本预处理,是将原始的投诉文本数据实施分词和剔除停用词,并根据投诉本身的特点,选取能代表投诉的特征词的过程。

分词,采用TD-CS分词技术,将一段文本转化为词语集合。原理:按词长对中文词汇进行

分词,对要分词的文本进行匹配,如果找到了匹配词汇,则在该词汇处分词,如果没有匹配,那么缩短词汇继续进行匹配,直到匹配为止,如果一直到最后都没单字匹配,则认为该词为新词,在新词后进行分词。目前系统已经根据多次训练及测试,建立了基于移动业务的投诉分类词库。

选择特征词。采用基于感知语义和统计分析过滤法,对投诉内容信息核心词汇进行分析,并剔除高频词(超过 2/3 的投诉分类中都出现了的词)和低频词(在总体样本中出现次数小于 5 的词),构建投诉词典。根据投诉词典,构建过滤系统,过滤投诉文本中的无用词汇(如:数字、标点符号、感叹词等),过滤系统根据投诉词典对输入的文本逐一判断,智能识别新词并自适应地纳入到投诉词典中,由于投诉内容的普遍性,投诉词典在较长一段时间内比较稳定不会改变。

(3) 文本分类

输入模型中的数据首先根据 TF－IDF 算法进行了特征词加权。TF－IDF(term frequency-inverse document frequency)是一种加权技术,常用来进行信息搜索和挖掘。技术的核心内容是,观察某个词语或短句在文章中的出现频率 TF(term frequency,词频),如果只在一篇中有而在其他文章中不多的话,那么这个词语或者短句就具有良好的类别判别能力,适合用来分类。同时如果包含词条的文档越少,即 IDF(inverse document frequency,反文档频率)越大,则说明词条具有很好的类别区分能力。TF－IDF 的计算公式如下:

$$\omega_{ij} = tf_{ij} \times \log\left(\frac{N}{n_i}\right)$$

(tf_{ij} 表示关键字在文档 d_j 中的出现频率,N 表示投诉训练集的总条数,n_i 表示训练集只含有关键字的总条数)

然后应用支持向量机(support vector machine,SVM)法和 k 最近邻(k-nearest neighbor,KNN)法对分类模型实施训练,训练时采取分类别的建模和训练方式,如基础原因类、市场营销类等。

模型训练主要采取测试集数据进行。在某一个月份的市场营销类投诉文本中随机抽取 300 条作为测试集,进行人工原因分类。将训练集在不同算法下得到的文本分类与人工分类结果进行比较,测试各算法的正确率、错误率以及系统计算所需的时间开销。

(4) 优化

根据模型训练的结果,采取优化训练集、修正关键词、修正模型算法等方式,优化模型。

(5) 分析

模型输出结果以二维表形式导入数据仓库中并维护,建立原因标签库,并建立标签与关键词映射关系。对各类投诉记录打上标签用于多维分析，进而统计出各类别下原因热词（原因为客户文本中表述的投诉原因）。

在本章节中，主要结合通信业，结合投诉内容识别模型CCR，描述了利用文本挖掘对客户服务进行服务优化的具体案例，阐述了商业分析将有助于改善客户的满意度的方式与过程。

思考题

1. 试用5W2H分析自己所在行业，谈谈如何利用商业分析提升客户满意度。
2. 利用Python工具，对自己行业的某个文本进行文本挖掘。

第十章 通信业商业分析应用的发展趋势

电信与媒体市场调研公司 Informa Telecoms & Media 在 2013 年的调查结果显示,全球 120 家运营商中约有 48% 的运营商正在实施大数据业务。该调研公司表示,大数据业务成本平均占到运营商总 IT 预算的 10%,并且在未来五年内将升至 23% 左右。可见,由流量经营进入大数据运营已是大势所趋。

电信运营商拥有多年的数据积累,拥有诸如财务收入、业务发展量等结构化数据,和图片、文本、音频、视频等非结构化数据。电信运营商的数据来源涉及移动语音、固定电话、固网接入和无线上网等所有业务,涵盖公众客户、政企客户和家庭客户,可以收集到实体渠道、电子渠道、直销渠道等所有类型渠道的接触信息。

10.1 拥有的大数据

总的来看,电信行业的大数据依然处于探索阶段,未来几年,无论是内部大数据应用还是外部大数据商业化都有很大的成长空间。但目前我国电信行业的数据孤岛效应严重,由于国内运营商的区域化运营,电信企业的数据分别存储在各地区分公司,甚至分公司不同业务的数据都有可能没打通,严重阻碍了大数据的进一步发展和应用。而互联网和大数据则是没有边界的。日本最大的移动通信运营商 NTT Docomo 2010 年以前就开始着手大数据运用的规划,NTT Docomo 相对国内运营商有一个很大的优势是全国统一的数据收集、整合形式,因此 NTT Docomo 可以很轻易地拿到全国的系统数据。Docomo 不但着重搜集用户的年龄、性别、住址等信息,而且制作精细化的表格,要求用户办理业务时填写更详细的信息。对于国内电信运营商,要真正利用大数据,数据的统一和整合是最为重要的一步。我们已经看到三大运营商已经开始着手准备这方面的工作,相信未来几年,在互联网企业的竞争压力下,我国的电信行业大数据将发展得更快,变革会更彻底。

10.1.1 电信运营商拥有迅猛增长的大数据

如今全球数据量正迅猛增长,每十八个月总量就会翻上一倍。在不知不觉之中,我们身边的现实世界已经开始转向由大数据驱动的新时代。据 IDC 中国预测 2018—2023 年中国大数据市场将保持高速增长,2023 年中国大数据市场规模达到 200 亿美元以上(见图 10-1)。随着电信运营商的业务发展,各类数据也在迅猛甚至成倍地增加。

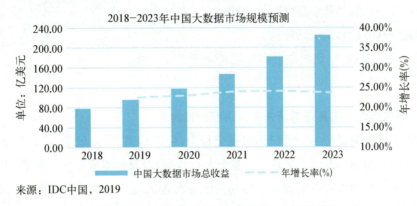

图 10-1　2018—2023 年中国大数据市场规模预测

10.1.2　运营商拥有客户完整的信息指纹

大数据给电信运营商带来新的机遇,主要是电信运营商拥有详细记录了人在现代化社会的信息指纹,包括人的信息、位置、行为、需求等——电信运营商拥有客户的电话号码信息和用户社交网络的全部联系记录和信息,其背后隐藏的是 IT 系统中客户的信息;拥有客户手机定位和网络信息,其背后掌握的是客户的位置信息;拥有客户通话信息和上网记录信息以及用户流量分析、内容检测等,其背后隐含的是客户的行为和需求信息(见图 10-2)。

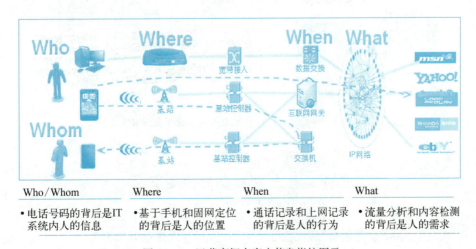

图 10-2　运营商拥有客户信息指纹图示

案　例

上海某运营商 2013 年数据：
- 每分钟 8 万条位置更新信息（徐家汇商圈）
- 每小时近 300 万次移动电话呼叫
- 每天 70—100TB 及 30 亿次点击的互联网访问量

10.1.3　电信运营商将具备前所未有的深度洞察能力

网页内容、关键字通话行为、上网行为、社交行为；位置信息、漫游记录；建筑数据、智能设备数据；有效的客户身份信息及个人属性——各类客户数据，以及机器数据都是鲜活、生动、会说话的。这些海量数据，将通信行业的商务智能从传统分析带入更广阔的空间。而通过对这些数据进行分析和挖掘，运营商将具备前所未有的深度洞察能力，具体见图 10-3。

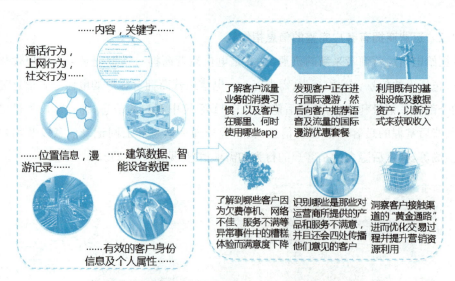

图 10-3　电信运营商将具备前所未有的深度洞察能力

案　例

部分实施大数据分析的运营商

1. 西班牙电信

① 成立了名为"动态洞察"的大数据业务部门，为客户提供分析服务；

② 针对政企客户按行业推出产品：零售业的 Smart Steps、市政的 Smart City；

③ 借助大数据改善服务水平，提升用户体验；

④ 承接公共服务的高速公路数据监测等项目，利用大数据进行交通流量分析，提高道路通畅率。

2. 德国沃达丰

已向商业模式跨出了一步。主要尝试是通过开放 API，向数据挖掘公司等合作方提供部分用户匿名地理位置数据，以掌握人群出行规律，有效地与一些 LBS 应用服务对接。

3. 美国 Verizon

成立精准营销部门 Precision Marketing Division，提供三方面的服务。

① 首先是精准营销洞察，提供商业数据分析服务，将手中的用户数据直接向第三方出售；

② 其次是精准营销（precision marketing），提供广告投放支撑；

③ 最后是移动商务（mobile commerce），主要面向 Isis（Verizon、AT&T 和 T-Mobile 发起的移动支付系统）。

4. 日本 NTT

2010 年以前就开始着手大数据运用的规划。

大数据商业化三个阶段：建立资料库，建立活用机制，实现活用。

前期通过制作精细化的表格，要求用户办理业务填写更详细信息来推进。

10.2　大数据在电信行业应用的总体情况

目前国内运营商主要在以下五方面运用大数据（见下图 10-4）：网络管理和优化，包括基础设施建设的优化和网络运营管理及优化；市场与精准营销，包括客户画像、关系链研究、精准营销、实时营销和个性化推荐；客户关系管理，包括客服中心优化、客户关怀与生命周期管理；企业运营管理，包括业务运营监控、经营分析和市场监测；数据商业化，指数据对外商业化运营，如为其他企业提供营销洞察和精准广告，为企业获得盈利，以及大数据监测和决策等。

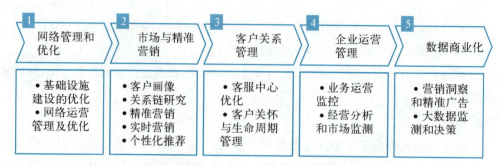

图 10-4 电信运营商大数据应用

10.2.1 网络管理和优化

网络管理和优化包括对基础设施建设的优化和网络运营管理及优化。

（1）基础设施建设的优化

如利用大数据实现基站和热点的选址以及资源的分配。运营商可以通过分析话单和信令中用户的流量在时间周期和位置特征方面的分布，对 2G、3G 的高流量区域设计 4G 基站和 WLAN 热点；同时，运营商还可以对建立评估模型对已有基站的效率和成本进行评估，发现基站建设的资源浪费问题，如某些地区为了完成基站建设指标将基站建设在人迹罕至的地方等。

（2）网络运营管理及优化

在网络运营层面，运营商可以通过大数据分析网络的流量、流向变化趋势，及时调整资源配置。同时还可以分析网络日志，进行全网络优化，不断提升网络质量和网络利用率。利用大数据技术实时采集处理网络信令数据，监控网络状况，识别价值小区和业务热点小区，更精准地指导网络优化，实现网络、应用和用户的智能指配。由于用户群的不同，不同小区对运营商的贡献也不同。运营商可以将小区的数据进行多维度数据综合分析，通过对小区 VIP 用户分布、收入分布及相关的分布模型进行分析，得到不同小区的价值，再和网络质量分析结合起来，两者叠加一起，就有可能发现某个小区价值高，但是网络覆盖需要进一步提升，进而先设定网络优化的优先级，提高投资效率。德国电信建立预测城市里面的各区域无线资源占用模型，根据预测结果，灵活地提前配置无线资源。如在白天给 CBD 区域多分配无线资源；在晚上，则给酒吧商业区多分配无线资源，使得无线网络的运行效率和利用率更高。法国电信通过分析发现某段网络上的掉线率持续过高，借助大数据手段诊断出通话中断产生的原因是网络负荷过重造成，并根据分析结果优化网络布局，为客户提供了更好的体验，获得了更多的客户以及业务增长。

10.2.2 市场营销

市场营销包括客户画像、关系链研究、精准营销和实时营销以及个性化推荐。

(1) 客户画像

运营商可以基于客户终端信息、位置信息、通话行为、手机上网行为轨迹等丰富的数据,为每个客户打上人口统计学特征、消费行为、上网行为和兴趣爱好标签,并借助数据挖掘技术(如分类、聚类、RFM分析等)进行客户分群,完善客户的全方位画像,帮助运营商深入了解客户行为偏好和需求特征。

(2) 关系链研究

运营商可以通过分析客户通讯录、通话行为、网络社交行为以及客户资料等数据,开展交往圈分析。尤其是利用各种联系记录形成社交网络来丰富对用户的洞察,并进一步利用网络图挖掘的方法来发现各种圈子,发现圈子中的关键人员,以及识别家庭和政企客户,或者分析社交圈子以寻找营销机会。如在一个行为同质化的圈子里面,而这个圈子大多数为高流量用户,我们通过分析获取到该圈的异网用户,可以推测这些用户也应属于高流量客群,后续便可以通过营销活动把异网高流量的用户引导到自己的网络上,对其推广4G套餐,提升营销转化率。总之,我们可以利用社交圈子提高营销效率,改进服务,以低成本扩大产品的影响力。

(3) 精准营销和实时营销

运营商在客户画像的基础上对客户特征深入理解,建立客户与业务、资费套餐、终端类型、在用网络的精准匹配,并在推送渠道、推送时机、推送方式上满足客户的需求,实现精准营销。如我们可以利用大数据分析用户的终端偏好和消费能力,预测用户的换机时间,尤其是合约机到期时间,并捕捉用户最近的特征事件,从而预测用户购买终端的真正需求,再通过短信、呼叫中心、营业厅等多种渠道推送相关的营销信息到用户手中。

(4) 个性化推荐

利用客户画像信息、客户终端信息、客户行为习惯偏好等,运营商可以为客户提供定制化的服务,优化产品、流量套餐和定价机制,实现个性化营销和服务,提升客户体验与感知。或者在应用商城实现个性化推荐,在电商平台实现个性化推荐,在社交网络推荐感兴趣的好友等。

10.2.3 客户关系管理

客服中心优化:电信企业客户服务中心的建设和运营为客户带来了许多便利,可以为客户提供更优质的服务。客户的投诉建议对于客户服务和留存,客户满意度和忠诚度提升都具有较大价值。因而电信企业通过商业分析,可实现对于客户投诉文本进行挖掘从而识别客户投诉的重点内容,基于客户信息分析预测其电话服务中想咨询的问题等,这些均提升了客服中心的服务效果和效率。

客户关怀与生命周期管理:电信企业已经利用商业分析服务客户的整个生命周期。从新客户获取的精准识别与营销,到客户成长期的交叉营销,最后到衰退期的客户留存等,不仅能够通过数据发现问题,更要对客户的特征和行为进行预测,从而进行更好的客户关怀。

10.2.4 企业运营管理

企业运营管理可以分为业务运营监控、经营分析和市场监测。

(1) 业务运营监控

业务运营监控可以基于大数据分析从网络、业务、用户和业务量、业务质量、终端等多个维度为运营商监控渠道和客户运营情况。构建灵活可定制的指标模块,构建 QoE[①]/KQI[②]/KPI[③] 等指标体系,以及异动智能监控体系,从宏观到微观全方位快速准确地掌控运营及异动原因。

(2) 经营分析和市场监测

我们可以通过数据分析对业务和市场经营状况进行总结和分析,主要分为经营日报、周报、月报、季报以及专题分析等。过去,这些报告都是分析师来撰写的;在大数据时代,这些经营报告和专题分析报告均可以自动化生成网页或者 App 形式,通过机器来完成。数据来源则是企业内部的业务和用户数据,以及通过大数据手段采集而来的外部社交网络数据、技术和市场数据。分析师转变为报告产品经理,制定报告框架、分析和统计维度,剩下的工作则交给机器来完成。

10.2.5 数据商业化

数据商业化是指企业通过自身拥有的大数据资产进行对外商业化,以此获取收益。国内外运营商的数据商业化都处于探索阶段,但相对来说,国外运营商在这方面发展得更快一些。数据商业化包括对外提供营销洞察和精准广告投放。

(1) 营销洞察

美国电信运营商 Verizon 成立了精准营销部门 Precision Marketing Division。该部门提供精

---

① QoE(quality of experience:体验质量)是指用户对设备、网络和系统、应用或业务的质量和性能的主观感受。QoE 指的是用户感受到的完成整个过程的难易程度。

② KQI(key quality indicator:关键质量指标)是主要针对不同业务提出的贴近用户感受的业务质量参数。

③ KPI(key performance indicator:关键绩效指标)是通过对组织内部流程的输入端、输出端的关键参数进行设置、取样、计算、分析,衡量流程绩效的一种目标式量化管理指标,是把企业的战略目标分解为可操作的工作目标的工具,是企业绩效管理的基础。

准营销洞察(precision market insights),提供商业数据分析服务。如在美国,棒球和篮球比赛是商家最为看重的营销场合,此前在超级碗和NBA的比赛中,Verizon针对观众的来源地进行了精确数据分析,球队得以了解观众对赞助商的喜好等。

(2) 精准广告投放

Verizon的精准营销部门基于营销洞察还提供精准广告投放服务。比如当用户距离商家很近时,就有可能收到该商家提供的折扣很大的电子优惠券。

10.3　方法视角下的电信大数据分析类型

大数据分析的方法类型多种多样,这里介绍四种在电信行业应用广泛的大数据分析方法,分别是社交网络分析、序列模式分析、位置数据分析和文本数据分析。

10.3.1　社交网络分析

社交网络分析旨在通过分析人的社交网络关系,为企业建立可视化、可测量的模型,挖掘出人际间在信息流动与价值交换等过程中隐藏的商业智能。企业在应用社交网络分析技术方面主要有三个关系维度:一是着眼于员工的内部网络分析,二是着眼于商业伙伴的价值网络分析,三是着眼于客户的影响力分析。对于电信运营商来说,其拥有大量的客户记录和数据,因此,社交网络分析的重点在于对客户的社交网络进行分析。运营商可以通过客户通讯录、通话行为、网络社交行为以及客户资料等数据,开展交往圈分析。

社会网络分析(见图10-5)可以由用户和用户关系进行简单表征,而用户常以定点进行表示,用户关系则以边进行表示。关于点与边的研究可以延伸到传统图论和网络拓扑结构领域中。

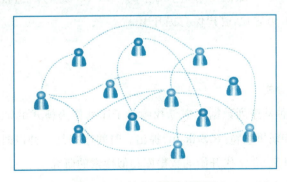

图10-5　社会网络分析图示

简单来说,社交网络是一个由个人或社区组成的点状网络拓扑结构。其中每个节点(node)代表一个个体,可以是个人,也可以是一个团队或是一个社区;个体与个体之间可能存在各种相互依赖的社会关系,在拓扑网络中以点与点之间的边(tie)表示。而社交网络分析关心的正是点与边所依存的社会关系。随着个体数量的增加,以及个体间社会关系的复杂化,最后形成的整个社交网络结构可能会非常复杂(见图10-6)。

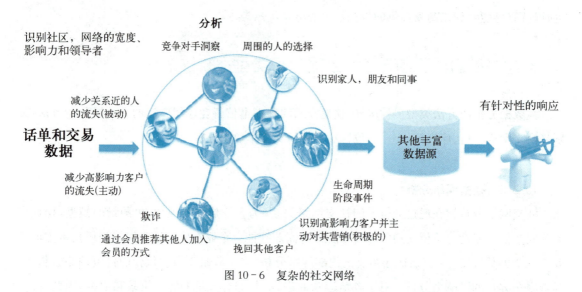

图10-6 复杂的社交网络

案例

客户案例:力学性能测试与模拟系统供应商 MTS

MTS通过分析客户的呼叫详细记录(call detail record,CDR)话单,获得客户的社交网络信息,发现现有很多客户都在使用竞争对手的 SIM 卡。通过对这批客户做针对性的营销,每年能带来1 300万客户,客户保有提升10%。

10.3.2 序列模式分析

序列模式分析是一种从序列数据库中寻找频繁子序列作为模式的知识发现过程,最早由阿格拉瓦尔(R.Agrawal)和斯里坎特(R.Srikant)提出。时间序列是一种以时间为序的序列,而时间序列数据挖掘始于20世纪90年代开始的数据库相似搜索的研究。

时间序列数据是指由随时间变化的序列值或事件组成的数据。其数值通常都是在等时间间隔测得的数据,如电信行业每月的业务收入、股票市场的每日波动等。时间序列的挖掘主要包括趋势分析、周期分析、与时间有关数据的序列模式挖掘、相似性搜索等几个重要方面。

序列模式是指在一组有序的数据列组成的数据集中,经常出现的那些序列组合构成的模式。序列模式分析目标是频繁序列模式的挖掘,如用户三个月内首先买了计算机,又买了 CD-ROM,然后是数码相机。相比关联规则只能发现相关关系,序列模式分析能发现一些带有时间顺序的、更有意义的规则。序列模式挖掘是指挖掘相对时间或其他模式出现频率高的模式。关联规则挖掘中采用的 Apriori 特性可以用于序列模式的挖掘,因为若长度为 k 的序列模式是非频繁的,则其所有的超集就不可能是频繁的。因此序列模式挖掘的大部分方法都采用了类 Apriori 算法的变种。

10.3.3 位置数据分析

位置数据分析即对位置轨迹地理数据进行分析,发现频繁轨迹模式。在大数据概念普及之前,几乎没有公司会考虑线上用户行为分析的必要性,只有很少的一部分公司会采用先进的分析解决方案去追踪用户的行为。而其中的绝大多数公司往往只是盲目地通过虚拟的互联网积累的数据去分析他们的潜在客户,而这种分析其实存在很大的局限性。

然而,现在这种情况正在发生快速的改变。随着移动互联网时代的到来,越来越多的公司正在创造一种可能性,把虚拟网络世界中的大数据和地理信息位置结合起来。

通过利用连接移动设备,如智能手机、室内场地 Wi-Fi 网络,低成本的蓝牙通信功能以及其他几种特殊的技术,位置分析厂商已经使人们有可能获得位置分析解决方案,并能够快速获取信息,以很低的成本获取分析结果——追踪到客户,并把位置发送到供应商那里进行分析,通过一系列精密的仪表,获得可操作的数据访问,最终实现精准营销策略。

就目前而言,这项技术已经收集到的数据规模是极为惊人的,位置分析公司 RetailNext 宣称其通过在数千个零售店内安装的超过 65 000 个传感器,每年可追踪采集到超过 5 亿消费者的数据。单个客户独立访问量可能会产生超过 10 000 个独特的数据点,这还不包括聚集在销售点的数据。

而这样的数据量不是个例,国外分析机构 Euclid Analytics 调查了相关公司,发现位置分析公司每天可以收集到超过 60 亿的客户数据,测量到成千上万的地理信息位置,每个月都可以在数百个新场馆中架设数据采集设备。

大数据中的一个重要组成部分就是位置大数据(location big data,LBD)。随着位置服务和车联网应用的不断普及,由地理数据、车辆轨迹和应用记录等构成的位置大数据已经成为当前用来感知人类社群活动规律、分析地理国情和构建智慧城市的重要战略资源。通过对位置大数据的处理分析,使得传统测绘强调的物理世界的测量结果(即位置)可引申到对人类社会的某些动态情况测量中去,这极大地促进了当代计算机科学技术、数据科学技术与测绘科学技术的融合,形成了一种智能化、社会化的泛在测绘计算。泛在测绘(ubiqutous mapping)是指用户在任何时间、任何地点为认知自然和社会环境与人的关系而创建和使用地图的活动。它强调人、环境等地理信息的社会属性,强调人的活动与数据融合。通过对位置大数据进行适当的处理以及社会化计算,提供个性化的、实时的、动态的位置信息。每个人都可以是位置数据的提供者,同时也可以是位置服务的受众。因此,泛在测绘既是位置大数据的主要来源,又能作为提供位置大数据服务的技术平台。

含有空间位置和时间标识的地理和人类社会信息数据即为位置数据。位置数据由一系列带有时间戳的坐标点组成,每个坐标点包含了经度、纬度和海拔高度等信息,形成一个序列数据。

这里,时空标识既可以是严格定义下的时空坐标,也可以是约定俗成、含义明确的位置和时间概念,如地名、方位、上午、下午等。通过传感器收集人们社会行为的现实信息,以获取知识,如从人们谈话的内容、时空、位置等信息,分析其社会行为。

10.3.4 文本数据分析

互联网行业从不缺乏热词。近年迅速升温的,除互联网思维外,便是大数据。无论身在IT业还是传统产业,企业都恨不得用大数据武装自己。不得不承认,这种奇异的全民"大数据"的现状,一方面反映了行业心态的浮躁,另一方面也折射出企业希望把握科技浪潮的焦灼心态。如今多达80%的商业数据都以文本、图像等"非结构化"的形式存在,如何挖掘出数据背后的价值,这对企业而言不仅是机遇,更是巨大的挑战。

在这轮大数据的浪潮中,许多企业已然在数据采集与储存上投入大量人力物力,却往往忽视了一个重要的问题:大数据意味着涉及资料规模巨大、数据结构复杂,无法仅通过传统分析工具和手段将其整合为直观、有用的分析结果。建造数据农场本身并不会为企业带来实际利益;与此相反,盲目抓取与储存数据只会增加运营成本。这也意味着,许多企业其实并未意识到、也不知道应该如何在最大程度上发挥数据的价值。

大数据的战略意义并非掌握庞大的数据信息,而是对这些包含意义的数据进行专业处理。商家需要从数据中读出消费者对自己的反馈——拥有只是前提条件,让机器读懂数据,处理、挖掘并提炼出数据中的价值,才是最终要达到的目的。

虽然目前仍处于起步阶段,但非结构化数据价值挖掘已是一个需求广泛的领域。传统行业从未面对像如今这样复杂的消费者群体。借助互联网,消费者彼此之间分享信息,一条评价中的褒贬可能被数十甚至数百倍放大。

有别于传统调研问卷的固定模式,如今消费者在网上写下的评价更为复杂。缺乏引导的反馈往往缺乏条理性,一条评论中,产品、服务、环境等多个方面相互交织,积极与负面反馈掺杂不清,网络热词等非规范化语言也可能大量出现。这种由自然语言写就的文本为分析过程带来了极大挑战。例如,企业希望了解消费者网络反馈意见,需要首先从海量数据中总结顾客集中反馈的方面,将其归为不同类别;再通过信息抽取将用户点评归类到所属内容中,最后通过情感分析进一步区分其正面或负面内容。

文本数据挖掘(text mining)是指从文本数据中抽取有价值的信息和知识的计算机处理技术。由机器学习、数理统计、自然语言处理等多种学科交叉形成。文本挖掘利用智能算法,如神经网络、基于案例的推理、可能性推理等,并结合文字处理技术,分析大量的非结构化文本源(如文档、电子表格、客户电子邮件、问题查询、网页等),抽取或标记关键字概念、文字间的关系,并按照内容对文档进行分类,获取有用的知识和信息(具体过程见图10-7)。文本挖掘包括文本分类、文本聚类、信息抽取和文本摘要。

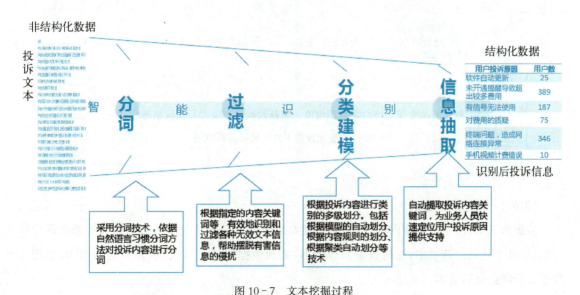

图 10-7 文本挖掘过程

利用文本挖掘技术处理大量的文本数据,无疑将给企业带来巨大的商业价值。因此,目前对于文本挖掘的需求非常强烈,文本挖掘技术应用前景广阔。对于电信运营商来说,最主要的三类文本数据就是客户投诉数据、故障处理数据、客户言论评论,而文本挖掘主要也是针对上述这三类数据进行的。

10.4 变现视角下的电信大数据分析应用

在大数据成为趋势的今天,如何最大限度发挥大数据的价值成为人们需要思考的问题。无论是对于电信运营商、互联网企业还是数量众多的初创企业而言,大数据的变现显得尤为重要。谁最先一步找到变现"密码",谁就能够抢占市场,赢得发展先机。

大数据变现是大数据热潮中最现实的话题之一。手握海量客户数据却没有发挥数据价值,因此全球电信业对大数据变现的探索显得颇为积极。当前全球不同电信运营商在大数据变现方面的做法都不同,有的做得比较极致,比如专门针对数据变现成立新部门。

基于变现视角大数据分析应用可以分为数据效率变现和数据商品变现两类(见图10-8)。

图 10-8 变现视角下的大数据分析应用

10.4.1 数据效率变现

数据效率变现,是指企业内部变现,即通过大数据的引入和对大数据的挖掘分析来改善传统分析,提升企业的运营效率,提高数据洞察能力,实现数据驱动流程改进,提升运营 ROI,利用大数据分析降低运营成本。

企业的成本控制历来是企业的重点工作,大数据在企业内部、外部都时时产生,企业加以分析就能将企业的成本控制进行量化,而不是像以前那样只停留在定性分析的基础上。利用大数据分析客户的需求并提供个性化产品,可降低运营成本和提高资源使用效率。

案例

AT&T：利用大数据降低运营成本

AT&T 利用大数据技术在网络规划/优化领域，实现基于实时网络动态策略与自优化，降低掉线率与减少网络拥塞，基于离线数据实现对网络精准覆盖，极大降低了运营成本（见图 10-9）。

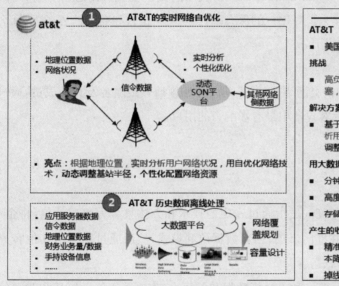

图 10-9　AT&T：利用大数据降低运营成本

真实的客户需求是不易洞察的，成功企业的经验表明，从多渠道、多维度、多层次洞察与挖掘消费者信息，创新客户关系，更加贴近客户，并提供满足需求的产品与服务，利用大数据分析，改善客户关系才是制胜的关键。真实的消费者心理是复杂的，甚至是消费者本身都不自知的。能够洞察消费者的需求趋势，并提供相应的产品和服务将是企业生存的关键。

案例

T-Mobile：社交分析识别有影响力客户，推动传播

美国的无线网络运营商 T-Mobile USA 利用 SAS 公司提供的解决方案进行客户分析、建模和营销活动管理，且创建了很多行为模式来识别不同用户，如其利用复杂模型对用户

的社交网络数据进行挖掘分析,根据社交影响和社交变化实现用户细分和精确匹配。

1. 挑战

美国各大运营商对用户争夺的竞争非常激烈,用户获取成本上升,T-Mobile营销团队希望利用大数据技术对其庞大的用户数据进行洞察,寻找新方法来维系客户。

2. 解决方案

T-Mobile利用SAS的Customer Link Analytics技术对用户社交网络进行分析,通过挖掘用户的社交关系、所在群体来提高用户的保有率,实现交叉销售和向上销售,基于社会影响和社交变化对目标用户进行细分。

3. 取得的收益

T-Mobile营销人员可识别社交网络中的"头羊"(意见领袖)、跟随者及其他成员,通过定义基于角色的变量,识别目标客户群中最有影响力的用户。

10.4.2 数据商品变现

数据商品变现,即对企业外部变现,是指通过一定的技术和方法整合大数据价值,将企业的数据资产加工成数据产品或服务并推向市场,创新数据盈利模式,然后通过销售给其他客户,从而帮助企业获得巨大利润,实现信息运营。

数据商品变现分为三种情况。第一种是销售数据和洞察力,主要销售位置信息和时间信息。如我们会知道一个人,他在什么时间出现在什么地点,电信运营商就能针对零售业的B2B模式,帮助零售业更好地进行客户细分,再针对具体的消费者进行零售服务的推荐。

第二种是汇总群体行为数据的分类,即在不同的地点、特定的时间,大量的人流信息。这样的应用主要是针对政府部门和交通运输行业。

第三种是大数据分析价值比较高的部分,把它称为预测性分析。它的生意模式是针对不同的企业客户提供不同的数据分析。比如电信运营商所拥有的数据是客户的不同数据,并放在大的数据库中,而银行要推出一个产品,银行可以委托电信运营商根据其客户数据库中的数据来做关联性的数据分析,可以应用于比如银行推出的分期付款类型的产品,或者其他分期的,并根据每一期付的款项不同做出分析结果。这样类型的客户数据分析,除了银行外,还可以是保险公司、航空公司、媒体内容销售型的公司等,只要是互联相关的行业,都可以进行这方面的应用。

案 例

西班牙电信：开发 Smart Steps，唤醒沉睡的数据

目前电信运营商的语音收入正在大幅下滑，但他们拥有庞大的客户群，每一位手机用户每次触控手机都会产生数据，这些数据以及用户的大量个人信息会被存储在电信运营商的系统中。因此，电信运营商都试图在上述数据产品方面挖掘价值，从而弥补传统语音收入的不足。

近些年，西班牙电信做了很多大数据变现的研究，非常有名的是 Smart Steps 大数据产品，为零售商、政府机构和交通部门提供大数据服务。据西班牙电信哥伦比亚公司商业智能总监 Alvaro Ramirez 介绍，在 Smart Steps 产品诞生之前，西班牙电信哥伦比亚公司的大量数据都是沉睡的，变现的出发点是为了创造社会福利，服务于社会，同时也希望能够带动公司的转型。

关于 Smart Steps，首先，西班牙电信哥伦比亚公司会把所有的数据进行汇总，然后，为其他机构提供数据的时候，只提供不具名的数据，尽管他们非常清楚每一份数据属于哪一个客户。Smart Steps 采用统计学进行数据的计算和分析，从而使数据不仅适用于公司自己的客户群，还可以用于其他机构的人口分析。

随后，公司开始和政府进行合作，帮助政府部门在一些大的市政、基础设施投资项目上做决策。比如，公司会为市一级的政府提供市民在城市中流动的规律，如从 A 点到 B 点的流动人群数量，从而帮助市政府决定到底在 A 点到 B 点之间是应该修一条路，还是应该建一条地铁。

除此之外，Smart Steps 还可以被用于大型流行疾病前的预警。例如，公司和医疗卫生机构合作，一旦发现某个社区有不少人被确诊为得了某种疾病，此疾病还有爆发的趋势，基本就可以判断此病具有传染性，从而要求病人待在自己家中，避免传染扩大。

Smart Steps 也进行了商业化应用方面的尝试。比如，由于 Smart Steps 的数据很丰富，不管是客户的个人信息，还是客户的需求、品位、个人移动模式等数据都涵盖在内，因此 Smart Steps 可以更好地帮助企业进行一个广告投放。例如，男士和女士在消费选择方面的区别非常大，Smart Steps 可以帮助企业去辨别某个顾客是男性消费者还是女性消费者，从而进行细分化的广告投放或产品推介。

西班牙电信公司利用地理位置数据信息，通过运营商的网络数据，可以精确统计人口驻流的情况，以此提供精确的开店选址服务。例如，在精确统计人口驻流的情况之后，形成细分的可视化网格，还可以分析出区域内人口的消费情况，从而制定选址分析报告，辅助银行网点进行精确的选址。

思考题

1. 电信行业就现有的客户数据,还能做哪些业务领域的开发?
2. 为什么我国的位置数据没有很好地与商业结合起来,你有什么改进的方案吗?
3. 数据商品变现还有很长的路需要走,国家应该就哪些方面出台监管法规?

第三编 银行业及其商业分析应用

第十一章　银行业概况及环境

11.1　银行业概况

国内外银行业的发展和其历史积淀紧密相连。在新环境下,银行业需要从历史中找到银行内在的逻辑,以更好地应对大数据的挑战。

11.1.1　国际银行业发展简史

国际银行业具有相当悠久的历史,与银行本身的历史几乎一样长,可以追溯到13世纪时意大利的商人银行家。这些从事商品贸易、货币和票据业务的商人银行,通过在其他城市和外国的代理商经营货币汇兑、清算异地账户业务。

13—15世纪期间,意大利的银行在欧洲具有举足轻重的地位,国际银行业蓬勃发展。16世纪初期,安特卫普成为欧洲的金融中心。16世纪80年代以后,阿姆斯特丹成为当时的世界金融中心。在荷兰金融业发展经验的影响下,英国于1694年成立英格兰银行,这一事件对现代银行业的发展意义重大。

法国大革命和拿破仑战争后,伦敦成为世界首要的金融中心,为欧洲的战后重建工作提供融资。随着西方国家工业革命的发展与殖民主义的兴起,国际银行业务的地理范围不断扩展。在殖民时代的国际化中,英国一直独领风骚。

第一次世界大战后,美国成为主要的资本供应国,纽约逐步成为与伦敦并驾齐驱的主要国际金融中心。这一时期,美国的银行借本国经济实力的增强积极向海外扩张。20世纪30年代,资本主义世界爆发严重的经济危机,持续的经济大萧条导致国际贸易和国际金融体系的崩溃。直到20世纪60年代,国际银行业一直处于沉寂之中。

第二次世界大战后,由于战争的破坏,国际银行业的发展受到严重限制。随着布雷顿森林货币体系①的运行与西欧、日本经济的恢复,国际经济和金融环境得到有力改善,国际银行业务也开

---

①　布雷顿森林货币体系(Bretton Woods system)是指二战后以美元为中心的国际货币体系。1944年7月,西方主要国家的代表在联合国国际货币金融会议上确立了该体系,因为此次会议是在美国新罕布什尔州布雷顿森林举行的,所以称之为"布雷顿森林体系"。

始迅速发展(在这期间美国起了主导作用)。进入20世纪70年代,国际银行业的竞争日益激烈。20世纪80年代,由于国际债务危机的影响,美国的国际银行业务受到沉重打击,欧洲和日本的银行业实力提升。20世纪90年代中期以来,随着全球银行业并购重组的发展,国际银行业逐步成为大型、超大型银行机构的竞争场所,这些大型、超大型机构主要来自最发达的国家,如:美国、日本、英国、德国、法国、荷兰、瑞士等。

11.1.2 中国银行业发展历程

(1) 中国银行业的艰难起步(1897—1948年)

中国商业资金融通行为最早可追溯到封建社会后期(约明朝中叶之后)票号和钱庄的出现,当时的融资信用形式主要是兑换、汇兑、办理存放款项。1897年5月27日中国最早的自办银行——中国通商银行在上海成立,国家授予其发行银元、银两两种钞票的特权,并代收库银。但是,由于中国近代社会的特殊性,银行业的发展可谓先天不足。到1911年清朝灭亡时,中国自办的银行不过十几家,且主要是官办或官商合办的银行,银行资本力量薄弱,业务发展缓慢。直到20世纪30年代,中国银行业才逐渐完成了早期的原始资本积累,开始对民族工商业进行一定的放款和投资。1928年国民党政府建立了以中央银行为中心的"四行二局一库"国家垄断金融体系,并实行恶性通货膨胀政策,对银行业进行多方限制和统制,使得本应成为社会经济"百业之首"的中国银行业逐步丧失了银行的特殊功能,陷入了严重困境。

(2) 中国银行业体系逐步建立(1948—1978年)

1948年12月1日,中国人民银行成立。1953—1956年,我国实行高度集中的计划经济管理体制,银行业相应地实行信用集中原则,中国人民银行编制的综合信贷计划纳入国家经济计划。1956年,公私合营银行纳入中国人民银行体系,形成了"大一统"的银行体制,有力地支持了国民经济的建设。

1958—1960年"大跃进"和1959—1961年严重自然灾害使得银行的业务制度和原则遭到破坏,导致信贷投放失控,现金发行过多。之后中央实行"调整、巩固、充实、提高"方针,对国民经济实行全面整顿。1963—1965年期间,基本解决了"大跃进"时期遗留的通货膨胀问题。1966年开始的十年"文革"期间,银行多数相关制度被废除,业务活动无法正常开展,银行的作用被削弱,中国人民银行并入财政部。1976年"文革"结束,中国银行业开始整顿规章制度和各项金融工作,贯彻经国家批准的信贷计划,取得了显著成效。1977年12月,国务院召开了全国银行工作会议,决定恢复银行独立的组织系统,银行系统开始恢复并重回发展的轨道。

(3) 中国银行业大力改革开放,建立起现代银行业体系(1978—2008 年)

1978—1983 年,中国银行、中国农业银行从中国人民银行分离出来,开始从机构体制上打破人民银行"大一统"的格局。1979 年 1 月,为了加强对农村经济的扶持,恢复了中国农业银行。同年 3 月,为适应对外开放和国际金融业务发展的新形势,中国银行成为国家指定的外汇专业银行。

1984—1993 年,中国工商银行和中国建设银行正式成立,逐步形成以中央银行为核心、以专业银行为主体的银行体系。1984 年 1 月,中国工商银行正式成立,承担原中国人民银行的工商信贷和储蓄业务。至此,中国人民银行的商业性业务基本剥离,正式成为我国的中央银行。中国工商银行则成为规模最大的专业银行,负责工商企业贷款。作为配套措施,中国建设银行从财政部分离,负责基本建设贷款;中国农业银行则负责农村服务贷款。1986 年 7 月,第一家股份制商业银行——中国交通银行成立。中信银行、招商银行、深圳发展银行、兴业银行等股份制银行也相继成立。1992 年,在"又是一个春天"的推动下金融业继续向前推进,第二批股份制银行也乘势而出。光大银行、上海浦东发展银行、华夏银行、民生银行相继成立,其中民生银行是第一家主要由民营企业投资的全国性股份制商业银行。

1994—2003 年,开创商业银行新时代。1994 年政府对投资体制和金融体制进行重大改革,将金融管理任务、政策性业务和商业性业务剥离。国家开发银行、中国进出口银行、中国农业发展银行纷纷成立,接过了四大专业银行的政策性业务。1997 年 11 月,我国召开第一次全国金融工作会议,明确指出要将四大专业银行改造为四大商业银行。

2003—2008 年,国务院开始对国有银行进行股份制改造,银行业监管职能正式从中央银行独立出来。2003 年 12 月,国务院批准设立中央汇金投资有限责任公司,由其行使国有重点金融机构控股股东职责,我国国有银行正式进入了国家控股的股份制商业银行改革阶段。从 2005 年起,中国建设银行、中国银行、中国工商银行、中国农业银行先后成功上市,国有商业银行股份制改革取得了历史性的突破。在推进改革的同时,我国银行业于 2006 年实行全面对外开放。2006 年 12 月 11 日,加入世贸组织的 5 年过渡期结束,我国向外资银行全面开放人民币零售业务,这标志着加入世贸组织承诺的全面兑现。这些改革开放举措,彻底改变了我国银行业的体制、机制,一步步将银行业引向市场化、多元化经营的新阶段。

2014 年后,在经济下行、金融强监管、人口老龄化的宏观大环境下,以往驱动银行业高速发展的货币政策、制度红利、人口红利正在逐渐消退,商业银行发展出现内生动力不足的局面。以大数据、云计算、区块链等金融科技为工具有效解决商业银行在日常经营过程中存在的动力不足的问题,促使商业银行从"经营资金"的金融产品和服务的提供者转向"经营数据"的数据驱动者。新时代商业银行的发展动能从要素驱动转向创新驱动,商业银行主动拥抱金融科技,借鉴金融科技产业创新思路,或通过已有部门信息科技部或成立金融科技子公司的方式,自行研发创新金融技术及产品。各家银行不仅加大自身的科技研发投入,而且广泛开展与金融科技公司的合作,合作模式更加多样化。银行通过与各利益相关方深度合作,互利共赢,拓展其服务覆盖面。

11.1.3　中国银行业发展现状

目前中国银行业包括四大国有商业银行、11家股份制商业银行、众多的城市商业银行和信用合作社,以及已经进入或准备进入中国的外资金融机构。此外,还有政策性银行在特定的领域内发挥其职能。在这些银行中,四大国有商业银行在规模和品牌等方面明显处于领先地位。四大国有商业银行另一个重要优势是隐含的政府担保。随着银行业竞争加剧和储户风险意识的提高,银行的资信水平将日益重要。经过近年来的努力,中国银行业的资产质量已有很大的改进,经营管理和内部控制也有显著的提高,不少银行已初步完成管理决策、IT信息系统上的总行集中化控制。

银行目前的业务主要分为三类:负债业务、资产业务、中间业务。负债业务是商业银行形成资金来源的主要业务,是商业银行中间业务和资产业务的重要基础。商业银行负债业务主要由存款业务、借款业务、同业业务等构成。负债是银行由于授信而承担的将以资产或资本偿付的能以货币计量的债务。存款、派生存款是银行的主要负债,约占资金来源的80%以上,另外联行存款、同业存款、借入或拆入款项以及发行债券等,也构成银行的负债。资产业务是商业银行运用资金的业务,包括贷款业务、证券投资业务、现金资产业务等。中间业务是指不构成商业银行表内资产、表内负债形成银行非利息收入的业务,包括交易业务、清算业务、支付结算业务、银行卡业务、代理业务、托管业务、担保业务、承诺业务、理财业务、电子银行业务等。

不可否认的是,中国许多银行还背着沉重的历史包袱,不良资产情况仍十分严重。我国银行在内部管理、资信评估能力和授信体制、风险控制能力等各方面都还存在很多缺陷,员工队伍素质和知识技能结构有待提高,管理信息系统也远未完善。而且,我国银行在信贷工作中还往往受到种种外在压力和行政干扰,授信决策并不完全建立在资信因素上,扶持地方经济、帮助国营企业脱困、发展重点产业等都是经常影响授信决策的重要因素。此外,由于历史原因,四大国有商业银行的网点和人员队伍过于庞大,造成经营上的巨大压力,在管理运营上也还处于低效迟缓的状态。更为重要的是,银行的人民币存贷款的利率仍受到控制。在存款方面,除了保险公司5年及3亿元以上的存款允许由双方自主决定利率外,其余各项人民币存款利率均由央行统一规定。在贷款方面,央行也规定利率必须在一个范围内浮动。这两方面就决定了银行人民币存贷款的利差收入。目前,银行所面对的许多企业客户的经营不够规范、财务报告不够健全可信、有关个人客户的资信信息也相当匮乏,使得银行很难准确地衡量贷款人的资信水平和还贷能力。这就导致中国贷款市场缺乏层次感:一方面,由于许多企业财务报告上的问题,银行难以准确地评估其资信水平;另一方面,由于利率管制,银行也无法根据客户的资信水平充分调整利率。所以,银行业务往往集中在少量优质企业上,争夺这些客户的竞争显得愈发激烈。

11.2 银行业发展趋势

11.2.1 银行业的当前热点

（1）金融脱媒

金融脱媒,又称金融去中介化,指资金不经过商业银行的媒介,从资金供给方直接到达需求方,从而造成资金在银行体系外循环,使得商业银行等金融中介在整个金融体系中的重要性有所降低。

然而,金融脱媒也给商业银行带来许多机遇。

① 大额存款业务面临发展机遇。资本市场发展在分流银行储蓄存款的同时,相当一部分将以证券公司客户交易结算资金、自有营运资金存款、登记公司自有资金、清算备付金、验资资金存款等金融机构同业存款,以及企业存款的形式回流至商业银行。其中金融机构同业存款的增长与资本市场发展具有较明显的相关性,资本市场发展越快,同业存款的增长也越迅速,规模越可观。

② 新型融资业务将获得发展契机。随着证券市场的发展以及券商融资融券业务的推出,券商将可以以证券质押的形式为客户提供资金,银行可以借此开展针对券商融资融券业务的新型资产业务。同时随着直接融资业务的发展、证券品种的日益增加以及证券市值的不断扩大,银行的证券抵押贷款业务将面临新的发展机遇。此外,投资者在交易中对流动性和资金规模也有需求,银行将有机会延伸其传统信贷业务优势,为企业收购兼并、企业和券商承销业务、基金公司融资、机构的新股申购业务等提供过桥贷款等其他融资服务。

③ 支付结算业务将获得较大发展机会。以证券市场的清算服务为例,商业银行可大力发展的领域包括:一级清算服务,即法人证券公司与沪深证券交易所中央登记公司之间的证券资金汇划;二级清算业务,即法人证券公司与下属证券营业部之间的证券资金汇划;三级清算业务,即个人投资者在证券营业部资金账户与商业银行存款账户之间的证券资金汇划。

④ 咨询类中间业务前景广阔。证券品种的增加,有利于商业银行进行多样化的资产组合,降低代客理财的投资风险,增加银行理财产品的市场吸引力。随着金融投资品种的增加,企业资产

选择的机会增加,投资的专业性将增加,企业将更多地求助于专业机构对其进行现金、资产管理,为银行发展相关业务提供机会。

⑤ 有利于商业银行更加有效地管理风险。证券市场的发展为银行管理风险提供了更为丰富、有效的工具。通过贷款转让、贷款互换等工具,银行可以更为有效地管理信用风险。通过互换、期权、期货等工具,银行可以更有效地管理市场风险。通过发行债券、证券化等工具,银行可以更有效地管理流动性风险。

⑥ 商业银行与非银行金融机构的合作大有可为。首先,商业银行与非银行金融机构的功能特征差异使二者产生了合作的可能。其次,在综合经营仍然处在"积极稳妥"的推进阶段、补充外源资本渠道不够畅通的情况下,密切与非银行金融机构业务层面的合作对于中小银行来说是一个较为经济、快速、可行的选择。

(2) 利率市场化

利率市场化是指金融机构在货币市场经营融资的利率水平由市场供求来决定。它包括利率决定、利率传导、利率结构和利率管理的市场化。

利率市场化对商业银行的积极影响有下面几方面。

① 有利于促进银行之间的公平竞争,发挥商业银行经营的自主性。在利率市场化条件下,银行将被赋予更大的自主定价权,使资金价格能有效地反映资金的供求关系,并通过对各种资金价格、经营成本、目标收益等进行分析核算,从而确定合理的利率水平,有效地引导资金的流向,降低利率风险,提高商业银行的风险控制能力。而商业分析将会在其中扮演更重要的角色。

② 有利于推动银行业务转型和结构调整,扩大理财产品创新和中间业务的范围。从国际经验来看,放松利率管制后,利差缩窄冲击银行传统的经营模式,促使银行经营结构、业务范围发生一系列的变化。同时,银行获得了自主的定价权,将大力扩张中小企业和消费者贷款(包括房地产等非生产领域贷款)以获取更高的回报。资金具有寻找更高价格的趋利性,而银行需要利用数据来判断回报与风险,进行经营的主动调整。

③ 有助于优化客户结构,提高商业银行的管理水平。在传统商业银行的信贷业务中,最主要的盈利收入来源于存贷利差。取消利率管制后,各商业银行纷纷利用价格战作为吸收公众存款的重要手段,银行通过将内部的资金转移定价与市场的利率有机结合起来,从而提高了商业银行内部绩效考核与内部资源配置的合理性。

(3) 互联网金融

互联网金融是指以依托于在线支付、云计算、社交网络以及搜索引擎等互联网工具,实现资金融通、支付、投资和信息中介服务的一种新型金融业务模式。

互联网金融的出现无疑对传统商业银行带来挑战,具体表现在以下三个方面。

① 商业银行的金融中介角色面临弱化。在传统的金融模式中,商业银行作为金融中介,除了股票等直接投资方式以外的所有投资活动都以商业银行为中心展开。而互联网金融的发展加快了金融脱媒的步伐,资本市场上,直接融资取代了间接融资。在互联网金融模式中,银行丧失了其霸主地位,投资方直接与融资方实现了资金对接,降低了投融资的成本,提高了投融资效率。绕开银行,较低的门槛满足了草根阶层的融资需求。

② 打破商业银行独占资金支付中介的格局。传统金融模式大部分的业务来自于消费者到金融机构网点的实体操作,即使已有网上银行业务,但必须使用U盾等安全工具进行认证,程序复杂、手续繁多、速度慢且实现成本高。而通过第三方支付平台,用户在将银行卡与第三方支付账号绑定并设定后,仅凭账号和密码就可以完成所有支付交易,更加便捷。转账时,银行卡异地同行交易转账最低也只要1元手续费,而多数第三方支付平台处于免费状态,对小额交易而言成本较低。第三方支付平台的分流将直接带来商业银行支付结算、银行卡、代理义务等手续费收入的下降,与银行之间的竞争日益明显。

③ 导致传统商业银行信贷模式转变。目前,互联网融资短期内难以威胁商业银行贷款业务。因为个人网贷平台与银行面向的客户基本不同,银行经营性贷款主要面向符合银行贷款条件的优质客户,而个人网贷平台面向的主要是不符合银行贷款条件的个人及个体业主。但是,互联网金融发展势头强劲,其发展将会不满足于当前的网络小额信贷,未来将影响商业银行的运营。此外,大数据和云计算技术的发展降低了互联网金融机构的信息不对称,有利于全面了解小企业和个人客户的经营行为和信用等级,建立数据库和网络信用体系。贷款对象如果违约,互联网金融企业可利用网络平台搜集和发布信息,提高违约成本,降低投资者风险。而商业银行获得投资企业,特别是小微企业的信息成本较高,需要花费较高的人力、时间成本,收益与成本不匹配。同时,获得信息后,商业银行处理信用信息也需要花费较多的时间和精力,通常还要受到人为主观因素的影响,增加信贷风险。

(4) 社区银行

根据美国独立社区银行家协会(ICBA)的定义,社区银行是指在特定行政区域内组建和独立运营,主要为当地中小企业和居民家庭提供个性化金融服务并保持长期业务合作关系的小银行,资产额介于两百万到数十亿美元之间。需要注意的是,国内社区银行的概念与西方国家定义存在较大差别。根据西方国家定义,国内的村镇银行、农村信用社、农村商业银行以及部分城市商业银行等都可称之为社区银行。但根据中国银监会的界定,社区支行、小微支行是指定位于服务社区居民和小微企业的简易型银行网点,属于支行的一种特殊类型。与传统银行网点相比,社区支行实行有限牌照经营，功能设置简约、定位特殊区域和客户群体、服务便捷灵活。

社区银行具有以下四大优势。

① 定位差异化。社区银行的目标客户群是中小型企业（特别是小企业）和社区居民这些中小客户，大商业银行则是以服务大中型企业客户为主。尽管目标客户可能存在重叠，但彼此在对方领域不会形成激烈冲突。因而，社区银行能够在准入、占领和保持巨大的中小企业和社区居民客户市场方面赢得独特优势。

② 信息获取优势。社区银行不仅是金融服务者，同时也是社区的一份子，在社区信息获取上具有先天优势。以社区为依托，社区银行不仅能获得金融需求者的财务数据等"硬"信息，更能凭借地域优势和特色服务获得诸如客户背景、经历、个人信用、综合素质、家庭成员等至关重要的"软"信息，从而为银行开发针对性的信用类产品和大力推进交叉销售提供可能。

③ 布局潜力大。当前，国内社区银行的布局仍处于起步阶段。据不完全统计，在北京每平方米均价3万元以上、户数300以上的小区就有6700多个，上海也有6000多个。从当前社区银行主要面向大城市中高档小区的布局思路上看，在布局空间上仍有很大的潜力。

④ 便利化服务。社区银行以社区居民和社区小微企业为主要服务对象，以便利性为突出特点，能大大增强客户黏性。社区银行的便利性主要体现在以下方面：一是营业时间错峰延时，多数社区银行都实行错时服务，早晚营业，方便社区居民在早晨和下班后进入银行办理业务。二是相对于纯自助银行，社区银行除存取款等业务外，还可以办理诸如银行卡业务、个人理财业务、小额贷款申请业务等一些简单的银行业务。三是适当跨界经营，为实现融入社区的目标，除提供简单的银行服务外，一些社区银行通过与物业公司、便利商店等合作，还提供包括物业费代收、特惠商品优先购买、社区金融培训等在内的其他综合性服务。

11.2.2　银行业的转型之路

数百年来，银行业从无到有，逐渐成长为人类社会经济体系的核心。但银行的业务形态发生剧烈转变，不过是近几十年来的事情。银行的转型与进化是由诸多内外部因素共同推动的，只不过外部因素的作用逐渐从一开始的"助推"演变成了"倒逼"，银行的变革刻不容缓。

在著名银行家布雷特·金（Brett King）多本著作的传播和影响下，"Bank X.0"已成为国内外银行业炙手可热的概念。银行的转型之路如图11-1所示。

Bank1.0指的是完全以银行网点为基础的银行业务形态。这一体系自银行诞生之日起到现在，历经数百年也没有发生质的改变。当然，虽然业务形态没有发生质的变化，但在网点的形态上，银行历经了多轮革新。以国内银行业为例，一直到21世纪初，很多银行的网点都还是极为

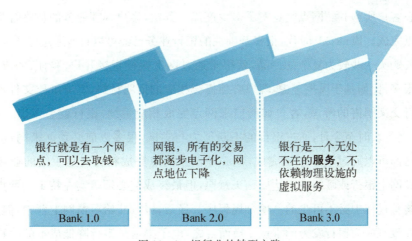

图 11-1 银行业的转型之路

传统的高柜主导的形态,还谈不上所谓的"功能分区"、"差异化经营"、"分层级服务"等。直到 2005 年前后,伴随着四大行相继开始网点的第一代硬转型,国内银行网点才开始基本形成现代零售网点的框架体系,并由传统交易型网点开始向服务营销型网点转型。这种转型顺应了时代的要求,也助推银行业开始向零售业务要业绩。伴随着科技的发展和 IT 技术的广泛应用,以及国内银行零售业务的迅猛发展,在第一代转型铺开仅数年之后,国内银行业很快便开始了再次转型。网点成为银行服务营销的核心阵地,银行纷纷把网点产能的提振视作工作重心,并由此展开了网点的软转型,网点经营、网点定位、基于网点的多渠道营销配合等,成为银行重点探索的方向。

Bank 2.0 指的是网上银行推出后,客户依赖银行网点的行为被迅速改变。举例来说,在 20 世纪 80 年代中期,几乎所有的银行业务都需要客户通过物理网点来完成。而今天,我们日常所办理的绝大部分的零售银行业务都可以通过电子渠道来进行。诚然,对于部分中高端客户群,或者有着较为复杂的理财业务需求的客户群,以及老年客户来说,物理网点的存在意义依旧十分重要,尽管它已不再是最主流的零售业务群体办理业务的首选渠道。

Bank 2.0 虽然意味着银行业进入电子时代,拥有一定程度的便捷和迅速,但也有其局限性。首先,无论客户开户之后有没有继续前往网点办理业务,客户的账户归属仍为某个具体的网点。在大多数银行,IT 系统仍然在记录客户是被"分配"或"联系"到客户首次开户的网点。如果客户已经搬到另一个城市,到一个新的网点要求将其账户迁移过来时,客户在系统中的属性就会发生了归属地的改变——作为一个银行的业务单位,由这个网点的专属客户,转变为另一个网点的专属客户。因此,银行虽然也会调查客户使用各种渠道的频率和习惯,但最终在绩效考核上,银行还是会更关心客户所"归属"网点究竟卖了多少产品。其次,客户办理业务的最终合规步骤,往往都需要去网点完成。Bank 2.0 时代,很多基础性的银行业务已经可以直接通过电子渠道完成。但如果客户需要购买一些较为复杂的产品,就很难通过网上银行直接开户、验证、完成购买。这背后的原因有很多,比如基于风控考虑,客户必须提交相应的证明材料,签署纸质文件和免责声明;又如基于银行交叉销售的考虑,客户如能前来网点完成相应手续,银行就会多出一次与客户接触、营销的机会等。时至今日,通过银行的不断努力与尝试,很多以前必须前来网点办理的较为复杂的业务已经可以通过电子渠道完成,但必须前来网点完成相关交易手续的业务还是很多。客户可以通过网上银行或呼叫中心达成购买意愿,但最终成交必须落实在特定的网点,因为这是客户在整个购买过程中必不可少的一项合规程序。最后,银行开始习惯网上营销,但是网上营销和电子渠道并没有成为银行发力的重点。换而言之,电子渠道是银行降低成本的一种手段,是对物理网点的有效补充,而非银行着力打造的主流销售渠道。电子渠道的交易额虽然一直呈高速增长态势,但其主要构成仍是极为简单的转账、支付业务。

在 Bank 2.0 时代,网上银行的推出与普及帮助客户随时使用银行的服务,提供了前所未有的便利与多元选择,由此实现了银行电子渠道的快速成长。而当智能手机风靡全球,成为人们生活中不可或缺的一部分后,手机银行的需求得以全面铺开,让客户真正实现了在任何时间、任何地点皆能操作现金以外的银行业务。而一旦客户可以不受时间和空间的阻碍,便捷地完成银行业务,网点的地位和作用就遭到不可逆转地下滑。这让以物理网点体系为基础的、已经平稳营运了数百多年的银行业面临莫大的冲击,物理网点的转型已迫在眉睫。

Bank 3.0 不是简单的技术进步,也不是互联网技术在银行业的应用,更不是社区银行、直销银行、电子银行这种类别银行模式的出现。Bank 3.0 是一种基于未来消费群体和消费者习惯、企业金融需求、全新的风险管理模式、降低价值产生和传递过程中的金融成本、减少金融交易的中间环节,将金融产品的选择权直接交给客户的一种商业模式。未来,银行不再是一个地方,而是一种行为。

对银行业来说,如何应对 Bank 3.0 的挑战,对物理网点进行转型和再定位,并没有任何固定模式可供参考。但在世界各地,已有多个成功创造效益的新模式出现。其共同特征是减少高柜而专注在低柜,即高柜作业交给电子渠道,物理渠道转向以服务与销售为主。而这种新模式主要有"品牌旗舰店"与"迷你网点"两个截然不同的类型。"品牌旗舰店"是透过新型的全功能网点来展现品牌实力,并提升品牌能见度。其特点是拥有看得见且宏伟的网点实体,让客户信赖,安心将财富交与银行管理。"迷你网点"是将银行网点完全向零售商业店铺靠拢,将原来的高柜交易功能转由自动化机器来做,分行仅配置低柜的销售与咨询人员,营业面积因此得以大幅缩小。同时在低柜上增添 iPad 等多媒体设备,来介绍金融商品,协助销售,并提供咖啡吧等软性设施,让客户有宾至如归的感受。

11.3 银行业的商业分析环境

11.3.1 IT 技术是未来银行业发展的基本支撑

从全球范围来看,银行业在发展过程中主要面临着三大挑战:需要快速执行不断变化的政府监管规定、增加新的服务内容来维系客户满意度、提升运营效率。这三大挑战都要求银行业的 IT 基础设施具有强大的灵活性,并且实现 IT 技术与银行营运的完美连接。因此,IT 技术是确保银行业快速健康发展的重要基石。而以计算机、通信和互联网为代表的信息技术为银行创新提供了有效的、不可或缺的工具。一方面,信息技术极大地降低了银行业的运营成本,促进了许多金融产品和工具的产生、推广和应用;另一方面,信息技术克服了银行运作时间和空间上的障碍,使银行交易和服务可在任何时间、任何地点进行,实现了金融市场的全球化。因此,加快银行信息化建设,更加广泛、深入地在银行业应用信息网络手段,是打造现代银行服务业的必然途径。我们可以将 IT 技术对未来银行业的支撑简单概括为以下三个方面。

(1) 银行管理能力的提高和运营模式的转变

银行信息化使银行的监管能力提高,减少了银行经营风险,增加了安全性,并促使银行管理体系逐渐扁平化,提高了银行的管理水平和竞争力。总体来说,银行自身的管理包括金融风险的防范、业务流程的优化、产品的成本核算、对客户的管理、人力资源的配置等方面,这几方面的管理都将通过与信息技术的结合变得更加高效、规范。

(2) 银行产品的多元化和服务渠道的多样性

IT 技术将持续促进银行产品和服务创新。银行产品创新日益集中在以金融衍生产品为主体的中间业务领域,金融产品创新日益向工程化、网络化方向发展。运用信息技术,银行金融产品和业务可以通过多种服务、渠道为客户提供。

(3) 银行运营成本的大幅度降低

金融机构之间的竞争在很大程度上是运营成本方面的竞争。IT 技术的广泛应用,网络金融服务的快速发展,网络银行、移动银行的大量出现,银行大量新业务的应用和普及,在为客户提供安全、便捷的超越时空的 3A 服务的同时,还能大幅度地降低运营成本。据粗略估计,在银行各类服务的每项平均交易成本中,传统银行分支机构最高,其次为电话银行,再次为 ATM,网络银行最低。

11.3.2 业务的发展驱动银行大数据的产生

对我国银行业来说,"大数据"是一个崭新的议题,但并不是全新的概念。事实上,商业银行在多年信息化建设中已经形成了推进大数据体系建设的诸多成果。伴随着银行业务的发展,业务数据大集中、业务流程自动化、决策支持自动化、渠道电子化等都在系统性建设,银行业的数据量已经跨越 TB 时代正在向 PB 时代迈进。图 11-2 为银行业的数据架构图。

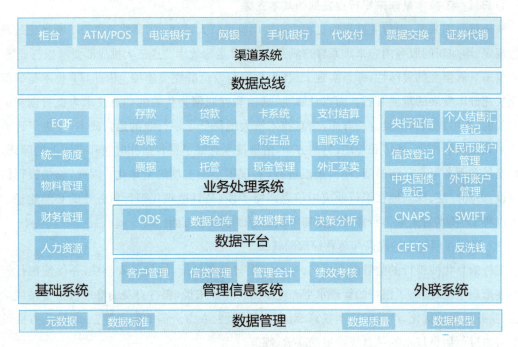

图 11-2 银行业数据架构

一般而言,银行业的数据可以分为以下三类。

(1) 客户信息数据

这类数据可以称为基础数据,主要是指描述客户自身特点的数据。银行业这些信息来源于多个系统,包括客户管理系统、业务处理系统、信贷管理系统等。银行可以将这些割裂的数据整合到大数据平台,形成全局数据,对银行所有客户数据进行整合,按照自身需要进行归类和设置标签。由于这些都是结构化的数据,十分有利于数据分析。银行可以据此对客户进行分类,依据其他的交易数据,进行产品开发和决策支持。

(2) 交易信息数据

交易信息也可以称为支付信息,主要是指客户通过渠道发生的交易以及现金流信息。这些信息大多存在银行的渠道系统里面,如网上银行、电话银行、ATM、柜台等。这些交易数据数量巨大,必须借助于大数据技术进行分析,形成全局数据、整体数据。银行可以利用这些数据对个人消费者进行消费行为分析,开发产品,提供金融服务,也可以依据交易数据为企业提供贸易融资或设备融资服务。

(3) 资产信息数据

这类数据主要是指客户在银行端的资产和负债信息,同时也包含银行自身的资产负债信息。资产信息数据主要来源于核心业务系统和总账系统,可以帮助银行进行有效的风险管理。通过资产信息数据的集中整合,银行能有效快速地对客户进行风险评估和管理,改善客户体验,并结合现金流、交易数据和供应链数据为客户提供定制的理财产品或贷款产品。

11.3.3 对数据的关注重点在发展中有所变迁

曾经,银行业的数据只是作为交易过程中的痕迹被保留下来,不断积累。后来,随着使用数据的部门越来越多,有目的地整合、合理利用数据也变得越来越重要。数据的增加离不开管理,这就需要对标准、质量、安全等方面进行有效治理。而服从管理的数据也是利用挖掘、分析等手段创造有价值服务的基础。由此可见,银行业对数据的关注重点在发展中不断变化,这有利于促进商业分析的应用。目前,银行业对数据的四个关注重点如图11-3所示。

(1) 数据生产者

清楚数据的产生才能发挥数据的价值。银行的服务对象涉及企业、商户、广泛的大众、政府监管部门、往来银行以及

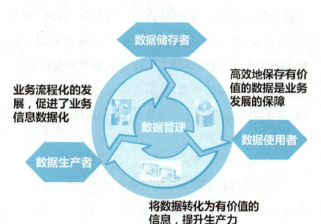

图11-3 数据的四个关注重点

其他金融机构等多个群体。现代的电子银行服务体系就是采用各种计算机技术,通过各种电子资金转账系统将上述服务对象连接起来,构成一个共享的金融信息网络。在这个网络中,银行先与客户打交道,进行会计业务处理后,完成相关的金融交易活动。同时,银行在后台整理交易信息,针对不同的服务和要求,将汇总后的信息进行加工处理,最终实现银行的服务目标。按上述金融服务对处理信息的程度以及服务内容的不同分成三个层次:最低层是面向金融机构、企业、商户和大众的客户群体提供金融交易活动的基本业务体系;第二层是在交易信息基础上发展起

来的新型金融服务与咨询体系；第三层是将所有金融信息汇总处理后，提交给银行监管部门进行决策的监控体系。

商业银行作为传统金融业的核心领域，拥有广大的客户群体，是客户信用信息数据沉淀的平台。在长期的业务开展过程中，积累了海量的数据，包括客户的属性资料、账户信息以及资产负债情况等。银行的综合业务处理系统、中间业务平台系统、渠道系统、支付系统以及管理类系统每天都会产生大量的数据。商业银行需要清楚这些数据的来源，才能更好地利用数据，从而发挥数据的价值。

(2) 数据储存者

有效的数据存储酝酿数据的价值。银行从各个渠道获取的海量数据需要有效地存储起来，从而支持数据的访问和利用。从前银行在数据存储过程中，以"尽量不做变化"作为首要目标，数据不做处理直接保存，主要注重数据的归档。随着银行业务的发展，银行的系统越来越多，每天产生的数据数量、种类都很多，各个银行都开始注重数据的存储，建立了相应的数据存储平台，根据业务类型对数据进行归整，即规则化、合理化。在大数据时代，各个银行纷纷建立数据仓库，把有价值的数据存入，按照特定的主题划分，例如：客户、产品、协议、营销，从而方便对其进行分析。然而，建设数据仓库并不能解决银行的所有问题。由于银行的多个部门都开始使用数据仓库所提供的服务，而这些部门之间往往又对数据仓库有不同的要求，因此就提出了在数据仓库的基础上构建数据集市的概念，数据集市可以合并不同系统的数据源来满足特定的业务信息需求。目前，为了更好地管理与利用数据，一些银行逐步建立数据实验室，从专业化的角度进行数据存储，从而支持决策分析。

(3) 数据使用者

合理使用数据有助于提高数据生产力。通过先进的技术手段对数据进行存储，目的就在于更好地使用数据。早期的数据使用一般是提供报表与监管报送，也是目前银行最基础的数据使用方式。然而报表并不能满足日常分析和管理的需求，需要应用一些分析工具对数据做进一步的分析，例如：SPSS、SAS、R语言等。用这些分析工具建立模型，并将分析结果可视化展示。随着大数据时代的到来，数据的价值越发受到重视，银行也逐渐展开数据挖掘与探索工作。例如：利用神经网络算法对企业进行信用等级评价，利用关联规则算法进行理财产品的交叉销售等。而数据挖掘的结论是否有效，很大一部分原因在于采用的算法是否正确、合理。现如今，不少商业银行为了提高自身竞争力，都纷纷进行决策支持与规则引擎建设。根据已有的数据建立相应的规则，通过这些规则预测客户的行为，并将此推送给客户，以提高客户满意度。例如：中信银行信用卡中心通过数据挖掘发现，在周末 18:00 前加油的客户，有 60% 会去吃饭；结合其位置信息，分析客户就餐区域,发现其中70%有去中心城区吃饭的习惯。于是中信银行信用卡中心就与中心城区的汉拿山烤肉店合作,在每个周末17:30的时候,向驶出加油站的客户,推送"持中信卡享受汉拿山烤肉店五折优惠"的活动。

(4) 数据管理

有效的数据管理是数据产生价值的基本保障。数据管理在数据价值环中起到衔接、管理、保障、维护等重要职责。数据管理包括元数据、数据标准和主数据、数据架构和模型、数据质量、数据整合、数据安全和隐私六个方面的管理内容,如图11-4所示。

元数据管理即阐明数据产生时间、来源以及产生的影响。数据标准和主数据管理即阐明数据应以怎样的标准进行有效存储。数据架构和模型管理即布局数据存储架构,明确各类型数据的存储位置,使数据的存储合理化。数据质量管理即对数据每个阶段

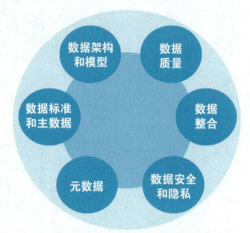

图11-4 数据管理内容

里可能引发的各类质量问题,进行识别、度量、监控、预警等一系列管理活动,以确保数据的完整性、有效性和时效性。数据整合管理即将数据进行整理、归纳,使数据变得有价值,在此过程中需要考虑数据之间的关联性。数据安全和隐私管理即通过信息技术手段保护数据,防止数据毁坏、消亡,及时做好数据备份工作,限定使用权限,以防止数据泄露。

数据生产、数据存储和数据使用是一个无限循环的过程,数据管理贯穿于整个过程之中。在银行的日常运行中,应结合实际情况,根据自身需求,建立合理有效的数据管理机制,配备相应的数据管理人员,从而保证数据产出价值。

案 例

现代商业银行的后台系统将需要数据仓库和联机事务处理的支持,以实现对客户、风险的实时管控。图11-5所示的架构主要分为前台业务应用、后台管理应用和数据仓库三个部分。在前台,主要提供查询和数据的呈现。在后台,主要对数据进行调用与挖掘。数据部分,既包含外挂的数据库,提升核心数据查询能力;也包含对历史数据仓库的调用与规则处理,并保留相关查询历史;同时在具体业务支持方面,构建分类集市以应对特定的业务需求。

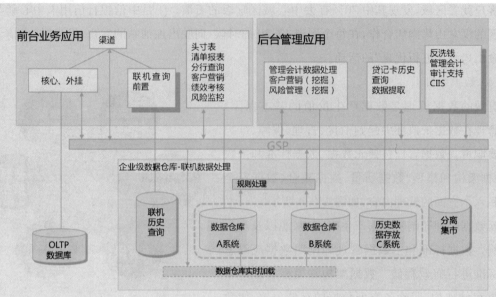

图 11-5　某银行现行的分析环境逻辑架构

图 11-6 展示了某银行计划搭建的数据分析生态环境。

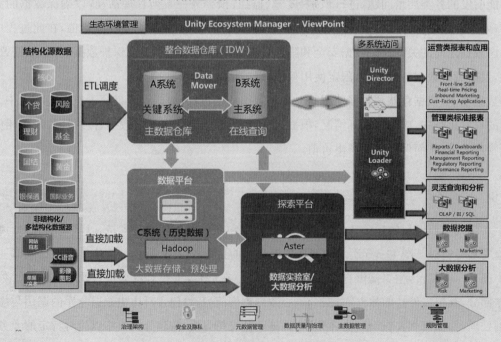

图 11-6　某银行计划搭建的数据分析生态环境

11.4 商业分析在银行业的应用概况

近年,银行业的客户数据、交易数据、资产数据、管理数据等均呈现爆炸式增长。我国不少银行已经开始尝试通过大数据来驱动业务运营,比如:中信银行信用卡中心使用大数据技术实现了实时营销,光大银行建立了社交网络信息数据库,招商银行则利用大数据发展小微贷款。总的来看,银行业商业分析的应用可以分为以下四大方面。

11.4.1 客户画像应用

客户画像主要分为个人客户画像和企业客户画像。个人客户画像包括人口统计学特征、消费能力数据、兴趣数据、风险偏好等;企业客户画像包括企业的生产、流通、运营、财务、销售和客户数据、相关产业链上下游等数据。值得注意的是,银行拥有的客户信息并不全面,基于银行自身拥有的数据有时候难以得出理想的结果,甚至可能得出错误的结论。比如,如果某位信用卡客户月均刷卡8次,平均每次刷卡金额800元,平均每年打4次客服电话,从未有过投诉,按照传统的数据分析,该客户是一位满意度较高、流失风险较低的客户。但如果看到该客户的微博,得到的真实情况是:工资卡和信用卡不在同一家银行,还款不方便,好几次打客服电话没接通,客户多次在微博上抱怨,该客户流失风险较高。所以银行不仅仅要考虑银行自身业务所采集到的数据,更应考虑整合外部更多的数据,以扩展对客户的了解。

目前,商业银行的客户画像应用主要包括以下四个方面:① 客户在社交媒体上的行为数据(如光大银行建立了社交网络信息数据库)。通过打通银行内部数据和外部社会化的数据,可以获得更为完整的客户拼图,从而进行更为精准的营销和管理。② 客户在电商平台上的交易数据,如建设银行将自己的电子商务平台和信贷业务结合起来,阿里金融为阿里巴巴用户提供无抵押贷款,用户只需要凭借过去的信用即可。③ 企业客户的产业链上下游数据。如果银行掌握了企业所在的产业链上下游的数据,就可以更好地掌握企业的外部环境发展情况,从而可以预测企业未来的状况。④ 其他有利于扩展银行对客户兴趣爱好的数据,如网络广告界目前正在兴起的DMP数据平台的互联网用户行为数据。

11.4.2 精准营销

随着利率市场化和民营银行设立预期的加剧以及互联网金融的兴起,银行业竞争日趋激烈,利差进一步缩窄,银行纷纷着手进行发展模式的战略转型。经营模式从"以产品为中心"向"以客户为中心"转型,营销模式从"粗放营销"向"精准营销"转型,服务模式从"标准化服务"向"个性化服务"转型。实现战略转型目标要求银行必须可靠、实时掌握客户的真实需求,全面完整描述客户的真实面貌。大数据的发展为上述需求的满足提供了技术条件,银行切实掌握客户的真实需求,并根据客户需求快速做出应对,实现精准营销和个性化服务。

银行可以在客户画像的基础上有效地开展精准营销,主要包括以下四个方面:① 实时营销。实时营销是根据客户的实时状态来进行营销,比如客户当时的所在地、客户最近一次消费等信息来有针对地进行营销(某客户采用信用卡采购孕妇用品,可以通过建模推测怀孕的概率并推荐孕妇喜欢的业务);或者将改变生活状态的事件(换工作、改变婚姻状况、置居等)视为营销机会。② 交叉营销。即不同业务或产品的交叉推荐,如招商银行可以根据客户交易记录分析,有效地识别小微企业客户,然后用远程银行来实施交叉销售。③ 个性化推荐。银行可以根据客户的喜好进行服务或者个性化推荐,如根据客户的年龄、资产规模、理财偏好等,对客户群进行精准定位,分析出其潜在金融服务需求,进而开展有针对性的营销推广。④ 客户生命周期管理。客户生命周期管理包括新客户获取、客户防流失和客户赢回等。如招商银行通过构建客户流失预警模型,对流失率高低排序位于前20%的客户发售高收益理财产品予以挽留,使得金卡和金葵花卡客户流失率分别降低了15%和7%。

11.4.3 风险管控

风险管控是银行的生命线。以往银行在进行信用风险管理时,主要依据客户的会计信息、客户经理的调查、客户的信用记录以及客户抵押担保情况等,通过专家判断进行决策。大数据技术的应用使银行的风险管理能力大幅提高。一方面,通过多种传感器、多个渠道采集数据,使银行更全面、更真实、更准确、更实时地掌握借款人信息,有效降低信息不对称带来的风险。另一方面,利用大数据技术可以找到不同变量间的关联关系,形成新的决策模型,使决策更加准确、统一和合理。银行利用大数据能够创新风险决策模式,赢得新客户,形成利润新增长点。

目前,商业银行风险管控主要包括以下两个方面:① 中小企业贷款风险评估。银行可通过企业的生产、流通、销售、财务等相关信息结合大数据挖掘方法进行贷款风险分析,量化企业的信用额度,更有效地开展中小企业贷款。② 实时欺诈交易识别和反洗钱分析。银行可以利用持卡人基本信息、卡基本信息、交易历史、客户历史行为模式、正在发生行为模式(如转账)等,结合智能规则引擎(如监测是否存在从一个不经常出现的国家为某一特有用户转账或在一个不熟悉的位置进行在线交易)进行实时的交易反欺诈分析。如IBM金融犯罪管理解决方案帮助银行利用大数据有效地预防与管理金融犯罪，摩根大通银行则利用大数据技术追踪盗取客户账号或侵入自动柜员机（ATM）系统的罪犯。

11.4.4 运营优化

商业银行可以通过大数据分析来优化自身的业务流程、运行管理等方方面面，从而提高客户满意度，增强客户黏度，增强自身竞争力。目前，银行业利用大数据进行运营优化，主要包括以下三个方面：① 市场和渠道分析优化。通过大数据，银行可以监控不同市场推广渠道，尤其是网络渠道推广的质量，从而进行合作渠道的调整和优化。同时，也可以分析哪些渠道更适合推广哪类银行产品或者服务，从而进行渠道推广策略的优化。② 产品和服务优化。银行可以将客户行为转化为信息流，并从中分析客户的个性特征和风险偏好，更深层次地理解客户的习惯，智能化分析和预测客户需求，从而进行产品创新和服务优化。如兴业银行目前对大数据进行初步分析，通过对还款数据的挖掘比较，区分优质客户，根据客户还款数额的差别，提供差异化的金融产品和服务方式。③ 舆情分析。银行可以通过爬虫技术，抓取社区、论坛和微博上关于银行以及银行产品和服务的相关信息，并通过自然语言处理技术进行正负面判断，尤其是及时掌握银行以及银行产品和服务的负面信息，及时发现和处理问题。而对于正面信息，可以加以总结并继续强化。同时，银行也可以抓取同行业银行的正负面信息，及时了解同行做得好的方面，以作为自身业务优化的借鉴。

银行业与数字技术更紧密的融合是大势所趋。在互联网时代下，银行业要具有数据意识与变革意识，在营销、风险管控、客户关系管理等方面寻找突破点。

思考题

1. 银行转型遇到了哪些问题？你认为银行业妥善应对了吗？
2. 思考银行的分析环境框架是否完善，结合教材谈谈你的看法。
3. 银行业作为金融行业数据应用的领头羊，了解用户画像和精准营销在该行业的应用。

第十二章　商业分析在银行业客户营销中的应用

12.1　银行业客户营销的发展

随着我国社会主义市场经济体制的确立,商业银行之间的竞争愈演愈烈。由于历史原因,我国商业银行与客户建立的合作关系中非市场因素较多,而且这种合作关系大众化、持久性较差。在这种形势下,商业银行想要获得额外收益,必须打破客户营销的僵局。

12.1.1　数据库营销

商业银行掌握大量用户信息和实时数据,基于数据库进行营销,对于商业银行的商业分析而言必不可少。

数据库营销是指收集、分析和使用客户信息以及购买习惯、人口统计信息、生活方式及其他有关数据,用这些信息建立客户档案,锁定目标客户群,进行个性化营销,建立客户关系并鼓励重复购买,提高终身价值及客户忠诚度。数据库营销是一种具有客户针对性和互动式的营销方法。它通过独特的信息媒体和信息渠道,将目标客户、潜在客户的资料信息存储在计算机的数据库中并进行分类,以便对客户提供更多及时服务,加强与客户的关系,使公司能进一步了解和把握市场,更好地满足客户的需求。也就是说,数据库营销就是企业通过收集和积累消费者的大量信息,经过处理后预测消费者有多大可能去购买某种产品,以及利用这些信息给产品以精确定位,有针对性地制作营销信息以达到说服消费者去购买产品的目的。

数据库营销在西方发达国家的企业里已相当普及。如在美国,85%的零售商和制造商认为他们需要一个强大的营销数据库来支持他们的竞争实力。美国最好的、发展最完备的营销组织都有一种共识:要做营销,必须建立顾客数据库。数据库营销不仅仅是一种营销方法、工具、技术和平台,更重要的是一种企业经营理念,它改变了企业的市场营销模式与服务模式。

12.1.2 以数据驱动的营销模式发展阶段

即使在相同的社会经济条件下,数据库营销的发展在行业之间、企业之间也是不均衡的。加拿大举行的一次数据库营销现状调查显示:虽然大多数管理人员(80%)对数据库营销有很高认同和期盼,认为数据库营销功能会给企业带来竞争上的优势,但只有33%的企业正式拥有数据库营销部、20%的企业对数据库营销的战略和发展方向有明确纲领。调查结果显示,在这些企业中:58%有自己的客户数据库;28%有客户区隔;16%计算过客户的终身价值;21%对数据库营销项目进行过经济核算;3%从数据商购买过人口数据;82%对数据统计分析缺乏经验;27%使用过预测模型。开发数据库营销的主要障碍是缺乏经验和技术。

为了帮助读者进一步理解数据库营销的发展过程,我们根据北美地区的数据库营销状况,尝试划分了数据库营销发展的三个阶段,作为衡量数据库营销进展的参考。根据我们的体会并参考弗莱特(Flether)、绍尔(Shaw)和杰克逊(Jackson)等人的研究,阶段划分依据的因素如下:

——客户数据和营销数据库的开发状况;
——客户区隔和模型使用;
——营销项目种类和频率;
——战略管理和营销管理水平;
——营销链的闭合程度;
——对企业经营策略的影响。

(1) 初级阶段

处于起步阶段的以制造业、零售业和一般服务业的企业居多。这些产业由于多层次销售或代理销售制度,或企业不直接介入营销过程,缺乏收集客户信息的途径;或者由于产品的替代性较高,因此没有固定的客户群。在这个阶段,数据库营销的主要任务是建立营销数据库,取得客户和潜在客户的基本资料。其来源是通过购买外面的数据,不断试验外来名录,经过检验和筛选将其设定为潜在客户的数据库;同时开辟建立自己客户数据的途径,如建立向分销商输送和与其交换数据的平台。对于客户流动性较大的企业,如超级市场,可以通过设立购物俱乐部提供额外服务或奖励的方式吸引固定的客户群体,为每个人建立数据档案,这样就有了最初步的客户数据库。建立购物俱乐部的另外一个好处是发现新的利基市场,可以立刻开展数据库营销。

(2) 实用阶段

这个阶段的基本特点是:营销数据库已经基本建立,业务数据和客户服务数据的对接和更新已经规范化。数据库中收录了以每个客户为单元的与企业交易的历史金额、额度、间隔等,可再添加外来的数据,例如家庭人口、收入、房屋和耐用消费品拥有状况,邮购和网上订购频率,信用和就业记录,所住区域的人文经济特征,等等。企业对客户的消费行为、人口和心理特征、盈利水平有比较准确的了解,就可以制定有针对性的营销计划。在扩展需求方面,除继续利用购买或交换的名录外,对已有客户实行交叉销售或向上销售,定期开展销售活动。营销结果追踪报告系统建立完毕,可以按周、按月、按季度追踪数据营销结果,及时调整销售参数,如折扣、媒介和其他要素。

比较早期进入实用阶段的主要是那些有固定客户、产品可重复购买、数据量丰富、直复营销历史较长的企业,如银行和金融服务机构、信用卡公司、保险业、电话电讯服务商,以及采用会员制销售模式的组织,如仓储式零售俱乐部、航空公司里程俱乐部、驾驶人协会、互联网运营商、目录销售商和网上商店等。此外,一些历史悠久的大型非营利组织,如大学、医院、基金会也在其中。

(3) 发达阶段

一般营销数据库内容丰富,数据项目可多达几千条。有不同时点的客户截面数据留存、详细的客户特征追踪(如地址变换)、企业通过营销和客服人员与客户的接触记录和客户回应历史等。并由于数据的丰富,可以不断创造新的衍生变量。在数据分析上,回应、留置、盈利、终身价值等各类预测模型齐全,并通过最优化筛选和交叉定位产生每个客户最佳营销方案。数据挖掘不断为营销决策人员提供新的营销契机和策略启示。在营销上,对现有客户实行交叉销售和向上销售,赢回流失客户、启动停滞客户、防止客户流失、获取新客户等营销活动全面铺开。营销人员对客户的特征、生活方式、购买行为,及其对不同营销信息和手段的反应有比较准确的把握,可以为客户设计最佳营销工具组合。数据的丰富和数据挖掘的进步使营销人员及时掌握客户情况的变化,启动事件营销。实时营销初见雏形,例如当客户拨打银行的电话要求提高自己的信用额度,客服人员可以马上调用该客户的信用记录和由预测模型决定的风险评估分数,当即决定是否可以满足客户的要求。数据库营销成为企业营销活动的龙头,引导客户关系管理系统的发展,以客户为中心的企业运营体制已具雏形。目前能够达到这个水平的企业为数并不多。

随着经济与社会的发展、消费者能力与意志的提高,数据库营销正成为许多企业必须掌握的能力与手段之一。现代社会,消费者在满足基本需求后对更高层次的需求会更加挑剔,他们在购买有形产品的同时对无形的服务、体验也有同步甚至更高的要求。同时,他们所愿意花费的时间越来越少,更希望将精力放在追求生活质量上。这些因素决定了大众化营销不可避免地要从最主要的营销手段退居为多种营销方式之一,甚至是次要的位置。这就是"买方经济"中人们所看到的现象。

在精准营销成为趋势的现在,用数据说话是对营销人员的基本要求。特别是在大数据时代,数据的规模和种类激增,营销人员必须聚焦于能反映营销价值、驱动营销管理科学化的关键指标,才能实现数据驱动营销,提高营销绩效。图12-1所示为沿着客户需求驱动和往高响应发展的数据库营销发展阶段。

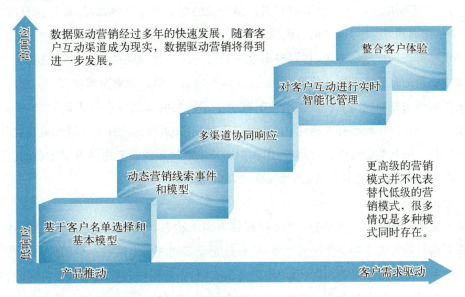

图12-1 数据库营销发展阶段

12.1.3 数据驱动营销的作用

(1) 准确找到目标顾客

建立与运用消费者数据库,可以帮助企业准确地找到目标消费者群。由于顾客类型与需求的多样性,形成了商品市场细分化的特性,而每一家企业或商店均难以满足所有消费者对该种商品的需求。因此,及时导入市场细分化战略、实行目标市场营销便成为现代企业经营发展战略的必然选择。而市场细分化战略的展开,首先必须针对过去的顾客资料加以分析,充分把握其特性与需求动态,在此基础上才能较为准确地确定企业经营的目标对象,并借此有针对性地设计产品与提供服务,从而提高顾客的满意度与企业营销的成功率,达到保持老顾客和不断开发新顾客的双重目的。而数据库营销使得一个单独的顾客成为一个微细分市场,在不同的情形下保持与不同顾客的接触和持续的控制能力,从而为企业准确地选定目标顾客、实行目标市场营销奠定了基础。

(2) 降低营销成本

在市场竞争日益激烈的状况下,一些企业一味追求市场占有率,导致了大量的无效营销活动

(如广告投资的无谓浪费、媒体费用的急剧上升、多层营销渠道的重置等),使营销成本大幅增加;而另一方面,消费者的购买行为及消费习惯发生改变,要求出现更省时、便捷的销售服务,迫使企业寻找更为经济的营销方式。数据库营销不需要经过代理商、批发商和零售商等中间环节的各种营销形式,并能帮助企业在最合适的时机以最合适的产品满足顾客需求,可以降低成本,提高效率。《华尔街周刊》这样写道:"读书俱乐部永远不会把同一套备选书集放在所有会员面前了,现在的俱乐部都在进行定制寄送,它们根据会员最后一次选择和购买记录以及最近一次与会员交流活动中获得的有关个人生活信息,向会员推荐不同的书籍。效果是很明显的:损耗减少了,而会员购买的图书量却提高了。"数据库营销减少了不恰当的寄送带来的无谓浪费,还提高了企业的形象。因为这会让顾客有种感觉:这个公司理解我,知道我喜欢什么并且知道我在什么时候对什么感兴趣。据有关资料统计,没有动用数据库技术进行筛选而发送邮寄宣传品,其反馈率只有 2%—4%,而用数据库进行筛选,其反馈率可以高达 25%—30%。

(3) 开展有针对性的一对一服务

建立与运用消费者数据库,可以及时把握顾客需求动态,为企业开发新产品提供精确的信息。发现并满足顾客需求是企业经营之要点,亦是企业获利的根本途径。早期的市场营销,由于产品和消费者大多受地域限制,其经营规模和范围有限,企业能够较容易地掌握目标顾客与消费者的信息。但是随着社会专业化分工的发展,大市场、大流通格局的形成拉大了企业与顾客之间的距离,使得企业了解顾客的需求、动机与行为变得越来越困难。建立消费者数据库可以以消费者个人资料库为基础,分析研究世界各个角落消费者的消费习惯与消费动态,使企业按照顾客的需求形态来设计与制造产品,开展有针对性的一对一服务,并根据顾客的意见不断加以改进,使企业提供的产品与服务能更符合顾客的要求,进而提升顾客购买后的满意度,进一步强化顾客对企业及产品的忠诚度。例如,海通证券网(www.htsec.com)在券商们纷纷开展网上交易、激烈争夺通道资源之时,推出了为客户提供"一对一"个性化服务的"个性化主页",取得了很好的市场效果。

(4) 培养长期的顾客关系

建立与运用消费者数据库,可以保持企业与消费者之间的紧密关系,使消费者成为企业长期、忠实的用户,从而稳定与扩大产品的销售市场,巩固与提高产品的市场占有率。目前,世界上越来越多的企业投巨资建立数据库,运用现代通信技术、计算机技术和数据库技术,采用"自动化拥抱"的方式主动接近和了解消费者,与之建立和保持良好的关系。如美国航空公司设有一个旅行者数据库,内存 80 万人的资料,公司每年以这部分顾客为主要对象开展促销活动,极力改进服务,与之建立良好关系,使他们成为公司的稳定客户。据统计,这部分顾客平均每人每年要搭乘该公司航班达 12 次之多，占公司总营业额的 65%。

(5) 与竞争对手进行区别竞争

运用数据库与消费者建立紧密关系，企业可使消费者不再转向竞争者，同时使企业之间的竞争更加隐秘，避免公开对抗。那些致力于同消费者保持紧密联系的企业都认为，没有什么东西比拥有一个忠诚的消费者更重要了。而且与寻求新顾客相比，维护老顾客所用营销费用更少。因此，运用邮件库经常地与消费者保持双向沟通联系，可以维持和增强与消费者的感情纽带，从而增强抵抗外部竞争的干扰能力。另外，传统营销中，运用大众传媒的大规模促销活动容易引起竞争者的对抗行为，削弱促销的效果。运用数据库营销无须借助大众传媒，比较隐秘，一般不会引起竞争对手的注意，容易达到预期的促销效果。

(6) 为客户增值

数据库的建立能帮助营销者发现新的市场机会，为消费者提供一系列相关新产品、新服务的设想。营销者可以调查和观察特定的顾客，追踪个体层次上的顾客需要和欲望，并从已有的有关顾客的数据中发现新的机会，从而增加客户的价值。经常被提及的一个零售业案例是，美国加州某连锁超市通过数据发掘技术从记录着每天营销和顾客基本情况的数据库发现：在下班后光顾购买婴儿尿布的顾客多数是男性，他们往往也同时购买啤酒。于是超市经理决定调整货架摆放，将啤酒类商品布置在婴儿尿布货架附近，并在两者之间放上土豆片之类的佐酒小食品，同时把男士们需要的日常用品就近布置。这样一来，给消费者的购买带来极大的便利，而超市的上述几种商品销量也马上成倍增长。

(7) 开展交叉销售，提高营销效率

交叉销售是建立在双赢原则的基础上的，是指向一位客户销售多种相关的服务和产品，但这位客户必须是你能够追踪并了解的单位客户。由于现在企业和客户的关系经常变动，使得交叉销售在传统营销中很难实现。而利用数据库能有效追踪目标客户并与之建立一对一的服务方式，提供更多更好的、符合其需求的相关产品或服务，从而大大提高营销的效率。例如，一个高尔夫俱乐部会员卡的购买者可能也是一个轿车购买者，并且是一个健康服务购买者和某银行理财客户。了解到这个客户的消费习性和兴趣爱好，我们就可以有更多的客观参考因素来进行判断。通过数据库来对这些参考因素进行存储和分类，从而成功地实现交叉销售。

通过数据库的建立和分析，可以帮助企业准确了解用户信息，确定企业目标消费群，同时使企业促销工作具有针对性，从而提高企业的营销效率。没有数据库营销，企业的营销工作就仅仅停留在理论上，而不是根植于客观实际。面对千变万化的市场，如果没有数据库，不借助数据库进行客观的分析，企业对市场的了解只能停留在经验的层面，而不了解实际情况。我们将数据库营销的作用简单归纳如下：
> 识别最有利可得的客户，从他们那里获得更多的交易。
> 识别和正确描述最有可能成为现实客户的潜在客户，把他们从潜在客户转变成现实客户。
> 识别仍然是预期客户的老客户，使他们重新在对本企业的采购上活跃起来。
> 识别本机构最具盈利性的产品，制定适当的促销和价格策略。
> 识别新的市场机会，制定打开这些市场的新策略。
> 测定广告和促销的效果，减少浪费，提高效率。
> 评估配销渠道和个人渠道成员的效益，降低成本，提高销量。

12.2 银行业客户营销分析中常用的分析方法

12.2.1 基本分析法

基本分析方法可分为整体分析法和战略分析方法。其中整体分析可包括对比分析法、动态分析法、指数分析法、因素分析法、趋势分析法和多维分析法等。战略分析法包括 PEST 分析、PDCA 分析法、KANO 分析法、BCG 分析法、SCP 分析法、SWOT 分析法、战略钟模型等。

（1）整体分析法

① 对比分析法。对比分析法也叫比较分析法，是通过实际数与基数的对比来提示实际数与基数之间的差异，借以了解经济活动的成绩和问题的一种分析方法。在科学探究活动中，常常用到对比分析法，它与等效替代法相似。

② 动态分析法。动态分析法又叫时序分析法。它是将不同时期的因素指标数值进行比较，求出比率，然后用以分析该项指标增减或发展速度的一种分析方法。如商品销售额在时间上的变化，商品寿命周期的变化、价格变化、市场供求情况变化等。

③ 指数分析法。它是利用指数体系，对现象的综合变动从数量上分析其受各因素影响的方向、程度及绝对数量的一种方法。主要步骤分为六步。一是选定影响企业财务状况的各项指标。通常可选择流动比率、速动比率、资本利润率、负债比率、应收账款周转率、存货周转率、利息保障倍数、销售增长率等。因企业的具体情况不同，在选择评价指标时也应有所不同，对分析财务状况影响较大的指标都应选入。二是根据重要性程度，对各种比率标注重要性系数，并使各系数之和等于1。三是确定各项指标的标准值。如果企业各项财务比率的实际数达到了标准值，便意味着财务状况最优。四是计算确定企业分析期各项财务比率的实际数值。五是计算求出实际比率和标准比率的百分比，即相对比率。六是用相对比率乘以重要性系数，求出各比率的评分，即综

合指数,并求出各比率综合指数的合计数,即总评分,以此作为对企业财务状况的评价依据。如果综合指数合计为1或在1左右变动,则表明企业财务状况达到标准要求;如果大于或小于1,则表明实际财务状况偏离了标准要求,详细原因应进一步分析查找。

④ 因素分析法。因素分析法是利用统计指数体系分析现象总变动中各个因素影响程度的一种统计分析方法,包括连环替代法、差额分析法、指标分解法等。因素分析法是现代统计学中的一种重要而实用的方法,是多元统计分析的一个分支。使用这种方法能够使研究者把一组反映事物性质、状态、特点等的变量简化为少数几个能够反映事物内在联系的、固有的、决定事物本质特征的因素。

⑤ 趋势分析法。它是通过对财务报表中各类相关数字资料,将两期或多期连续的相同指标或比率进行定基对比和环比对比,得出它们的增减变动方向、数额和幅度,以揭示企业财务状况、经营情况和现金流量变化趋势的一种分析方法。采用趋势分析法通常要编制比较会计报表。

⑥ 多维分析法。它是高级统计分析方法之一,就是把一种产品或一种市场现象,放到一个两维以上的空间坐标上来进行分析。比如一个三维坐标的市场组合模型,其中的X轴代表市场占有率、Y轴代表市场需求成长率、Z轴代表利润率。如果我们要研究某一种产品在市场上的销售情况,就可以用多维分析法来分析,这样可以直观一些。比如,美国有一家啤酒厂生产一种啤酒,开始他们把这种啤酒定位在女性消费者和高价位上,后来,他们发现这个空间位置上的市场很小,购买者不多,因此,他们把市场从女性消费者和高定价的空间位置往同时面向男性消费者和比较便宜的位置转移,结果销售量增多了。

(2) 战略分析方法

① PEST 分析法。PEST 分析是指宏观环境的分析,P 是政治(politics),E 是经济(economy),S 是社会(society),T 是技术(technology)。在分析一个企业集团所处背景的时候,通常是通过这四个因素来分析企业集团所面临的状况。

② PDCA 分析法。PDCA 是英语单词 plan(计划)、do(执行)、check(检查)和 action(行动)的第一个字母,PDCA 循环就是按照这样的顺序进行质量管理,并且循环不止地进行下去的科学程序。P(plan),包括方针和目标的确定,以及活动规划的制定。D(do),根据已知的信息,设计具体的方法、方案和计划布局;再根据设计和布局,进行具体运作,实现计划中的内容。C(check),总结执行计划的结果,分清哪些对了,哪些错了,明确效果,找出问题。A(action),对总结检查的结果进行处理,对成功的经验加以肯定,并予以标准化;对于失败的教训要总结,引起重视。对于没有解决的问题,应提交给下一个 PDCA 循环去解决。四个过程不是运行一次就

结束,而是周而复始地进行。一个循环完了,解决一些问题,未解决的问题进入下一个循环,这样呈阶梯式上升。PDCA循环是全面质量管理所应遵循的科学程序。全面质量管理活动的全部过程,就是质量计划的制定和组织实现的过程,这个过程就是按照PDCA循环,不停顿、周而复始地运转的。PDCA循环不仅在质量管理体系中运用,也适用于一切循序渐进的管理工作。

③ KANO分析法。KANO模型定义了三个层次的顾客需求:基本型需求、期望型需求和兴奋型需求。这三种需求根据绩效指标分类就是基本因素、绩效因素和激励因素。

基本型需求是顾客认为产品"必须有"的属性或功能。当其特性不充足(无法满足顾客需求)时,顾客很不满意;当其特性充足(满足顾客需求)时,无所谓满意度高不高,顾客充其量是满意的。

期望型需求要求提供的产品或服务比较优秀,但并不是"必须"的产品属性或服务行为。有些期望型需求连顾客都不太清楚,但是他们希望得到的。在市场调查中,顾客谈论的通常是期望型需求,期望型需求在产品中实现得越多,顾客就越满意;当没有实现这些需求时,顾客就不满意。

兴奋型需求要求提供给顾客一些完全出乎意料的产品属性或服务行为,使顾客产生惊喜。当其特性不充足时,并且是无关紧要的特性,则顾客无所谓;当产品提供了这类需求中的服务时,顾客就会对产品非常满意,从而提高顾客的忠诚度。

④ BCG分析法。BCG矩阵即波士顿矩阵(BCG matrix),又称市场增长率—相对市场份额矩阵、波士顿咨询集团法、四象限分析法、产品系列结构管理法等。波士顿矩阵是由美国大型商业咨询公司——波士顿咨询集团(Boston Consulting Group)首创的一种规划企业产品组合的方法。问题的关键在于要解决如何使企业的产品品种及其结构适合市场需求的变化,只有这样企业的生产才有意义。同时,如何将企业有限的资源有效地分配到合理的产品结构中去,以保证企业收益,是企业在激烈竞争中能否取胜的关键。

BCG矩阵将组织的每一个战略业务单位SBU(strategic business unit)标在一种二维的矩阵图上,从而显示出哪个SBU能提供高额的潜在利益,以及哪个SBU是组织资源的漏斗,以此可以区分出四种业务组合:

➢ 问题型业务(question marks),指高增长,低市场份额的业务。

➢ 明星型业务(stars),指高增长,高市场份额的业务。

➢ 现金型业务(cash cows),指低增长,高市场份额的业务。

➢ 瘦狗型业务(dogs),指低增长,低市场份额的业务。

⑤ SCP 分析法。SCP 理论是 20 世纪 30 年代哈佛大学学者创立的产业组织分析的理论,最初由梅森教授提出。作为正统的产业组织理论,哈佛学派以新古典学派的价格理论为基础,以实证研究为手段,按结构、行为、绩效对产业进行分析,构架了系统化的市场结构(structure)—市场行为(conduct)—市场绩效(performance)的分析框架。

SCP 模型分析在行业或者企业收到表面冲击时,可能的战略调整及行为变化。从对特定行业结构、企业行为和经营绩效三个角度来分析外部冲击的影响。此处所说外部冲击,主要是指企业外部经济环境、政治、技术、文化变迁、消费习惯等因素的变化。

行业结构:主要是指外部各种环境的变化对企业所在行业可能的影响,包括行业竞争的变化、产品需求的变化、细分市场的变化、营销模型的变化等;企业行为:主要是指企业针对外部的冲击和行业结构的变化,有可能采取的应对措施,包括企业方面对相关业务单元的整合、业务的扩张与收缩、营运方式的转变、管理的变革等一系列变动;经营绩效:主要是指在外部环境方面发生变化的情况下,企业在经营利润、产品成本、市场份额等方面的变化趋势。

⑥ SWOT 分析法。所谓 SWOT 分析,即基于内外部竞争环境和竞争条件下的态势分析,也就是将与研究对象密切相关的各种主要内部优势、劣势和外部的机会、威胁等,通过调查列举出来,并依照矩阵形式排列,然后用系统分析的思想,把各种因素相互匹配起来加以分析,从中得出一系列相应的结论,而结论通常带有一定的决策性。运用这种方法,可以对研究对象所处的情景进行全面、系统、准确的研究,从而根据研究结果制定相应的发展战略、计划及对策等。S(strengths)是优势,W(weaknesses)是劣势,O(opportunities)是机会,T(threats)是威胁。按照企业竞争战略的完整概念,战略应是一个企业"能够做的"(即组织的强项和弱项)和"可能做的"(即环境的机会和威胁)之间的有机组合。

⑦ 战略钟模型法。战略钟模型(strategic clock model)是由克利夫·鲍曼(Cliff Bowman)提出的。"战略钟"是分析企业竞争战略选择的一种工具,这种模型为企业的管理人员和咨询顾问提供了思考竞争战略和取得竞争优势的方法。

它假设不同企业的产品或服务的适用性基本类似,那么,顾客购买时选择其中一家而不是其他企业可能有以下原因:

➢ 顾客认为这家企业的产品和服务的价格比其他公司低;
➢ 顾客认为这家企业的产品和服务具有更高的附加值。

战略钟模型将产品、服务价格和产品、服务附加值综合在一起考虑,企业实际上沿着低价低值战略、低价战略、混合战略、差别化战略等途径中的一种来完成企业经营行为。其中一些路线可能是成功的路线,而另外一些则可能导致企业的失败。

12.2.2 数据挖掘方法

数据挖掘研究具有广泛的应用前景,因为数据挖掘产生的知识可以用于决策支持、信息管理、科学研究等许多领域。数据挖掘技术与各个行业的有机结合体现了其蓬勃的生命力,且这种趋势正在以前所未有的速度继续向前发展。数据挖掘技术已广泛应用于银行和金融市场。数据挖掘在金融领域的一种典型的应用情况是贷款偿还预测和客户信用政策分析。贷款偿还预测和客户信用政策分析对银行业务是相当重要的,有许多因素会对贷款偿还效能和客户信用等级计算产生不同程度的影响。数据挖掘的方法,如特征选择和属性相关性计算,有助于识别重要因素,剔除非相关因素。数据挖掘技术可以用来发现数据库中对象的演变特征或对象的变化趋势,这些信息对于决策或规划都是有用的。比如,银行数据的挖掘有助于根据顾客的流量安排银行出纳员;证券公司可以挖掘股票交易数据,发现可能帮助客户制定投资策略的趋势。数据挖掘给企业带来的潜在的投资回报几乎是无止境的。当然,数据挖掘中得到的模型必须要在现实生活中进行验证。

数据挖掘的任务是从大量的数据中发现模式。所谓模式是指关于数据集的某种抽象描述。一般而言,模式按照其作用可以分为两大类:预测型模式(predictive pattern,如:序列模式、分类模式、回归模式、偏差分析等)和描述型模式(descriptive pattern,如:聚类模式、关联模式和序列模式等)。预测型模式能够根据已有的数据集,预测某些(未知的)数据项的值。描述型模式是对数据中存在的规律、规则做出一种描述,或者根据数据间的相似性将数据分组,它一般不能直接用于预测。

(1) 关联规则(association rule)

关联规则也称为关联模式,是形如 X—Y 的逻辑蕴涵式,其中 X 和 Y 是关于数据库中属性取值的判断。例如有这样一条关联规则:{黄油,牛奶}—{面包}(30%,2%),其含义是购买黄油和牛奶的顾客还将购买面包,30%和2%分别是该规则的置信度和支持度,支持度2%表示分析的全部事务中有2%同时购买了黄油、牛奶和面包,置信度30%意味着购买黄油和牛奶的顾客中有30%的顾客也购买了面包。

(2) 序列模式(sequential pattern)

序列模式与关联规则相仿,也是为了挖掘出数据之间的联系。但序列模式分析把数据之间的关联性与时间联系起来(侧重点在于分析数据项的前后或因果关系)。为了发现序列模式,不仅需要知道事件是否发生,而且需要确定事件发生的时间。

(3) 分类模式(classification pattern)

分类的概念是在已有数据集(训练集)的基础上学会一个分类函数或构造出一个分类模型,即我们通常所说的分类器(classifier)。该函数或模型能够把训练集中的数据记录映射到给定类别中的某一个,从而可以应用于数据预测。

(4) 聚类模式(clustering pattern)

聚类是把一组数据按照相似性和差异性归成若干类别。其目的是使得属于同一类别的数据间的相似性尽可能大,而不同类别中的数据间的相似性尽可能小。

(5) 回归模式(regression pattern)

回归模式的函数定义与分类模式相似,它们的差别在于分类模式的预测值是离散的,回归模式的预测值是连续的。如给出某种动物的特征,可以用分类模式判定这种动物是哺乳动物还是鸟类;给出某个人的教育情况、工作经验,可以用回归模式判定这个人的年工资在哪个范围内,是在 6 000 元以下,还是在 6 000 元到 10 000 元之间,或者在 10 000 元以上。

(6) 偏差分析(deviation detection)

数据库中的数据常有一些异常记录,从数据库中检测出这些偏差是很有意义的。偏差包括很多潜在的知识,如分类中的反常实例、不满足规则的特例、观测结果与模型预测值的偏差等。

在实际情况中,数据挖掘系统的任务不是单一的,经常要同时发现多种模式。银行信用卡和保险行业,在对客户进行分析方面:利用数据挖掘将市场分成有意义的群组和部门,从而协助市场经理和业务执行人员更好地集中于有促进作用的活动和设计新的市场运动。在客户关系管理方面:数据挖掘能找出产品使用模式或协助了解客户行为,从而可以改进通道管理(如银行分支和 ATM 机等)。又如正确时间销售(right time marketing)就是基于顾客生活周期模型来实施的。

案 例

银行产品交叉销售模型

关联规则反映一个事物与其他事物之间的相互依存性和关联性。如果两个或者多个事物之间存在一定的关联关系,那么,其中一个事物就能够通过其他事物预测到。关联规则表示了项之间的关系。

示例规则:定期存款,股票基金⇒得利宝。

解读:持有定期存款并购买过股票基金的客户,会买得利宝。

应用:银行可以向该类型客户推荐得利宝产品。

银行客户流失管理中,可构建逻辑回归模型预测客户流失概率,然后结合客户价值执行客户保有策略,见图 12-2。

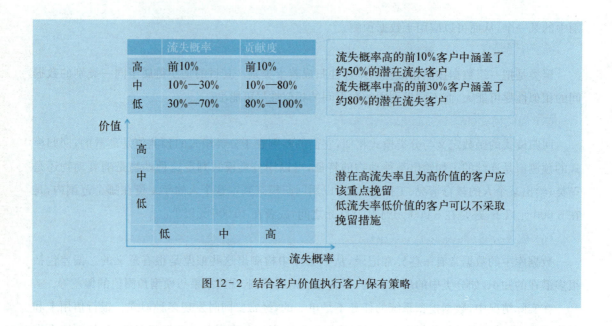

图 12-2 结合客户价值执行客户保有策略

12.2.3 大数据分析方法

(1) 大数据分析的五个基本方面

大数据分析可分为以下五个方面。

① 预测性分析能力(predictive analytic capabilities)。数据挖掘可以让分析人员更好地理解数据,而预测性分析可以让分析员根据可视化分析和数据挖掘的结果做出一些预测性的判断。

② 数据质量和主数据管理(data quality and master data management)。数据质量和主数据管理是一些管理方面的最佳实践。通过标准化的流程和工具对数据进行处理可以保证一个预先定义好的高质量的分析结果。

③ 可视化分析(analytic visualizations)。不管是对数据分析专家还是普通用户,数据可视化是数据分析工具最基本的要求。可视化可以直观地展示数据,让数据自己说话,让观众听到结果。

④ 语义引擎(semantic engines)。由于非结构化数据的多样性带来了数据分析的新挑战,我们需要一系列的工具去解析、提取、分析数据。语义引擎需要被设计成能够从"文档"中智能地提取信息。

⑤ 数据挖掘算法(data mining algorithms)。可视化是给人看的,数据挖掘就是给机器看的。集群、分割、孤立点分析还有其他的算法让我们深入数据内部,挖掘价值。这些算法不仅要处理

大数据的量,也要处理大数据的速度。

(2) 大数据分析的处理流程

大数据分析的处理流程包括采集、统计/分析、导入/预处理、挖掘四个步骤。

① 采集。大数据的采集是指利用多个数据库来接收发自客户端的数据,并且用户可以通过这些数据库来进行简单的查询和处理工作。比如,电商会使用传统的关系型数据库 MySQL 或 Oracle 等来存储每一笔事务数据,除此之外,Redis 和 MongoDB 这样的 NoSQL 数据库也常用于数据的采集。在大数据的采集过程中,其主要特点和挑战是并发数较高,因为同时有可能会有成千上万的用户来进行访问和操作。比如火车票售票网站和淘宝,它们并发的访问量在峰值时达到上百万,所以需要在采集端部署大量数据库才能支撑。而如何在这些数据库之间进行负载均衡和分片的确需要深入思考和设计。

② 统计/分析。这主要指利用分布式数据库,或者分布式计算集群来对存储于其内的海量数据进行普通的分析和分类汇总等,以满足大多数常见的分析需求。在这方面,一些实时性需求会用到 EMC 的 GreenPlum、Oracle 的 Exadata,以及基于 MySQL 的列式存储 Infobright 等;而一些批处理,或者基于半结构化数据的需求可以使用 Hadoop。统计与分析这部分的主要特点和挑战是分析涉及的数据量大,其对系统资源,特别是 I/O 会有极大的占用。

③ 导入/预处理。虽然采集端本身会有很多数据库,但是如果要对这些海量数据进行有效的分析,还是应该将这些来自前端的数据导入到一个集中的大型分布式数据库,或者分布式存储集群,并且在导入基础上做一些简单的清洗和预处理工作。也有一些用户会在导入时使用来自 Twitter 的 Storm 对数据进行流式计算,来满足部分业务的实时计算需求。导入与预处理过程的特点和挑战主要是导入的数据量大,每秒钟的导入量经常会达到百兆,甚至千兆级别。

④ 挖掘。与前面统计和分析过程不同的是,数据挖掘一般没有什么预先设定好的主题,主要是在现有数据上面进行基于各种算法的计算,从而起到预测的效果,实现一些高级别数据分析的需求。比较典型的算法有用于聚类的 k-means、用于统计学习的 SVM 和用于分类的 Naive Bayes,主要使用的工具有 Hadoop Mahout 等。该过程的特点和挑战主要是用于挖掘的算法很复杂,并且计算涉及的数据量和计算量都很大,且常用的数据挖掘算法都以单线程为主。

12.2.4 客户营销分析的发展趋势

(1) 将大数据融入企业长期发展战略

大数据营销衍生于互联网行业,又作用于互联网行业。依托多平台的大数据采集,以及大数据技术的分析与预测能力,能够使广告投放更加精准有效,给企业带来更高的投资回报率。

① 多平台化数据采集：大数据的数据来源通常是多样化的，多平台化的数据采集能使对网民行为的刻画更加全面而准确。多平台采集可包含互联网、移动互联网、广电网、智能电视，未来还有户外智能屏等数据。

② 强调时效性：在网络时代，网民的消费行为和购买方式极易在短时间内发生变化。在网民需求点最高时及时进行营销非常重要。全球领先的大数据营销企业 AdTime 对此提出了时间营销策略，它可通过技术手段充分了解网民的需求，并及时响应每一个网民当前的需求，让网民在决定购买的"黄金时间"内及时接收到商品广告。

③ 个性化营销：在网络时代，广告主的营销理念已从"媒体导向"向"受众导向"转变。以往的营销活动须以媒体为导向，选择知名度高、浏览量大的媒体进行投放。如今，广告主完全以受众为导向进行广告营销，因为大数据技术可让他们知晓目标受众身处何方，关注着什么位置投放什么屏幕。大数据技术可以做到当不同用户关注同一媒体的相同界面时，广告内容有所不同。大数据营销实现了对网民的个性化营销。

④ 性价比高：和传统广告"一半的广告费被浪费掉"相比，大数据营销在最大程度上，让广告主的投放做到有的放矢，并可根据实时性的效果反馈，及时对投放策略进行调整。

⑤ 关联性：大数据营销的一个重要特点在于网民关注的广告与广告之间的关联性，由于大数据在采集过程中可快速得知目标受众关注的内容，以及可知晓网民身在何处，这些有价信息可让广告的投放过程产生前所未有的关联性。即网民所看到的上一条广告可与下一条广告进行深度互动。

(2) 对客户进行全面洞察

客户是银行业需要重视的对象，利用用户大数据，企业可以具体实现如下一些功能。

① 用户行为与特征分析。只有积累足够的用户数据，才能分析出用户的喜好与购买习惯，甚至做到"比用户更了解用户自己"。这一点，才是许多大数据营销的前提与出发点。

② 企业重点客户筛选。许多企业运营者纠结的是：在企业的用户、好友与粉丝中，哪些是最有价值的用户。有了大数据，或许这一切都可以更加有事实支撑。从用户访问的各种网站可判断其最近关心的东西是否与你的企业相关；从用户在社会化媒体上所发布的各类内容及与他人互动的内容中，可以找出千丝万缕的信息，利用某种规则关联及综合，就可以帮助企业筛选出重点目标用户。

③ 大数据用于改善用户体验。要改善用户体验，关键在于真正了解用户及他们所使用你产品的状况，做最适时的提醒。例如，在大数据时代或许你正驾驶的汽车可防患于未然地救你一命。只要通过遍布全车的传感器收集车辆运行信息，在你的汽车关键部件发生问题之前，就会提前向你或 4S 店预警，这决不仅仅是节省金钱，而且对保护生命也大有裨益。事实上，美国的 UPS 快递公司早在 2000 年就利用这种基于大数据的预测性分析系统来检测全美 60 000 辆公司使用

车辆的实时车况，以便及时地进行防御性修理。

④ 社会化客户关系管理（SCRM）中的客户分级管理支持。面对日新月异的新媒体，许多企业通过对粉丝的公开内容和互动记录分析，将粉丝转化为潜在用户，激活社会化资产价值，并对潜在用户进行多个维度的画像。大数据可以分析活跃粉丝的互动内容，设定消费者画像的各种规则，关联潜在用户与会员数据，关联潜在用户与客服数据，筛选目标群体做精准营销，进而可以使传统客户关系管理结合社会化数据，用以丰富用户不同维度的标签，并可动态更新消费者生命周期数据，保持信息新鲜有效。

12.3 客户细分及其应用

12.3.1 客户细分的概念

客户细分是根据客户的属性、行为、需求、偏好和价值等维度细分客户，通过识别不同客户群体的特征，对不同的细分群体通过合适的渠道和沟通策略，提供差别化的产品和服务。细分可以根据以下三个方面的考虑来进行。

(1) 外在属性

外在属性表现为客户的地域分布、客户的产品拥有、客户的组织归属（如：企业用户、个人用户、政府用户）等。通常，这种分层最简单、直观，数据也很容易得到。但这种分类比较粗放，我们依然不知道在每一个客户层面，谁是"好"客户，谁是"差"客户。我们能知道的只是某一类客户（如大企业客户）较之另一类客户（如政府客户）可能消费能力更强。

(2) 内在属性

内在属性指客户的内在因素所决定的属性，比如性别、年龄、爱好、收入、家庭成员数、信用度、性格、价值取向等。

(3) 消费行为分类

在不少行业对消费行为的分析主要从三个方面考虑，即所谓的 RFM：最近消费（recency）、消费频率（frequency）与消费额（monetary）。这些指标都需要在账务系统中得到，但并不是每个行业都能适用。比如说在通信行业，对客户分类主要依据这样一些变量：话费量、使用行为特征、付款记录、信用记录、维护行为、注册行为等。

按照消费行为来分类通常只能适用于现有客户，对于潜在客户，由于消费行为还没有开始，当然分类无从谈起。即使对于现有客户，消费行为分类也只能满足企业客户分层的特定目的，如奖励贡献多的客户。至于找出客户中的特点为市场营销活动确定对策，则要做更多的数据分析工作。

12.3.2 客户细分的流程

企业进行有效的客户细分通常需要经过以下四个步骤。

首先,明确细分的目标。目标不同,比如关注的是长期还是短期目标,客户细分的方法会有极大的差异性。典型的目标包括设计针对性的产品与服务、促进产品销售、提升运营效率、优化成本结构、改进服务体验、提高营销效果与营销投入效用等。应根据目标确定需要的资源和方法。

其次,根据企业资源限制选择适合的可行方法。可行的方法不一定是最适合的,可行的方法也不一定有效,但可行的方法是开始客户细分探索的基础。应采用有效的数据——企业现有的数据不一定完备,也不见得有效,数据本身可能也需要更为深入的处理以适应细分的方法。要意识到数据分析不一定是有效的,错误的数据或不完备的数据会导致错误的结果。

第三,分析细分指标的稳定性。对于细分采取的变量选择,要应用分析技术验证系统性。通常有效的客户细分需要分层的多维指标交叉获得,并不是越复杂越好,而是要找真正稳定和显性的细分指标。首先描述细分客户群的特征。描述细分客户群的特征,通常要求细分后的客户群体不仅能够被可清晰地描述,同时也能够应用可靠的识别方法。然后,通过实际应用验证细分的有效性。验证细分有效性的方法很多,要选择可行和适合的验证方法,没有经过有效性验证的细分是不可信的。

第四,把细分看成过程而不是结果,从头再来。客户细分本就是个学习的过程,客户细分会随着时间的推移和市场的变化而失效,时代在进步、客户在成长、市场在变化,细分的方法也需要不断调整和优化,从而制定差异化的服务策略和产品策略。

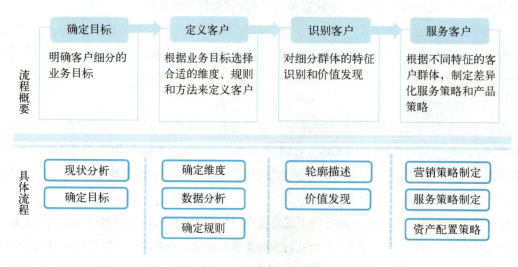

图 12-3 客户细分流程

12.3.3 客户细分的常见方法

(1) 多维度细分

客户细分是现代营销学里面的基础概念之一,也是营销实践中最常见的一种营销行为。从评判客户细分模型标准来看,客户细分具有多维度性。学者研究认为评判标准有10个,分别是:可识别性(identifiability)、响应性(responsiveness)、实质性(substantiality)、可及性(accessibility)、稳定性(stability)、可诉性(actionability)、行为区隔(differential behavior)、可行性(feasibility)、可盈利性(profitability)、富可视性(projectability)。同时,在营销实践中,多维度细分已经是企业在做客户细分时不成文的要求。不管客户细分目标是什么,客户细分都会从管理层、组织层、环境、内外部资源等方面受到约束和限制,单一维度的细分很难满足营销实践需求。不论是描述性还是预测性细分,细分的目标有多个都很常见。在做描述性客户细分时,细分的出发点不同会导致细分客户群所代表的特征不同,导致如前所述的10个衡量标准的有效性程度不同。例如,利用地理人口数据时,稳定性比较好但是一般缺乏响应性;而利用产品营收数据则具有较强的可诉性和响应性,但是缺乏可及性和稳定性。因此一般在做细分时,不同的细分客户群要求相互独立,但是细分目标往往是多维度的,评判标准也是多元化的。

(2) 动态性细分

在客户关系管理(dynamic CRM)领域,动态客户关系管理已经越来越受重视。在关系营销领域,随着客户的增长与变化,构建与客户的动态关系已经成为趋势,营销人员对于长期保留客户越来越感兴趣。

客户组合管理(customer portfolio management)也是营销研究的前沿领域之一。客户组合分析使得管理者和研究者能够衡量客户组合对企业的价值而不是孤立衡量单个客户对企业的价值。然而,客户关系管理本质是动态的,客户随着时间会进化,进而客户对企业的价值也是不断变化的,利用动态理论构建客户关系组合对企业的价值模型,开辟了该领域的新方向。客户细分的终极状态是一对一营销(one-to-one marketing)。以往的研究较少比较个体层面的营销和细分群体层面的营销对企业的相对价值大小,动态客户管理模型解决了这一难题。

客户细分与客户关系管理、客户组合管理的研究对象都是客户,客户的动态变化是共性,因此构建动态客户细分模型非常有必要。客户细分的目的是为了满足不同细分客户群对产品的不同偏好,如果客户细分模型是静态而客户是不断动态变化的,则营销活动效果会大打折扣。现阶段的客户细分研究大多以描述性、静态模型为主,涉及动态模型相对较少,动态性将是未来客户细分研究的新方向之一。

（3）预测性细分

预测客户行为一直都是营销领域的前沿问题，诸如对客户流失的预测、客户潜在价值的预测、客户生命周期价值的预测，不论是在营销理论研究还是在营销实践方面都是非常热门的。

客户流失预测方面的研究非常丰富，保劳格（Parag）以无线通信业为例，基于神经网络方法，利用遗传算法构建了客户流失预测模型；西纳（Zainab）等人通过构建异质风险模型对客户流失模型的预测性进行了改进；比勒斯（Burez）等构建算法解决了客户流失预测模型中的类不平衡问题（class imbalance problem）；Aurelie 等利用 Bagging 和 Boosting 分类树算法，对客户流失预测模型进行了优化，提高了预测精度。客户价值预测方面的研究也很丰富，彼得（Peter）等以保险业为例，构建了客户潜在价值预测模型；迈克尔（Michael）等从实物期权的角度构建模型，评估放弃非盈利客户对客户生命周期总价值的影响。

12.4 数据挖掘模型及其应用

12.4.1 基于数据挖掘的客户分析

数据挖掘是从海量的数据库中选择、探索、识别出有效的、新颖的、具有潜在效用的乃至最终可理解的模式，以获取商业利益的过程。

客户资源是市场竞争至关重要的宝贵资源，拥有客户就意味着拥有市场。数据挖掘技术能从日积月累的数据中挖掘出对企业决策有帮助的潜在知识和规则，挖掘现有客户的消费潜力，减少客户的流失，为企业的决策和发展提供帮助。

（1）客户贡献分析

客户的购买力对企业的盈利有很大的影响，客户的贡献越多，企业相应的利润也就越丰厚。所以按客户的贡献大小对客户群进行分类，然后对不同的贡献率的客户采取不同的措施，对于企业提高收益具有巨大的意义。基本思路是利用企业的数据仓库中客户的具体信息，使用数据挖掘技术对这些客户信息进行分析，用分类判定树对客户的各种属性特征和对企业的贡献率的大小进行归纳和分类。这样就建立起一个对于客户贡献大小分析的模型，然后将客户贡献大小不清楚的客户信息输入这个模型，利用已经归纳出的模型对这些客户进行分类，这样就得到了客户对应的贡献率分类结果。

（2）客户价值分析

客户是企业最重要的资源，拥有越多客户的企业就有更多的发展机会，而不同的客户对于企业的价值是不一样的，这就需要对客户的价值进行分析，以帮助企业合理利用，提高企业的收益。

客户价值分析的方法可以根据客户购买行为对客户群进行细分,在模型上可采用客户价值矩阵分析方法。首先选择K均值算法作为聚类算法,然后采用决策树算法对客户群的特征进行提取,从而得到聚类分析中每个客户群对应的特征。

12.4.2 数据挖掘模型的分类

数据挖掘模型中有监督学习的常见案例是分类,通过已有的训练样本去训练得到一个最优模型,然后利用这个最优模型将所有输入映射为相应的输出,对于输出进行判断实现分类,这就对未知数据进行了分类。有监督学习中的典型算法是K最近邻(KNN)和支持向量机(SVM)。无监督学习与有监督学习的不同之处主要是它没有训练样本,而是直接对数据进行建模。无监督学习的典型案例就是聚类了,其目的是把相似的东西聚在一起,而不关心这一类是什么。聚类算法通常只需要知道如何计算相似度就可以了,它可能不具有实际意义。

数据挖掘模型按主要包含的算法可以分成如下两类。

(1) 有监督学习(也称作"预测性的")

有监督学习算法类的模型,是用数据集里的一个或多个变量来预测数据集里的另一个或多个其他变量,模型要求数据集里有一个因变量。例如"房屋价值"是一个因变量,可以用"收入"、"成本"等变量来预测。"客户是否会开一个定期账户"是一个因变量,可以用"变化的账户余额"来预测。"客户是否会流失"是一个因变量,可以用"客户满意度水平"、"持有的产品"、"产品使用情况"来预测。

(2) 无监督学习(也称作"描述性的")

无监督学习算法类的模型,主要通过对数据集全部或部分变量的属性发现数据集潜在的规律。此类算法构建模型不需要有因变量,考虑的是所有变量之间的关系,即在N维空间里每个样本之间的距离,例如根据"收入、年龄、性别"可对目标用户进行客户细分。

12.4.3 数据分析与挖掘流程

在明确分析的目标和数据挖掘的方法原理后,需要制定具体的流程来实施数据挖掘,得到客户预测的相关模型。

(1) 客户贡献分析步骤

① 构造数据集市。根据对客户贡献的相关研究,分析贡献大小与客户属性特征相关的属性。

② 数据预处理。对客户属性(如:客户姓名、满意度、工作地、贡献度和购买次数等)进行必要的清洗、集成、转换、离散和归约等一系列的处理工作,达到挖掘算法的规范和标准。

③ 建立相关属性集。通过对属性相关性的分析，删除那些与数据挖掘不相关的属性，剩下相关的属性就组成了相关数据集。

④ 建立模型。根据上一步得到的相关数据集对客户贡献度建立模型。首先对相关数据集进行分析和训练，形成训练数据集；然后归纳判定树；接着，对分类规则进行提取；最后，对得到的基本模型进行评价和改进。

⑤ 使用模型进行分类。当模型的准确率改进到某个可以接受的阈值，就可以用这个模型对贡献度未知的客户进行分类。将客户数据输入模型，然后就可以得到这个客户对应的客户贡献率分类结果。

(2) 客户价值分析步骤

① 基于 K 均值算法的客户细分分析。首先选取 500 名客户 5 年的购买数据作为数据挖掘的样本数据，样本数据主要包括客户代号、平均采购额度和购买次数三个方面的信息；然后据此设置 K 值，执行 K 均值聚类算法。算法执行后，样本数据就进行了分类；根据分类结果可判断不同价值的客户群体。

② 基于决策树分类的客户群特征提取。首先进行数据准备和预处理，即对客户数据进行编码和分类；然后构造训练集，利用聚类结果提取客户特征；再根据前面处理过的客户特征信息样本数据进行计算，最终得到客户价值分析决策树。采用决策树的方法能对客户流失进行分析，预测哪些客户最容易流失，这些容易流失的客户又具有哪些特性，从而分析出客户流失的原因，为企业保留客户提供了帮助。

客户营销是商业银行大数据利用的重要部分，在具体实施中，必须结合用户数据特征，合理选择模型，从而达到更好的分析结果。

思考题

1. 银行以往的数据库营销和现在的大数据营销有什么不同？
2. 你能否结合银行可能获得的数据，设计一个银行客户细分的框架？
3. 区分客户贡献分析和客户价值分析，并学习相关模型。

第十三章 商业分析在银行业风险管理中的应用

风险管理是商业银行为减少经营管理中可能遭受的风险而进行的活动。大数据除了可以为银行提供个性化的营销服务以增加收益，也可以对既有顾客进行风险管理以减少损失。

13.1 银行业风险管理的发展历程

银行风险管理是指在银行经营过程中，运用各种风险管理技术和方法，识别、计量、监测和控制风险，以确保银行经营安全，进而实现以最小成本获取尽可能高收益的行为总和。

银行风险管理是银行经营管理的核心内容，它伴随着银行的产生而产生，随着银行的发展而发展。从总体上来看，银行风险管理经历了资产风险管理阶段、负债风险管理阶段、资产负债风险管理阶段和全面风险管理阶段。

13.1.1 资产风险管理模式阶段

20 世纪 60 年代前，商业银行经营最直接、最经常性的风险来自资产业务。因此，商业银行风险管理偏重于资产业务风险管理，强调资产的流动性。一笔大额信贷资产损失，常会导致一家银行出现流动性困难，经营难以维持。因此，商业银行极为重视对资产业务的风险管理，通过加强资信评估和项目调查、严格审批制度、减少信用放款等各种措施和手段来减少和防范资产业务风险的发生，确立稳健经营的基本原则，以提高商业银行的安全度。

13.1.2 负债风险管理模式阶段

20 世纪 60—70 年代，西方各国进入经济发展高速增长时期，对银行资金需求极为旺盛。为了扩大资金来源，解决资金相对不足的矛盾，同时规避金融监管，西方商业银行变被动负债为主动负债，使用了大量金融创新工具，如大额存单、回购协议、同业拆借等，利用发达的金融市场，扩大银行的资金来源。但负债扩大的同时加剧了商业银行的经营风险。在这种情况下,商业银行风险管理的重点转向负债风险管理。

13.1.3　资产负债风险管理模式阶段

20世纪70年代,固定汇率的瓦解导致汇率波动加大,同时西方国家通货膨胀率不断上升,国际市场利率剧烈波动,汇率与利率的双重影响使得商业银行的资产和负债价值波动更为显著。单一的资产风险管理模式稳健有余但进取不足,单一的负债风险管理模式进取有余而稳健不足,两者均不能实现银行安全性、流动性和盈利性的均衡。在这种背景下,资产负债风险管理模式应运而生。这种模式突出强调资产业务、负债业务风险的协调管理,通过匹配资产负债期限结构、经营目标互相代替和资产分散,实现总量平衡和风险控制。

13.1.4　全面风险管理模式阶段

20世纪80年代后,随着银行业竞争的加剧、金融创新的发展,衍生金融工具被广泛使用,再加上金融自由化、全球化浪潮和金融创新的迅猛发展,商业银行面临的风险呈现多样化、复杂化、全球化的趋势,非利息收入比重增加。特别是20世纪中后期,巴林银行倒闭等一系列银行危机都表明损失不再是由单一风险造成,而是由信用风险和市场风险等多种风险因素交织而形成的系统性风险造成的。因此,银行风险管理和技术有了进一步创新,人们对风险的认识更加全面而深入,表外风险管理理论、金融工程学等一系列思想、技术逐渐应用于商业银行风险管理。1988年《巴塞尔协议》出台,国际银行界相对完整的风险管理原则体系基本形成。1999年和2001年,巴塞尔委员会[①]又先后公布了《巴塞尔协议Ⅱ》的征求意见稿,现代商业银行风险管理发生了"革命",即由以前单纯的信贷风险管理模式转向信用风险、市场风险、操作风险并举,组织流程再造与技术手段创新并举的全面风险管理模式。

13.1.5　各风险管理阶段的特征

综上所示(如图13-1所示),随着银行业业务的扩展,风险管控的范围和内容也在不断扩展,因而形成了不同的特征。在阶段一,为资产业务风险管理,风险管控的手段为资产分散化、抵押、资信评估、项目调查、严格审批制度、减少信用放款;在阶段二,为负债业务风格管理,结合投资组合理论和资产定价模型理论进行风险管控;在阶段三,为资产和负债协调风险管理,需要利用金

---

① 巴塞尔委员会由来自13个国家的银行监管当局组成,是国际清算银行的四个常务委员会之一。

融衍生工具、匹配资产负债期限结构、经营目标互相代替和资产分散,实现总量平衡和风险控制;在阶段四,开始全面风险管控,致力于风险管理体系、范围、过程、办法、文化的全面管控与管理创新。

阶 段	时 间	特 点	背 景	风险管理手段
阶段一:资产风险管理模式阶段	20世纪60年代以前	资产业务风险管理	资产业务是最直接、最经常性的风险	资产分散化、抵押、资信评估、项目调查、严格审批制度、减少信用放款
阶段二:负债风险管理模式阶段	20世纪60年代	负债业务风险管理	商业银行变被动负债为主动负债,金融工具大量创新,负债规模迅速扩张	现代金融理论: (1) 投资组合理论 (2) 资本资产定价模型
阶段三:资产负债风险管理模式阶段	20世纪70年代	资产和负债协调风险管理	利率、汇率双重剧烈波动导致资产、负债均受到剧烈波动	(1) 匹配资产负债期限结构、经营目标互相代替和资产分散,实现总量平衡和风险控制 (2) 利用金融衍生工具
阶段四:全面风险管理模式阶段	20世纪80年代以后	全面风险管理	存贷利差变窄,金融衍生工具大量创新,中间业务比重提升,非利息收入比例上升,并伴随金融自由化、全球化浪潮	(1) 全球的风险管理体系 (2) 全面的风险管理范围 (3) 全程的风险管理过程 (4) 全新的风险管理办法 (5) 全员的风险管理文化

图 13-1 银行业发展过程中各阶段的风险管理特征

13.2 银行业风险管理概况

13.2.1 银行业的主要风险

风险是未来结果出现收益或损失的不确定性。风险与损失有密切联系,风险虽然通常采用损失的可能性以及潜在的损失规模来计量,但绝不等同于损失本身。损失是一个事后概念,反映的是风险事件发生后所造成的实际结果;风险是一个明确的事前概念,反映的是损失发生前的事物发展状态,在风险的定量分析中可以采用概率和统计方法计算出损失规模和发生的可能性。金融风险可能造成的损失分为预期损失(expected loss, EL)、非预期损失(unexpected loss, UL)和灾难性损失(stress loss, SL)三大类。商业银行从本质上来说就是经营风险的金融机构,以经营风险为其盈利的根本手段。

根据商业银行的业务特征及诱发风险的原因,巴塞尔委员会将商业银行面临的风险划分为八大类。

(1) 信用风险

信用风险又称违约风险，是指借款人、证券发行人或交易对方因种种原因，不愿或无力履行合同条件而构成违约，致使银行、投资者或交易对方遭受损失的可能性。

银行存在的主要风险是信用风险，即交易对手不能完全履行合同的风险。这种风险不只出现在贷款中，也发生在担保、承兑和证券投资等表内、表外业务中。如果银行不能及时识别损失的资产，增加核销呆账的准备金，并在适当条件下停止利息收入确认，银行就会面临严重的风险问题。

(2) 市场风险

市场风险实际上是由于利率、汇率、股票、商品等价格变化导致银行损失的风险。顾名思义，市场风险实际包括利率风险、汇率风险、股市风险和商品价格风险四大部分。由于我国银行从事股票和商品业务有限，因此其市场风险主要表现为利率风险和汇率风险。

利率风险是整个金融市场中最重要的风险。由于利率是资金的机会成本，汇率、股票和商品的价格皆离不开利率；同时由于信贷关系是银行与其客户之间最重要的关系，因此利率风险是银行经营活动中面临的最主要风险。在我国，由于经济转型尚未完成，市场化程度仍有待提高，利率市场化进程也刚刚起步，利率风险问题方才显露。虽然以存贷利率为标志的利率市场化进程已经推进，但是目前我国基准利率市场化还没有开始，影响利率的市场因素仍不明朗，而且市场仍然没有有效的收益率曲线，利率风险将逐步成为我国金融业最主要的市场风险。

汇率风险是市场风险的重要组成部分。随着我国经济持续增长，越来越多的国内企业将走出国门投资海外，汇率风险也随之增加。同时，自2005年7月人民币汇率形成机制改革实施以来，人民币兑外汇的风险明显上升。随着人民币汇率形成机制的进一步完善，市场因素在汇率形成机制中的作用会进一步加大，我国银行业的汇率风险也将进一步提升，加强汇率风险管理和监管变得越来越重要。

(3) 操作风险

银行办理业务或内部管理出了差错，必须做出补偿或赔偿；法律文书有漏洞，被人钻了空子；内部人员监守自盗，外部人员欺诈得手；电子系统硬件、软件发生故障，网络遭到黑客侵袭；通信、电力中断；地震、水灾、火灾、恐怖袭击；等等，所有这些，都会给商业银行带来损失。这一类的银行风险，被统称为操作风险。

根据《巴塞尔协议Ⅱ》，操作风险可以分为由人员、系统、流程和外部事件所引发的四类风险，并由此分为七种表现形式：内部欺诈，外部欺诈，聘用员工做法和工作场所安全性，客户、产品及业务做法，实物资产损坏，业务中断和系统失灵，交割及流程管理。

操作风险受到国际银行业界的高度重视。这主要是因为，银行机构越来越庞大，它们的产品越来越多样化和复杂化，银行业务对以计算机为代表的 IT 技术的高度依赖，还有金融业和金融市场的全球化的趋势，使得一些"操作"上的失误，可能带来很大的甚至是极其严重的后果。过去一二十年里，这方面已经有许多惨痛的教训。巴林银行的倒闭就是一个令人触目惊心的例子。

（4）流动性风险

2009 年银监会印发的《商业银行流动性风险管理指引》中将流动性风险定义为：商业银行虽然有清偿能力，但无法及时获得充足资金或无法以合理成本及时获得充足资金以应对资产增长或支付到期债务的风险。流动性风险主要产生于银行无法应对因负债下降或资产增加而导致的流动性困难。当一家银行缺乏流动性时，它就不能依靠负债增长或以合理的成本迅速变现资产来获得充裕的资金，因而会影响其盈利能力。极端情况下，流动性不足能导致银行倒闭。

（5）国家风险

国家风险（country risk）指在国际经济活动中，由于国家的主权行为所引起的造成损失的可能性。国家风险是国家主权行为所引起的或与国家社会变动有关。在主权风险的范围内，国家作为交易的一方，通过其违约行为（例如停付外债本金或利息）直接构成风险，通过政策和法规的变动（例如调整汇率和税率等）间接构成风险，在转移风险范围内，国家不一定是交易的直接参与者，但国家的政策、法规却影响着该国内的企业或个人的交易行为。

（6）声誉风险

声誉风险是指由商业银行经营、管理及其他行为或外部事件导致利益相关方对商业银行负面评价的风险。声誉事件是指引发商业银行声誉风险的相关行为或事件。重大声誉事件是指造成银行业重大损失、市场大幅波动、引发系统性风险或影响社会经济秩序稳定的声誉事件。声誉风险与其他金融风险不同，难以直接测算，并且难以与其他风险分离和进行独立处理。良好的声誉是一家银行多年发展积累的重要资源，是银行的生存之本，是维护良好的投资者关系、客户关系以及信贷关系等诸多重要关系的保证。良好的声誉风险管理对增强竞争优势、提升商业银行的盈利能力和实现长期战略目标起着不可忽视的作用。

（7）法律风险

按照《巴塞尔协议Ⅱ》的规定，法律风险是一种特殊类型的操作风险，它包括但不限于因监管措施和解决民商事争议而支付的罚款、罚金或者惩罚性赔偿所导致的风险敞口。从狭义上讲，法律风险主要关注商业银行所签署的各类合同、承诺等法律文件的有效性和可执行能力。从广义上讲，与法律风险相类似或密切相关的风险有外部合规风险和监管风险。

(8) 战略风险

对战略风险的定义目前学术界尚存在着分歧,但基本上都没有脱离战略风险字面上的涵义。风险的基本定义是损失的不确定性,战略风险就可理解为企业整体损失的不确定性。战略风险是影响整个企业的发展方向、企业文化、信息和生存能力或企业效益的因素。战略风险因素也就是对企业发展战略目标、资源、竞争力或核心竞争力、企业效益产生重要影响的因素。

影响战略风险的因素很多,将战略风险定义为一个复杂的系统更为恰当。既然作为一个系统来研究,那么系统的结构即构成要素和相互关系就成为最基本的问题。罗伯特·西蒙将战略风险的来源和构成分成四个部分:运营风险、资产损伤风险、竞争风险、商誉风险。

当企业出现严重的产品或流程失误时,运营风险就转变为战略风险;如果是对实施战略有重要影响的财务价值、知识产权或者是资产的自然条件发生退化,资产损伤就变成一种战略风险;产品或服务与众不同的能力受损伤导致竞争环境的变化,竞争风险就会变成战略风险。商誉风险是上述三个方面的综合结果,当整个企业失去重要关系方的信任而使价值减少时,就产生了商誉风险。

13.2.2 银行业风险管理的主要策略

从经营风险的角度考虑,商业银行应当基于自身风险偏好(risk appetite)来选择其应承担或经营的风险,并制定恰当的风险管理策略以有效控制和管理所承担的风险,确保商业银行稳健运行,不断提高竞争力。

(1) 风险分散

风险分散是指增加承受风险的单位以减轻总体风险的压力,从而使项目管理者减少风险损失,通过多样化的投资来分散和降低风险的方法。资产放在不同的投资项目上,例如股票、债券、基金,或者是货币市场,可把风险分散。投资分散于几个领域而不是集中在特定证券上,这样可以防止一种证券价格不断下跌时带来的金融风险。马柯维茨的资产组合管理理论认为,只要两种资产收益率的相关系数不为1(即完全正相关),分散投资于两种资产就具有降低风险的作用。而对于由相互独立的多种资产组成的资产组合,只要组成资产的个数足够多,其非系统性风险就可以通过这种分散化的投资完全消除。如工程项目建设过程中建筑公司使用商品混凝土,就可以将风险分散给材料供应商。但采取这种方法的同时,也有可能将利润分散。

(2) 风险对冲

风险对冲是指通过投资或购买与标的资产(underlying asset)收益波动负相关的某种资产或

衍生产品，来冲销标的资产潜在的风险损失的一种风险管理策略。这是管理利率风险、汇率风险、股票风险和商品风险非常有效的办法。与风险分散策略不同，风险对冲可以管理系统性风险和非系统性风险，还可以根据投资者的风险承受能力和偏好，通过对冲比率的调节将风险降低到预期水平。利用风险对冲策略管理风险的关键问题在于对冲比率的确定，这一比率直接关系到风险管理的效果和成本。

商业银行的风险对冲可以分为自我对冲和市场对冲两种情况。自我对冲是指商业银行利用资产负债表或某些具有收益负相关性质的业务组合本身所具有的对冲特性进行风险对冲。市场对冲是指对于无法通过资产负债表和相关业务调整进行自我对冲的风险（又称残余风险），通过衍生产品市场进行对冲。

（3）风险转移

风险转移是通过合同或非合同的方式将风险转嫁给另一个人或单位的一种风险处理方式。风险转移是对风险造成损失的承担的转移，在国际货物买卖中具体是指原有卖方承担的货物的风险在某个时候改归买方承担。

（4）风险规避

风险规避是风险应对的一种方法，是指通过有计划的变更来消除风险或风险发生的条件，保护目标免受风险的影响。风险规避并不意味着完全消除风险，我们所要规避的是风险可能给我们造成的损失。一是要降低损失发生的机率，这主要是采取事先控制措施；二是要降低损失程度，这主要包括事先控制和事后补救两个方面。

第一，完全规避风险，即通过放弃或拒绝合作停止业务活动来回避风险源。虽然潜在的或不确定的损失能就此避免，但获得利益的机会也会因此丧失。

第二，风险损失的控制，即通过减小损失发生的概率来降低损失发生的程度。

第三，转移风险，即将自身可能要承担的潜在损失以一定的方式转移给对方或第三方。

第四，自留风险，可以是被动的，也可以是主动的；可以是无意识的，也可以是有意识的。因为有时完全回避风险是不可能或明显不利的，这种采取有计划的风险自留不失为一种规避风险的方式。

（5）风险补偿

风险补偿主要是指事前（损失发生以前）对风险承担的价格补偿。对于那些无法通过风险分散、风险对冲或风险转移进行管理，而且又无法规避、不得不承担的风险，投资者可以采取在交易价格上附加风险溢价，即通过提高风险回报的方式，获得承担风险的价格补偿。商业银行可以预先在金融资产定价中充分考虑到各种风险因素，通过价格调整来获得合理的风险回报。

13.2.3　银行业风险管理流程

商业银行风险管理流程包括风险识别、风险计量、风险监测和风险控制。

(1) 风险识别

适时、准确地识别风险是风险管理的最基本要求。风险识别包括感知风险和分析风险两个环节：感知风险是通过系统化的方法发现商业银行所面临的风险种类、性质；分析风险是深入理解各种风险内在的风险因素。

制作风险清单是商业银行识别风险最基本、最常用的方法。它是指采用类似于备忘录的形式，将商业银行所面临的风险逐一列举，并联系经营活动对这些风险进行深入理解和分析。此外，常用的风险识别方法还有：专家调查列举法、资产财务状况分析法、情景分析法、分解分析法、失误树分析方法等。

(2) 风险计量

风险计量/量化是全面风险管理、资本监管和经济资本配置得以有效实施的基础。准确的风险计量结果是建立在卓越的风险模型基础上的，而开发一系列准确的、能够在未来一定时间限度内满足商业银行风险管理需要的数量模型，任务相当艰巨。商业银行应当根据不同的业务性质、规模和复杂程度，对不同类别的风险选择适当的计量方法，基于合理的假设前提和参数，计量承担的所有风险。

(3) 风险监测

风险监测是监测各种可量化的关键风险指标以及不可量化的风险因素的变化和发展趋势，报告商业银行所有风险的定性/定量评估结果，并随时关注所采取的风险管理/控制措施的实施质量/效果。

(4) 风险控制

风险控制是对经过识别和计量的风险采取分散、对冲、转移、规避和补偿等措施，进行有效管理和控制的过程。风险管理/控制措施应当实现以下目标：风险管理战略和策略符合经营目标的要求；所采取的具体措施符合风险管理战略和策略的要求，并在成本/收益基础上保持有效性。

13.2.4　银行业风险管理中的主要分析内容

在风险的总体分析方面，主要分为资本充足率分析、信用风险总体分析、市场风险总体分析和操作风险总体分析。在专题及重大事项分析中，包括具体内容的风险分析、与监管相关的重大风险事项分析和与其他风险相关的专题分析(如图 13-2)。

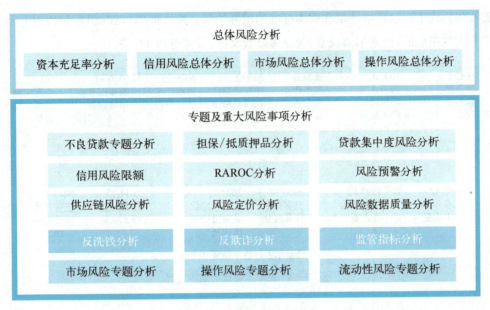

图 13-2 风险分析主要内容

13.3 巴塞尔协议涉及的风险计量模型

13.3.1 巴塞尔协议

(1) 巴塞尔协议的背景

20世纪70年代以后,金融国际化和全球化程度不断加深,金融创新日趋活跃。各国在放松国内金融管制的同时,也面临着对国际银行业进行监管的需要和挑战,协调国际银行的监管被提上了日程。

巴塞尔协议是国际银行界的"游戏规则",它是国际清算银行成员国的中央银行在瑞士的巴塞尔达成的若干重要协议的统称。巴塞尔协议以保证金融体系的安全性和稳健性为主要目标,其实质是为了完善与补充单个国家对商业银行监管体制的不足,减轻银行倒闭的风险与代价,是对国际商业银行联合监管的最主要形式,并且具有很强的约束力。巴塞尔协议的指导思想是:在满足8%的资本充足率的前提下,有多少风险就应该有多少资本,风险越大的银行资本就应该越多;原则是没有任何境外银行机构可以逃避监管;监管必须是充分有效的。

(2) 巴塞尔协议的演进过程

巴塞尔银行监管委员自成立以来,先后发布了《统一国际银行资本衡量和资本标准的协议》

(即《巴塞尔协议Ⅰ》)、《资本计量和资本标准的国际协议:修订框架》(即《巴塞尔协议Ⅱ》),以及由一系列文件组成的《巴塞尔协议Ⅲ》等众多监管文件,具体见图13-3。

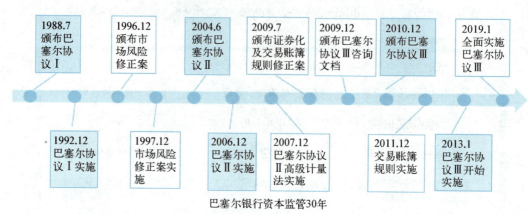

图13-3 巴塞尔协议的演进过程

(3) 巴塞尔协议在中国的推进进程

商业银行至少提前半年向银监会提出实施《新资本协议》的正式申请,经银监会批准后方可实施《新资本协议》,银监会自2010年初开始接受银行实施《新资本协议》的申请,具体见图13-4。

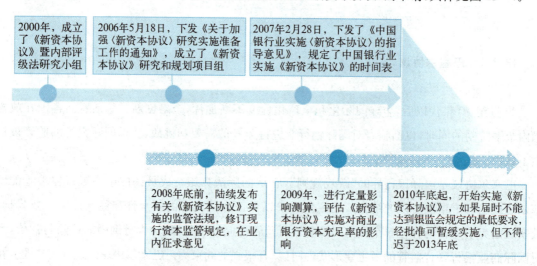

图13-4 巴塞尔新资本协议实施进程

《新资本协议》的实施结构如图13-5所示,主要依赖于三大支柱最低资本要求、监督检查、市场约束,来管控信用风险、操作风险、市场风险这三大风险要素。针对各种风险,都配备以推荐的基本的计量方法。

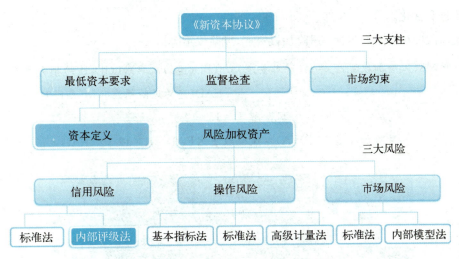

图 13-5 巴塞尔《新资本协议》的实施结构

图 13-6 所示是整个协议的风险管理架构,包括战略、流程与工具、计量模型和数据等层级。

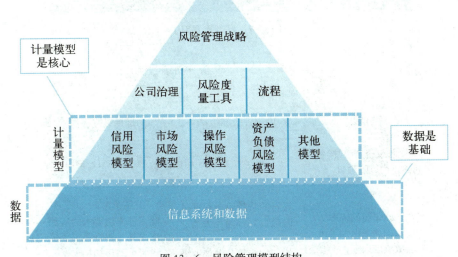

图 13-6 风险管理模型结构

13.3.2 风险计量模型

信用风险主要包括构建商业银行内部评级体系、建立和完善内部评级基础数据库、构建符合国情的内部风险评级模型三个方面。我们需要引进适合我国商业银行的量化技术,根据实际情况进行改进和优化。

信用风险的核心参数包括：风险加权资产、风险权重等。

RWA(风险加权资产)＝K(资本要求)＝f(PD(违约概率),LGD(违约损失率),EAD(违约风险暴露),M(期限))

风险权重＝K×12.5

风险加权资产(RWA)＝风险权重×EAD＝K×12.5× EAD

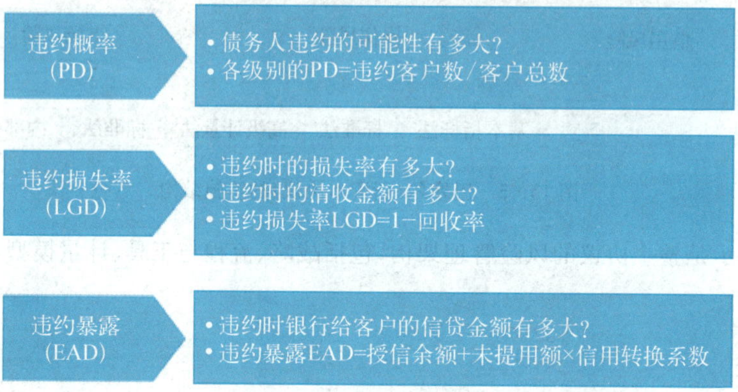

违约概率(PD)	· 债务人违约的可能性有多大？ · 各级别的PD＝违约客户数/客户总数
违约损失率(LGD)	· 违约时的损失率有多大？ · 违约时的清收金额有多大？ · 违约损失率LGD＝1－回收率
违约暴露(EAD)	· 违约时银行给客户的信贷金额有多大？ · 违约暴露EAD＝授信余额＋未提用额×信用转换系数

图 13-7　模型重要因子

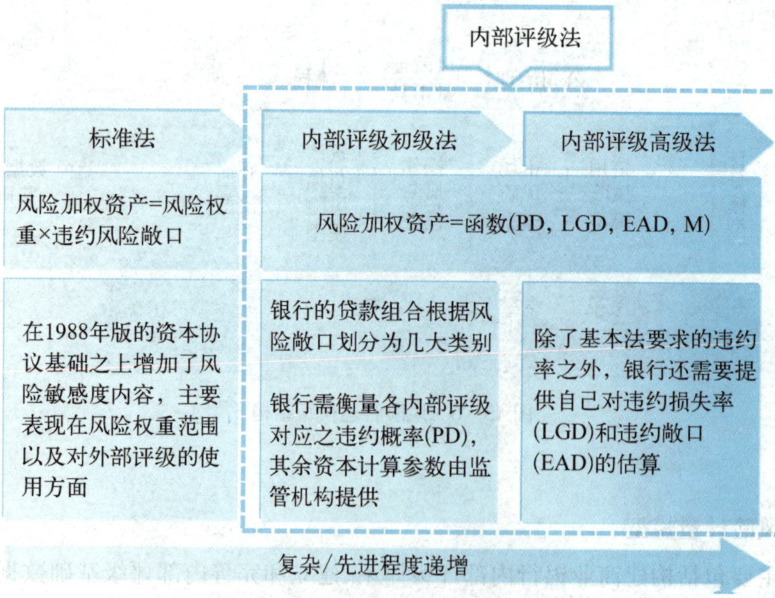

内部评级法

标准法	内部评级初级法	内部评级高级法
风险加权资产＝风险权重×违约风险敞口	风险加权资产＝函数(PD, LGD, EAD, M)	
在1988年版的资本协议基础之上增加了风险敏感度内容，主要表现在风险权重范围以及对外部评级的使用方面	银行的贷款组合根据风险敞口划分为几大类别 银行需衡量各内部评级对应之违约概率(PD)，其余资本计算参数由监管机构提供	除了基本法要求的违约率之外，银行还需要提供自己对违约损失率(LGD)和违约敞口(EAD)的估算

复杂/先进程度递增 →

图 13-8　信用风险度量方法

（1）市场风险

市场风险是由于市场价格（包括金融资产价格和商品价格）波动而导致金融机构表内和表外遭受损失的风险。市场风险包括利率风险、股票风险、外汇风险、商品风险以及期权等衍生工具的价格风险。市场风险的计量方法包括标准法和内部模型法，具体见图13-9。比较国际流行的 VaR 值（风险价值模型）计算方法，选择适合银行自身的 VaR 值计量模型，并通过银监部门认可。

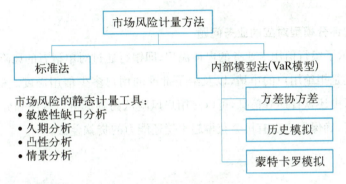

图13-9　市场风险计量方法

（2）操作风险

操作风险是由不完善或有问题的内部程序、人员及系统或外部事件所造成损失的风险。操作风险可按业务条线、损失事件类型和风险来源进行分类。操作风险的计量有三种方法：基本指标法、标准法和高级计量法。标准法中，银行业务分为八个产品部门。按照新协议的要求，合理划分并正确对应八条产品线，对不同产品线的资本要求系数，可根据各银行的具体情况适当调整，汇总计算出操作风险需计提的资本准备。高级计量方法主要包括损失分布法（LDA）、内部计量法（IMA）、打分卡法等。

案例

某银行通过数据仓库、数据分析支持巴塞尔协议

主要问题	巴塞尔协议要求建立内部评级模型，并计量RWA，但行内数据分布在各个源系统，未进行整合，全行数据质量差，需要了解行内数据是否满足内评建模及RWA计量的数据要求
解决方案	● 搭建数据仓库，将各源系统数据整合到数据仓库 ● 梳理内部评级模型及RWA计量的数据需求 ● 分析全行风险数据质量是否满足内评建模和RWA计量要求 ● 根据分析结果，建立风险数据集市 ● 风险数据集市为内评建模和RWA计量提供数据
实施效果	● 根据分析结果，对不满足巴塞尔协议的数据进行完善和修正 ● 风险数据集市为内评模型建立提供了高质量的数据，使内评建模工作顺利开展 ● 风险数据集市为RWA系统提供了计量基础数据，使RWA系统的建设顺利开展

13.4 日常风险管理中的数据分析

日常数据分析的收集和整理可以有助于银行做到对风险的实时监管,将对客户的评分穿插在整个业务链中。这具体体现在申请评分、行为评分、催收评分等应用场景上。

13.4.1 申请评分模型对应的业务问题

图 13-10 展示了银行信用卡业务的申请流程,即银行通过对申请者的风险等进行人工评估,最终决定是批准还是拒绝用户的申请,以及给予批准的用户多少信用额度。根据信用贷款申请者的还款能力和历史还款日期等信息,可以对用户风险从高到低进行排序和分段,根据风险的大小来提供信用额度,确保用户没有机会获得超出偿还能力的贷款金额。

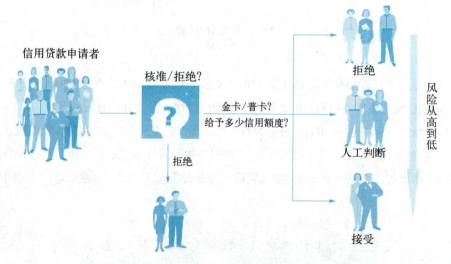

图 13-10　申请评分模型对应的业务场景

13.4.2 行为评分模型对应的业务问题

由于银行交易是一个动态的环节,需要对信用卡客户行为进行实时的打分与反馈。对于增加或者临时增加信用额度,基于发生逾期风险的高低来进行授权,甚至对发生逾期费用比较低的高价值用户进行适当营销,来鼓励其进行消费;而对于高风险用户,则需要注意风险控制,限制其快速增加信用额度,见图 13-11。

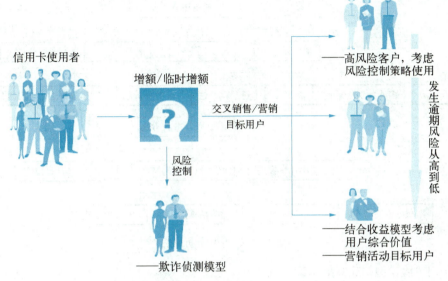

图 13-11　行为评分模型对应的业务场景

13.4.3　催收评分模型对应的业务问题

催收评分模型是申请评分和行为评分模型的补充,是在客户产生了逾期贷款或坏账的情况下建立的。催收评分模型被用于预测和评估对某一笔坏账所采取的措施的有效性,诸如客户对警告信件反应的可能性。这样,银行就可以根据模型的预测,对不同状况的逾期贷款采取不同的有效措施进行处理。预测账户转呆风险概率以及人群细分方式,包括预测账户转呆概率(综合考虑行为评分以及回滚率等因素)和不同转呆概率与催缴方式之间的匹配关系。

案　例

某银行的小企业客户信用评分管理

银行可选的风险分析方法论可分为古典信用分析方法和现代信用分析方法。古典信用分析方法包括信用评分法、专家制度法、特征分析法、评级分析法等,而信用评分法又可利用判别分析法、多元判别法、logit 法、神经网络法、聚类分析法实现。现代信用分析方法包括交易层次计量模型、资产组合计量模型、衍生工具计量模型等,而交易层次计量模型又可采用期权定价模型、风险价值模型、保险精算法等实现。

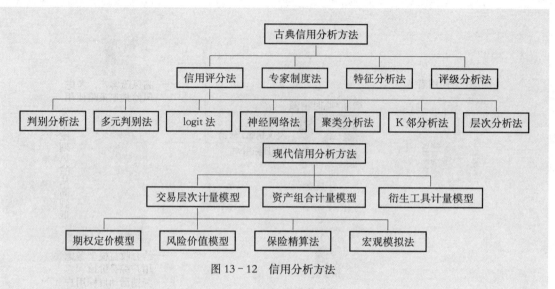

图 13-12 信用分析方法

信用风险模型构建标准步骤如下：

1. 业务理解

➢ 确认对构建模型的实际业务问题的理解，即模型的最终应用解决什么样的业务问题。

➢ 当前的业务问题的深入分析，找到模型可解决的方向。

➢ 确认风险模型的正负样本的定义、模型构建抽样方法等。

2. 变量选取

➢ 与业务人员一起确定模型构建所需要的全部变量、构建模型宽表。

➢ 模型构建变量初步筛选，通常使用 logistic 回归的方法、重要变量业务规则法。

➢ 采用 WOE,information value 等方法进一步选取模型构建变量（涉及变量的离散等统计方法）。

3. 模型创建

➢ 算法的选取，主要选取模型构建主要理论模型，信用评分模型常用 logistic 回归算法构建模型。

➢ 确认模型参数的估计方法。

➢ 训练数据集与确认数据集数据的使用。

➢ 选取最佳模型结果。

4. 模型验证

对于构建模型的结果从技术与业务两个层面进行验证。

> 技术层面,如采用 KS 检验、GINI 系数检验、ROC 检验、混淆矩阵等,不同的检验结果满足最低要求。
> 业务层面,模型对于历史业务数据的评估,检验模型的实用性。

5. 模型应用

> 模型的应用开发设计,包括模型作业、流程等设计。
> 模型应用跟踪矩阵,主要用于模型使用效果的跟踪分析,观察模型的生命力。
> 模型的应用结果对于模型本身的优化,增加模型的生命力。

对银行而言,传统风险管控体系难以完成海量数据的快速响应。随着相应技术的完善,风险管控逐渐细化到客户个体,这将大大提升银行的风险识别和管理能力,可以降低银行"深陷泥淖"的概率,有助于整个金融体系的稳定。

思考题

1. 新巴塞尔协议是什么?其涉及哪些内容?
2. 结合银行业,探索风险管理流程和商业分析方法的思路。
3. 学习金融学原理,罗列可能的客户风险评估指标。

第十四章 银行业商业分析应用的发展趋势

14.1 大数据环境的产生

大数据已经在各行各业衍生出形形色色的数据应用。推动大数据研究的动力主要来自各行业自身的经济效益。IBM、谷歌、亚马逊、Facebook等跨国巨头正是发展大数据技术的主要推动者。2008年推出的"谷歌流感趋势",至今看来仍不失为一个典型的大数据应用范例。谷歌设计人员认为,人们输入的搜索关键词代表了他们的即时需要。设计人员选择了"温度计"、"肌肉疼痛"、"发烧"、"喷嚏"等与流感有关的关键词,当用户输入这些关键词时,系统便会开始跟踪分析,创建流感图表和地图。为了验证"谷歌流感趋势"预警系统的正确性,谷歌多次把测试结果与美国疾病控制与预防中心的报告做对比,结果证实两者存在很大的相关性。在国内,购物网站对大数据应用显得极为积极。中科院软件所的几名研究人员曾帮助淘宝网进行广告排序的改进。他们抓取了淘宝网近900万条广告点击数据,通过分析广告类目、展现位置、商品价格、图片内容等因素对用户行为的影响,建立了用户偏好模型。基于这些用户偏好分析,他们帮助淘宝网建立了新的广告排序算法,在线上测试中将广告收益提高了5.5%。

2012年被看作是大数据元年。在这一年里,很多行业在大数据方面的管理、规划和应用已经觉醒。电商平台的偏好,仅仅是大数据应用的冰山一角,医疗、商业、教育、金融、军事、科研等领域,大数据技术都正在如火如荼地应用着。

电商、金融、电信等行业有着长期的数据积累。事实上,很多互联网公司,比如亚马逊、谷歌、腾讯,更愿意将自己定位为数据企业。因为信息时代,数据成为经营决策的强有力依据,给企业带来了发展和引领行业的机遇。网络兴起之时,数据就处在爆发式的增长中,数据成为了一种"人类存在的痕迹"。在大数据时代,我们可以通过大量的数据了解到很多我们不知道的东西,也可以通过大数据发现许多有价值的东西。

通过人们在网购时留下的支付数据,就可以知道哪些人喜欢购物、喜欢买哪一类商品、喜欢哪种品牌、喜欢在哪里买等最基础的信息；同时，通过数据分析，更可以让我们知道"事情应该怎么做"，如通过消费数据的分析，能够知道商品的流行趋势、商品卖点等信息，从而进行商业决策。

大数据时代的到来意味着未来的商业决策都应该以数据说话，未来的决策也需要大数据的支持。同时，大数据技术的发展更是带来企业经营决策模式的转变，驱动着行业变革，衍生出新的商机和发展契机。未来的银行业将更多地受到科技创新力的驱动，也越来越倾向于零售营销。对于银行业来说，大数据意味着巨大的商机，可强化客户体验，提高客户忠诚度。形象地说，数据的收集能力加上数据的分析能力等同于企业智商，这关乎商业决策的速度和准确性，也关乎企业的生存和发展。银行业在大数据的浪潮中，要以大数据平台建设为基础，夯实大数据的收集、存储、处理能力；重点推进大数据人才的梯队建设，打造专业、高效、灵活的大数据分析团队；不断提升自身能力，挖掘海量数据的商业价值，从而在数据新浪潮的变革中赢得先机。

14.2 银行业大数据

如前所述，随着银行业务的发展，银行积累了三大类数据：客户信息数据、交易信息数据、资产信息数据。这些都是银行自身的数据，对于传统银行来说简便而易得。这些数据基本上都是结构化数据，通过几十年的积累，这些数据已足够庞大，价值较高，而且处理起来比较容易。然而，进入大数据时代，仅仅通过银行自身的数据是难以赢得差异化的。银行还需考虑其他数据的输入，这些数据是银行自身不具有的，但是对其数据分析和决策都起到了很重要的作用。下面简单介绍一下银行进行大数据分析时需要的其他数据。

(1) 行为数据

主要是指客户在互联网上的行为数据，包括 App 应用上的点击数据、社交媒体数据、电商平台的消费数据。银行可以购买这些数据来完善自己的大数据分析输入，比如购买行为数据作为补充数据来为银行数据营销、产品设计、数据反馈、风险管理提供数据支持。但是行为数据可能涉及消费者的个人隐私，因此银行在购买这些数据前应该小心，建议和数据拥有者合作并得到客户的授权。

(2) 位置信息

主要是指银行客户使用的移动设备位置信息、客户自己所处的地理空间数据，包括其多频率的位置往返数据。银行可以利用其进行精准营销，结合商家推出优惠服务，同时也可以利用其信息提供理财产品介绍会、针对特殊人群的财富管理会议、为新增网点还是撤销网点提供决策支持等。

（3）供应链数据

主要是指企业同上下游企业之间的商品或货物的交易信息。由于银行自身的供应链信息不全，无法完全支撑对企业的供应链金融服务，银行需要和具有这些信息的电商平台合作，比如阿里巴巴、京东等，根据完整的供应链信息来提供金融服务。

（4）其他商业数据

主要是指经过分析整理的研究数据，包括消费者行为数据、行业分析报告、竞争与市场数据、宏观经济数据、特殊定制数据等。银行可以利用第三方的专业分析报告来制定自身风险偏好，同时为自身的大数据分析、产品开发、风险管理提供决策支持。

相对于银行自身数据，非自身数据获取可能会难一些，数据类型可能会复杂一些，处理难度会大一些。对于非自身数据的获取，银行可以采用同大数据厂商合作的方式，通过自身平台来采集数据或购买第三方数据。接下来就是信息的整合和挖掘，银行自身必须了解业务需求和数据需求，借助于其他的数据平台和技术来完善自身的大数据平台和分析技术。

总之，银行在实施大数据战略时，应该了解银行内部都有哪些数据，需要对数据进行归类，通过大数据技术进行提取和取舍，了解这些数据背后代表着哪些商业价值，银行自身的大数据需求在哪里，还需要哪些外部数据，如何同已有数据进行整合。银行自身丰富的数据就是大数据应用的基础，大数据分析可以从银行自身数据出发，依据商业需求进行分析，为决策提供支持。外部数据的引入需要在大数据模型搭建过程中进行考虑，作为参考数据为大数据分析提供辅助支持。

14.3　大数据分析在银行业的其他应用

14.3.1　大数据分析在小微企业融资中的应用

在传统的借贷流程中，对于借款人的信息审核，银行是依靠借款人自己提供的各类信息来判定其还款能力。但此种审核方式有四大问题：其一，用传统信息获取渠道判断信息真伪的成本较高；其二，由于全程需要人工参与，既增加了道德风险，又导致效率极其低下；其三，传统的风险评估模型中，对于借款人资产状况评估的权重过高；其四，贷款人隐藏风险的难度较低，造假成本较低。如果我们用大数据的角度来构思，就可以发现应该把更多权重放在借款人日常生活的交易数据及社交数据上，比如借款人一般都在哪里消费，月均消费金额是多少，消费支出中的分布情况如何，微博、微信之类的社交圈活跃度如何等诸如此类的问题。大数据时代，一些传统的银行业务不断被赋予新的内涵，传统的业务模式不断地革新，银行的服务对象和业态格局也正发生着深刻的变化。随着利率市场化，存贷利差缩小，小微企业信贷业务将是商业银行大力发展的业务。小微企业信贷面临的难题是企业数量多、管理不规范、信息不对称。商业银行需要通过大数据挖掘、分析和运用，去识别具有市场潜力的中小企业客户，完善批量化、专业化审批，将贷款提供给合适的小微企业。国外 Wonga、LendingStream、Zestcash、Klarna、PawnGo 等均利用大数据挖掘进行网络借贷。阿里金融通过大数据分析，建立了面对小微企业的阿里小贷平台。

在利率市场化不断推进等制度变革的背景之下，我国小微企业融资近年来正在得到更多的重视，更多的银行机构将小微企业融资服务作为转型的重要方向。一些具有先进理念和技术的银行，通过产业链金融等方式切实为部分小微企业解决了融资问题。小贷公司等机构的兴起也增加了小微企业的融资可获得性。互联网金融凭借"大数据"，打破传统企业金融服务模式，成为小微金融发展的新生力量。基于大数据的互联网金融正在尝试打破小微企业融资成本与收益难以均衡的僵局。大数据与信贷业务相结合，可以重塑信息结构，削减业务成本。电子商务平台的发展积累了海量数据。对这些数据进行挖掘所得到的逻辑与规律信息，比现实中发布的小微企业财务数据更加真实，因而具有巨大的社会经济价值。信息结构的改善使得银行可以清晰地甄别出企业的资质，信息不对称的问题得以解决。

2012 年年底，平安银行宣布推出"供应链金融 2.0"系统，进一步升级线上供应链金融。系统涵盖了预付线上融资、存货线上融资、线上反向保理、电子仓单质押线上融资、核心企业协同、增值信息服务、公司金卫士等产品。通过这些产品，企业可在线完成合同签约、融资申请、质押物在线入库、存货管理、打款赎货等业务。2013 年第三季度，招商银行也推出"智慧供应链金融平台"。供应链上下游企业的订单、应收账款、存货和运输仓储等信息可以通过该平台进行分类归集和传递到所需的供应链各方。招行可以通过实时分析处理业务项下的额度信息、交易信息、资金信息、物流信息等各类数据，自动识别和控制信用风险。客户可以在线随时测算当前可以在招行申请贷款的金额，自助发起融资申请，平台在线自动审批，实时放款。除了平安、招行以外，民生、中信、光大、兴业等多家银行也在供应链金融领域发力。客户经理这一线下人工处理的角色正渐渐从供应链金融业务中淡出，取而代之的是线上智能化系统。各家银行研发线上供应链系统有望大幅度提升业务办理的效率和降低操作成本。过往一些需要办一天到几天的业务，现在通过线上系统可能几秒钟就能办完。线上供应链金融系统还有助于降低小企业的融资门槛。供应链业务领域，存在着大量的频繁、小额的散单。在传统的供应链业务模式下，这些散单因为手工处理成本太高,所以很难获得银行融资支持。线上平台的推出彻底突破了这一瓶颈,运用在线电子化的自动处理技术,降低了银行原来的供应链融资门槛,使得更多客户能方便地获得银行的融资支持。

案 例

"商贷通"业务优化

"商贷通"是民生银行针对小微企业开发的信贷业务模式,通过规划先行、批量营销、标准作业的方式,实现小微信贷业务批量开发和批量作业,控制系统性风险的同时降低人工成本,这是民生银行小微企业客户数量成几何式增长的有效方法。民生银行"商贷通"业务根据大数定律来确定小微客户信用贷款的违约概率,依据价格覆盖风险原则来确定贷款的价格水平区间,确保能否覆盖风险价格的适当收益。

(1)进行额度的单户控制。民生银行小微信贷业务客户群体通常是小型、微型企业或其实际控制人,贷款金额一般在500万元以内,授信金额集中在200万元至300万元居多,在0至500万元区间内呈正态分布。在整体风险控制中,民生银行坚持遵循大数定律信贷风险管理研究的原则,同时控制单户授信额度,即开发并保持足够数量的有效小微授信客户,客观上通过足够大的客户数量和足够小的单户授信金额实现分散和降低民生银行小微信贷业务整体信贷风险的目的。

(2)变贷后风险管理为全过程的风险控制。民生银行针对小微企业特点及小微信贷风险特征实施小微信贷业务全过程风险控制,在项目前期规划、小微客户选择、单笔业务审查、放款流程管理、贷后综合服务等关键环节上对小微信贷业务进行全面风险管理。对小微企业信贷业务实施全过程风险识别、计量评估和措施控制,同时有效整合信贷资源,围绕区域特色、产业链开发、组建互助基金合作社等模式,加速风险管理结构调整,不断提升风险控制能力。

(3)将银行统一的风险政策变为差别化的风险管理。民生银行摒除传统商业银行"一刀切"的风险政策模式,根据区域协调发展原则以及分支机构的资本约束特征,从地域、行业、担保方式、风险定价等方面调整各类信贷资产组合,对不同区域的小微企业客户执行差别化的风险管理办法和授信政策指导。在保持全行小微授信业务均衡发展、协调增长的基础上,差异化管理客户群体,通过数据分析,匹配不同强度的担保方式和有差别的风险定价水平,有效防范了小微信贷业务的信用风险和系统性风险。

2011年起，随着"商贷通"业务的快速发展，民生银行在对小微信贷产品和服务进行了升级的同时，对小微信贷风险管理也再次进行了探索创新，不断提高小微信贷业务风险管理水平。通过主动经营小微企业信贷风险，民生银行在全球经济不景气、小微企业整体经营困难的情况下仍然持续保持良好的资产质量，从而证明了民生银行小微信贷风险管理的及时性和先进性。2011年起，民生银行中小营销管理中心建立与私募股权（PE）公司的合作，实现投贷联动，目的是为了更好地看懂中小科技型企业。通过与私募股权公司联手，一方面能获得更详细、专业的企业调查和行业分析资料，降低融资风险；另一方面可以通过私募股权公司，开展批量开发业务。投贷联动是指中国民生银行针对中小科技型企业，在风险投资机构评估、股权投资的基础上，以债权形式为企业提供融资支持，形成股权融资和银行信贷之间的联动融资模式。

目前，民生银行"商贷通"的不良贷款率仅为0.40%。民生银行已成长为全球最大的小微企业金融服务提供商之一。

14.3.2　大数据分析在金融交易反欺诈中的应用

随着中国银行业全面开放，行业竞争呈不断加剧之势。国内银行业为了应对竞争，不断推出新产品，加快业务发展来争夺客户市场。同时，银行也必须面对与此相伴的不断增长的各种风险的威胁。银行在经营管理过程中面临的最主要风险包括信用风险、市场风险和操作风险。而欺诈风险作为操作风险中的一种，由于各种原因长期被忽视。与国外先进银行相比，国内大多数商业银行目前仍处于欺诈风险管理的起步阶段，在管理理念、管理框架，以及管理技术、系统、人才等方面都显不足，这与当前严峻的欺诈风险形势形成较大反差，使国内银行在欺诈风险管理的战略管理、业务操作、系统平台以及反欺诈技术等各方面都面临挑战。

中国人民银行、银监会等监管部门下发了一系列监管文件，要求商业银行全面提升主动防御外部欺诈风险的能力。商业银行相应地采取了一系列欺诈风险控制措施，例如，根据不同的风险等级来调整客户支付限额，与公安网络监测部门合作查封假冒网站，推出二代U盾、电子密码器、防钓鱼控件等措施，以期降低交易环节发生外部欺诈风险的概率。但是，面对严峻的欺诈环境，目前仍有三大亟需解决的问题：一是欺诈风险监控需要更丰富的基础数据，二是欺诈风险监控需要更精准的模型方法，三是欺诈风险监控需要更及时的干预措施。面对上述挑战，新兴的大数据技术可以提供解决方案。

案例

工商银行反欺诈系统

工商银行于2012年开始在金融交易反欺诈体系中引入大数据技术，以各类内外部信息为基础，部署了数百个精准的智能模型，辅以计算机集群技术，大幅提升了对欺诈交易的识别率，并能够实时干预欺诈交易，为客户挽回损失金额达上亿元，保护了客户资产，维护了经营秩序。工商银行金融交易反欺诈体系以分布式集群为基础，接入行内外全面、丰富的信息，并按照客户、商户等维度进行了有机的整合。在此基础上，利用数据挖掘手段，部署了数百个智能模型，并综合实时、准实时和批量的监控手段，有效堵截了各类欺诈风险事件，其整体架构如图14-1所示。

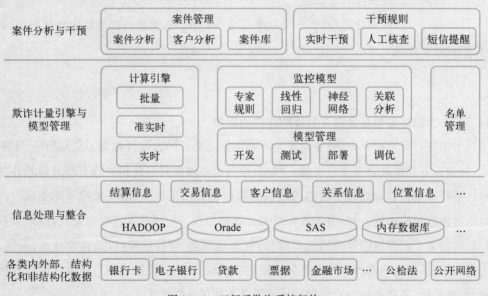

图14-1 工行反欺诈系统架构

1. 综合利用行内外各类型基础数据

当前，金融交易欺诈手段往往变化多样且隐蔽性强，根据单一的交易数据信息难于断定是否欺诈，需要掌握更为丰富的基础数据。为此，金融交易反欺诈体系不但采集了各种产品和渠道的基础数据，包括本行的客户个人数据信息、电子银行账户聚合数据信息、线下金融交易数据以及相关的各类交易日志；还包括中国人民银行征信中心的个人信用数据信息以及其他的外部数据信息，例如：IP地址信息、城市地理信息、物理设备信息等。

为了有效监控外部欺诈风险，金融交易反欺诈体系还从其他部门和企业单位获取更丰富的数据信息，包括刑事犯罪信息、商业犯罪信息、金融诈骗涉案账户信息、网络犯罪信息、单位违法账户信息，以及来自国际银行安全组织、国际反欺诈组织、国际银行同业的各类欺诈信息等。这些内容丰富、结构关系复杂的基础数据接入金融交易反欺诈体系，将进行数据格式化、数据筛选、数据整合等处理流程，从而全面掌握了各类基础数据信息，为后续的欺诈行为分析和挖掘奠定了基础。

2. 基于智能模型挖掘手段实现精准欺诈识别

针对不同的欺诈场景，金融交易反欺诈体系采取不同的分析维度，从海量的基础数据中，按照客户、商户、产品、渠道等多个维度，综合提炼出 1 000 多个统计指标和 3 000 多个特征变量。这些统计指标和特征变量能够全面刻画出金融交易行为的轮廓，从而为构建智能模型和精确打击欺诈分子奠定基础。

3. 基于大数据处理技术，从海量交易中快、准、稳地抓出欺诈交易

随着金融业的快速发展，金融交易量以惊人的速度在增长。以工行信用卡交易为例，每天的交易量达到数百万笔，高峰期间每秒需要处理的交易就达到上千笔之多，而且未来的交易量呈阶梯增长趋势。为了快速处理这些海量交易并兼顾机器成本，金融交易反欺诈体系引入了分布式集群架构来平衡处理压力，通过性价比高的服务器组合方式，既提升了处理速度，又节省了机器成本。分布式集群架构主要分为三大模块：一是数据分发集群，采用哈希算法和 Share Nothing 的设计思想，将这些交易数据动态地分配到各个独立的计算节点；二是数据计算集群，采用高级的数据统计分析技术（例如：规则判断、模型预测等），对交易数据进行实时计算，并根据欺诈策略返回相应的计算结果；三是交易事件库，主要用于保存交易明细以及欺诈识别结果数据。

在处理海量的金融交易过程中，系统保证 7×24 小时在线响应的稳定性也尤其重要。为此，金融交易反欺诈体系还设计了灰度发布机制，通过分批更新主备计算节点，并依次重启所有的计算节点，在不停机的条件下实现了程序版本升级。此外，在节假日（如国庆节）期间，金融交易量往往会发生突增现象，为了能够平稳处理高压状况，设计了生产者、消费者的异步处理队列，消除服务方与请求方偶发性的吞吐量不一致的影响，应对生产环境交易量变化。

除了系统响应的稳定性，客户体验也是一个关注点。若客户等待较长的时间完成一笔交易，那么就会严重影响到客户体验。为此，交易欺诈的识别必须在极短的时间内完成，工

> 行采用了大内存技术,提升了数据访问的 I/O 效率,实现在毫秒级别内对 3 个月内的历史交易数据进行在线分析,找出欺诈交易并实施干预措施。
>
> 工商银行的金融交易反欺诈体系经过不断地探索和实践,基于大数据技术,逐步扩展了基础数据的采集规模和类型,通过整合基础数据形成 1 000 多个风险统计指标,并以此构建了 3 000 多个特征变量,结合特征变量与各类挖掘技术共提炼了 140 多个监控规则与模型;同时还具备在毫秒级别内完成欺诈识别的能力,实践中已成功堵截了各类欺诈风险事件。

14.3.3　大数据分析在客户关系管理中的应用

客户关系管理是指企业通过收集客户信息,了解并影响客户行为,最终达到提高客户获得、客户细分、客户保留、客户忠诚和客户创利的目的。商业银行客户关系管理,既是一种先进的发展战略和经营理念的体现,又是一种新型的商业模式和管理实践活动。目前,大数据在银行应用已经有了许多成功案例。利用大数据提升客户关系管理主要体现在以下几个方面。

(1) 客户渠道扩展

在银行的产品和渠道方面,由于客户的喜好经常变化,实时全面的数据分析可以帮助银行不断改善产品和服务。大数据时代商业银行的渠道不仅包括传统的渠道,而且还要整合日益互联互通的各种渠道,并增加社交网站等新的客户接触点。商业银行应整合门户网站、网上银行、电话银行、手机银行、ATM 等电子渠道,利用微博、微信、社交网站等新媒体,打造在线综合金融营销服务平台,进行产品推送、意见收集、客户服务和营销服务。例如,招商银行推出信用卡微信账单,图文并茂,环保高效;光大银行在新浪微博开发了缴费平台,客户可通过微博进行缴费;浦发银行在全国推出 NFC(near field communication)手机支付,打造移动金融领先银行。

(2) 个性化服务

个性化的金融产品和服务将成为银行业务发展的主要目标。个性化服务包括互联网化的电子渠道全景体验、个性化产品推荐、LBS 位置营销、面向客户个体的深度观察等。商业银行通过收集并分析社交网络数据,聚类出不同的客户群体,如存在严重不满情绪的客户、有转行倾向的客户,然后向这些客户群采取更有针对性的服务。处理客户的反馈也是大数据应用的重要方面,以往这些反馈内容虽然被记录下来,但由于不是规律的数据,所以很少被分析,现在利用大数据文本分析工具来分析客户反馈,可以改善往后的服务。例如,美洲、汇丰等银行都应用大数据进行客户关怀,避免客户流失。

在客户服务方面,对客户提供个性化服务已成为业内共识,现在已进一步关注到用户体验上,由关注客户关系提升到关注客户满意度。通过客户数据分析,了解客户在不同生命阶段的生活模型。比如客户开始在社交网络上谈论跑车时,银行就根据这一信息为他提供买车方面的贷款优惠服务。不同的生活模型对应很多不同的销售类型,这种数据应用在很多行业被开展。而在银行业,由于客户数据收集全面,被应用得更广泛。

(3) 客户价值分析与提升

对于商业银行来说,也许有的客户每年在银行的资金流动达到几亿甚至几十亿,但他们未必是能够给银行带来更多利润的"大客户";有的客户也许每年与银行之间仅仅有几十万或几百万的资金流动,但对银行利润的贡献度却很大。通过不同的角度来分析客户对银行业务构成的贡献,计算客户的价值度,利用分类或聚类的方法划分出不同价值的客户群,找出对银行最有价值和最有盈利潜力的客户群以及他们最需要的银行产品和服务,从而帮助银行更好地配置资源,取得最大的收益。

在传统银行卡交易数据的分析基础之上,大数据时代引领而来的是传统结构化数据之外的非结构化数据的应用,如客服数据、网络日志、论坛评论及产品微博等。比如,商业银行可以通过对信用贷款用户访问日志数据、理财产品数据、用户参与促销活动数据、客服跟踪数据等的收集、分析,对用户进行分析,并对其推出相应的产品,从而提升用户信用卡产品额度使用率、信用卡新产品设计质量、营销活动精细化水平等。

案 例

个性化服务

为了提高自身竞争力,招商银行不断细分客户群体,面向不同的客户群,努力打造个性化的品牌形象,具体做到了以下几点:① 针对高端客户,突出高雅的品牌定位,在满足其投资理财需求的同时,契合客户追求高品位生活的心理诉求,通过举办或冠名各种顶级音乐会,选择高雅艺术作为品牌传播主线,努力塑造与之相匹配的品牌形象。② 针对城市白领,突出便捷的品牌定位,着力实施"水泥+鼠标+拇指"的战略,通过技术创新和流程优化打造成为城市白领青睐的品牌。③ 针对年轻人突出时尚的品牌定位,开发了一系列适合年轻人的时尚产品,仅信用卡就设计了包括蜡笔小新卡、凡客卡、魔兽卡、Young 卡等在内的 15 款之多。

LBS 位置营销

中信银行信用卡中心实施 Greenplum 方案,是中国股份制商业银行信用卡中心中的第一个企业级的数据仓库系统,也是中国首个第三代技术的银行数据仓库系统,为客户提供优质服务。中信银行信用卡中心跟汉拿山烤肉的合作,在传统营销模式下,银行会向城市中所有客户进行一次批量宣传,然后商户苦等客户自行前来。但在 LBS 的支持下,中信银行信用卡中心选取汉拿山店铺附近商户消费的客户,在第一时间通知客户此项优惠。例如,客户在来福士购物中心消费一笔,立即接收到一条短信:您刚消费了 108 元,如您再消费一笔超过 91 元,即可在来福士购物中心 5 层"汉拿山烤肉"享 5 折优惠 1 次。看完短信,客户刚刚还在犹豫是否要买一双新鞋,于是便可立即下决心刷卡付款。在这个过程中,银行在客户最需要、最接近买单时刻奉上最给力的优惠,最能刺激再消费。总的来说,该方案大幅提升了客户对中信信用卡的业务、技术领先性的认可,取得了较好的市场反应和客户口碑。

客户投诉管理

某银行利用交易产品数据、客户基本数据、签约产品使用数据,结合微博数据、网页日志、客服投诉数据,通过文本挖掘、数据挖掘,分析出客户投诉的主要内容,从而对该行的信用卡进行优化。

图 14-2 信用卡优化效果

思考题

1. 大数据时代银行业有哪些数据可以加以利用?
2. 银行业的数据变现还有哪些应用场景?
3. 在利用大数据推进银行业变革的过程中,可能会遇到哪些挑战呢?

第四编 商业分析在其他行业中的应用

第十五章 商业分析在航空运输业中的应用

15.1 航空运输业概述

15.1.1 航空运输业的概念与特点

航空运输是指使用飞机、直升机及其他航空器运送人员、货物、邮件的一种运输方式。它具有快速、机动的特点,是现代旅客运输,尤其是远程旅客运输的重要方式,同时也是国际贸易中的贵重物品、鲜活物品和精密仪器运输所不可缺的运输方式。民航运输业的发展和国民经济整体的发展密切相关。

航空运输业除了具有运输业的共同特点外,还具有如下特点。

(1) 商品性

航空运输所提供的产品是一种特殊形态的产品——"空间位移",其产品形态是改变航空运输对象在空间上的位移,产品单位是"人公里"和"吨公里",航空运输产品的商品属性是通过产品使用人在航空运输市场的购买行为最后实现的。

(2) 服务性

航空运输业属于第三产业,是服务性行业。它以提供"空间位移"的多少反映服务的数量,又以服务手段和服务态度反映服务的质量。这一属性决定了承运人必须不断扩大运力满足社会上日益增长的产品需求,遵循"旅客第一,用户至上"的原则,为产品使用人提供安全、便捷、舒适、正点的优质服务。

(3) 国际性

航空运输已成为现代社会最重要的交通运输形式,成为国际间政治往来和经济合作的纽带。这里面既包括国际间的友好合作,也包含国际间的激烈竞争,在服务、运价、技术标准、经营管理和法律法规的制定实施等方面,都要受国际统一标准的制约和国际航空运输市场的影响。

(4) 准军事性

人类的航空活动首先投入于军事领域,而后才转为民用。现代战争中,制空权的掌握是取得战争主动地位的重要因素。因此很多国家在法律中规定,航空运输企业所拥有的机群和相关人员,在平时服务于国民经济建设,作为军事后备力量,在战时或紧急状态时,民用航空即可按照法定程序被国家征用,服务于军事上的需求。

(5) 投入大,风险性高

航空运输业是一个高投入的产业,无论运输工具,还是其他相关设备都价值昂贵、成本巨大,因此其运营成本非常高。航空运输业由于技术要求高,设备操作复杂,各部门间互相依赖程度高,导致其运营过程中风险性大。任何一个国家的政府和组织都没有相应的财力,可以像贴补城市公共交通一样去补贴本国的航空运输企业。出于这个原因,航空运输业被世界各国公认为不属于社会公益事业,都必须以盈利为目标才能维持其正常运营和发展。

(6) 自然垄断性

由于航空运输业投资巨大,资金、技术、风险高度密集,投资回收周期长,对航空运输主体资格限制较严,市场准入门槛高,加之历史的原因,使得航空运输业在发展过程中形成自然垄断。

15.1.2 航空公司分类

中国航空运输业经过若干年的发展,并经过航空公司的重组与合并。目前的航空公司主要有四种类型:网络型、区域型、廉价型和物流型。

(1) 网络型

其特点是具备通达性强的航线网络,以提供安全、便携、优质的服务,发展忠诚的常旅客来盈利。该类典型的航空公司有中国国际航空股份有限公司、中国东方航空股份有限公司、中国南方航空股份有限公司等。

(2) 区域型

其特点是地域性强,提供以中转为主的运输服务,盈利主要依靠提供区域内的运输服务和依附干线公司,大力发展代码共享联运业务①。该类典型的航空公司有山东航空股份有限公司、上海航空股份有限公司、深圳航空股份有限公司等。

(3) 廉价型

其特点是运输服务价格低廉,以降低运营成本、提高利用率或依托旅游服务,获得某一航线

---

① 代码共享航班指由一家航空公司运营,但是由其他航空公司使用自己的代码和编号营销的航班。

的绝对优势来盈利。该类典型的航空公司有春秋航空公司、吉祥航空公司、华夏航空有限公司等。

(4) 物流型

其特点是主要经营货运航线,依托强大的物流网络,以大力发展货运业务来盈利。该类典型的航空公司有中国货运邮政航空有限责任公司、顺丰航空有限公司等。

15.1.3 中国航空运输业体系

仅仅依靠航空公司是无法完成旅客运输的,需要与其他机构的配合,形成完整的产业链。

(1) 监管机构

中国民航业的监管机构主要为:中国民航总局、国际航空运输协会(IATA)和航空联盟。

中国民航总局是国务院主管民用航空事业的政府监管部门。其主要承担中国民航业发展规划;民航飞行安全和地面安全监管;民航空中交通管理;民航空防安全监管;拟定民用航空器事故及事故征候标准,按规定查处民用航空器事故;民航机场建设和安全运行的监督;航空运输和通用航空市场监管;拟定民航行业价格、收费政策并监督实施等等。

国际航空运输协会是一个由世界各国航空公司所组成的大型国际组织,其活动分为三类:同业活动、协调活动和行业服务活动。通过上述活动,统一国际航空运输的规则和承运条件,办理业务代理及空运企业间的财务结算、协调运价和班期时刻,促进技术合作,参与机场活动,进行人员培训等。

航空联盟是两家或以上的航空公司之间所达成的合作协议。目前全球最大的三个航空联盟是星空联盟、天合联盟及寰宇一家。加入航空联盟的好处包括:代码共享,即航班号为代码共享,乘客的机票可由另一家航空公司签发,由此航空联盟可提供更大的航空网络;共用维修设施、运作设备、职员,相互支援地勤与空厨作业以降低成本;实施乘客旅游奖励计划,如亚洲万里通使用同一户口乘搭不同航空公司飞机均可赚取飞行里数。

(2) 民航保障集团

民航保障集团这类企业居于民航产业链的上游环节,目前仍处于行政性垄断地位,包括航空油料保障企业、航材维修保障企业、航空信息保障企业等。主要成员企业有:

中国航油,是以原中国航空油料总公司为基础组建的国有大型航空运输服务保障企业,是国内最大的集航空油品采购、运输、储存、检测、销售、加注为一体的航油供应商。是中国各大航空公司唯一能采购飞机燃油的供应商。

中国航空器材集团公司(CASC),是在中国航空器材进出口总公司基础上组建的,以航空器材保障为主业的综合性服务保障企业,现由国务院国有资产监督管理委员会直接监管。经营范围包括飞机、发动机、航空器材、各种设备、特种车辆的进出口、租赁、维修、寄售以及与民用航空有关的各种工业产品和原材料的进出口业务,从事与此相关的招投标、国内外投融资、技术咨询、培训、服务、展览、航空表演业务,开展合资经营、合作生产、加工装配以及多种形式的对外贸易。

中国航信,其主营业务是面向航空公司、机场、机票销售代理、旅游企业及民航相关机构和国际组织,全方位提供航空客运业务处理、航空旅游电子分销、机场旅客处理、航空货运数据处理、互联网旅游平台及国际国内客货运收入管理系统应用和代理结算清算等服务,是目前航空旅游行业领先的信息技术及商务服务提供商。

(3) 供应商

供应商主要是飞机制造商。从世界范围来看,主要的民用飞机制造商有四家,分别是欧洲的空中客车公司、美国波音公司、加拿大庞巴迪公司和巴西航空工业公司。我国在商用领域,飞机制造商主要为中航一集团和中航二集团,主要为波音、空客代生产飞机某部件。而目前,国内唯一的大飞机制造商是中国商用飞机有限责任公司。此外还有油料供应商、航食供应商、零件供应商等供应商。最后,对于航空公司最重要的是机场,机场属于民航产业链中的核心产业,为航空公司运行提供保障资源。

(4) 渠道商

代理制是民航批发服务一种常见的制度安排,在民航产业链中占有非常重要的地位。尽管航空公司是航空服务的供给者,但售票还是需要分销商的介入,如携程、去哪儿、艺龙等在线票务公司。

15.2 航空运输业的历史与发展

15.2.1 中国航空运输业历史发展

(1) 初创时期(1949—1979 年)

新中国成立不久,中央人民政府即于 1949 年 11 月 2 日宣布成立民用航空局,主管全国民用航空事业。民用航空局既是中央政府的直属机构,对全国民航事业实行集中统一管理,又是一个全国性大企业,直接从事航空运输生产。到 1978 年,我国民航共有运输飞机 98 架,航线 162 条(其中国际航线 12 条),供民航使用的机场 70 个(其中军民合用机场 36 个),大多为中小型机场,完成航空运输总周转量 2.99 亿吨公里,旅客运输量 230 万人。

(2) 初步发展期(1979—1988 年)

该时期中国民航业开始以企业化为中心进行改革与发展。1980 年,为适应以经济建设为中心的要求,按照当时国家"民航一定要走企业化道路"的指示,中国民航在 1980—1986 年间进行了以经济核算制度和人事劳动制度为核心的一系列管理制度上的改革。民航企业相继成立,并加速与国际接轨,引进欧美先进飞机扩大运力规模。但此时中国航空运输业依然是完全政企合一的行业。

(3) 飞速发展期(1989—1998 年)

除了在此期间组建的 6 个国有骨干航空公司:中国国际航空公司、中国东方航空公司、中国南方航空公司、中国西南航空公司、中国西北航空公司和中国北方航空公司外,在 20 世纪 80 年代末到 90 年代初,经济社会的发展使得航空运输需求大幅增加,这期间一批地方政府或部门出资成立的航空公司进入航空运输市场,先后成立了厦门、上海、深圳、联合、南京、四川、武汉、中原、贵州、山西、海南、山东、长安、福建共 14 家运输航空公司。运力规模急剧扩大,航线网络迅速扩展,机场建设成绩显著,对外合作日益频繁,民航市场体系日益完善。

(4) 市场成熟期(1998 年至今)

中国航空市场日渐饱和,尽管航空业在 1997 年仍盈利 21.5 亿元,但 1998 年就出现了全行业亏损 22.4 亿元的严重局面。因此,2002 年中国政府对中国民航业再次进行重组,成立三大运输集团公司:中国国际航空集团公司、中国东方航空集团公司、中国南方航空集团公司,实施大集团战略,把中国的航空运输企业真正推向市场。2017 年,我国航空公司全年运输总周转量首次突破千亿吨公里,达到 1 083.1 亿吨公里。截至 2017 年底,全国颁证运输机场 229 个,千万级机场达到 32 个;民航全行业机队规模达到 5 588 架。

15.2.2 中国航空运输业发展现状

(1) 航运能力迅速提高

改革开放 40 多年来,我国民航运输总周转量、旅客运输量和货邮运输量分别以 17.5%、15.9% 和 14.9% 的平均速度增长,2008 年达到 376.8 亿吨公里、1.93 亿人次和 407.6 万吨。我国定期航班运输总周转量在国际民航组织缔约国中的排名,由 1978 年的第三十七位上升至 2005 年的第二位。民航旅客周转量在国家综合交通运输体系中的比重由 1978 年的 1.6% 上升到 2008 年的 12.4%。截至 2008 年底,我国民航拥有飞机 1 961 多架,其中运输飞机 1 259 架,具有独立法人资格的运输航空公司 41 家,开辟的定期航线总数 1 532 条,其中,国内航线 1 235 条(至香港、澳门航线 49 条),通航全国内地 150 个城市;国际航线 297 条,通航 46 个国家的 104 个城市。我国已形成了国内四通八达、国际连结世界主要国家和地区的航空运输网络。

(2) 竞争机制初见成效

经过2002年以来的联合重组以及放松市场准入管制,在公共航空运输领域,形成了由国航、南航和东航三大国有控股航空集团,众多地方性航空公司、中外合资航空公司、民营航空公司等多元化市场主体共同参与的竞争格局。既有从事综合运输业务的大中型航空公司,也有专门从事全货运、支线运输的航空公司,竞争方式呈现出多样化与专业化并存的态势。

目前,三大航空集团扮演着国内外市场竞争的主要角色。以2008年运输总周转量计算,国航集团、南航集团和东航集团分别占据我国民航20.9%、19.7%和13.5%的市场份额。南航和东航加入了天合联盟,国航和上航加入了星空联盟,意味着国内市场竞争将逐渐延伸到国际航空联盟的竞争。与此同时,世界排名前10位的航空公司和机场的名单中也出现了中国的航空公司和机场的名字。

(3) 基础设施大幅改善

截至2008年底,全国有民用运输机场(含军民共用机场)152个,旅客吞吐量超过1 000万人次的有北京、广州、上海浦东、上海虹桥等10个机场。近年来,我国民用机场进入一个新的建设高峰期。广州新白云国际机场、北京首都国际机场、上海浦东国际机场先后投巨资完成了新建和扩建。虹桥机场扩建工程建成启用。首都新机场也已投入使用。

空中交通管理、通信、导航和气象等航行保障系统的技术升级改造正在加快,初步形成了区域管制—终端管制—塔台管制三级空中交通管制服务系统,建立了民航专用卫星通信网、空管数据通信网等信息服务网络。民航还建立了旅客订座系统、代理人分销系统等大型计算机数据实时处理系统。

(4) 国际航权有序开放

从2000年开始,我国在厦门、海南、南京等地试点开放第五航权,允许外国航空公司的航班在抵达中国前,经停第三国机场,也可经中国转飞第三国城市。2004年,中美两国签署了新的《中美航空运输协定》,增加了国际航权安排。2007年中美第二次经济战略对话期间,中美双方就扩大两国航空运输市场准入达成新协议。2006年,中国先后与韩国、日本签署协议,大幅度扩大双边间的航权。在扩大双边航权的同时,我国积极探索发展区域航空运输合作关系,目前已与上合组织、东盟、欧盟等7个区域组织开展民航领域的各项活动,与东盟启动了区域航空运输自由化安排的磋商。与外国对等逐步扩大航权开放,给我国民航开辟了新的发展空间,使我国国际航线市场形成了新的竞争格局。

(5) 安全水平显著提升

我国民航不断强化安全生产责任制,完善飞行标准和航空器适航管理,加强安全规章标准建设，开展专业技术人员安全培训，积极采用飞行品质监控等现代化的科技手段。在生产规模扩大、发展速度加快、行业不断改革的情况下，航空安全状况不断改善。百万飞行小时事故率从"六五"期间（1981—1985）的 5.24 次下降到"十五"期间（2001—2005）的 0.29 次，2005 年、2006 年、2007 年、2008 年连续 4 年全行业没有发生运输飞行事故。自 2004 年"11·21"事故以来，截至 2009 年 5 月，航空运输连续安全飞行超过 1556 万小时，达到国际先进水平。

(6) 政府管理体系基本形成

经过历次改革，我国民航已建立起三级政府监管体制。中国民用航空局下设华北、华东、中南、西南、西北、东北和新疆 7 个民航地区管理局，负责对所辖地区的民用航空事务实施行业管理和监督。7 个地区管理局下辖 34 个省（区、市）民航安全监督管理局。民航局公安局下辖 7 个民航地区管理局公安局和 112 个机场公安机构，共有公安干警约 4 200 人。2002 年组建了民航空警总队，直管 15 个支、大队，共有空警 2 000 人。民航局空中交通管理局下辖 7 个地区空管局，地区空管局下辖 37 个空管分局和空管站。民航局直属单位还有中国民航大学、中国民航飞行学院、中国民航管理干部学院、广州民航职业技术学院和民航上海中等专业学校 5 所院校，有中国民航局航空安全技术中心和中国民航第二研究所 2 个科研单位，另外还有民航报社、民航出版社和民航总医院。

15.2.3 中国航空运输业发展趋势

(1) 民航业向更加绿色环保的方向发展

民航运输作为一种重要的运输方式，在促进客流、物流方面发挥了重要的作用。同时，随着环保意识的不断提升，人们对民航运输的环保要求提出了更高的标准。消费者的要求是行业前进的推动力，可以想见，在未来的发展过程中，航空运输将会从各个层面进行努力，在航空排放、噪声、污染等方面加大技术革新和管理力度，使民航运输成为绿色运输、环保运输、生态运输。

(2) 高效安全成为民航业未来发展的基本特征

随着航空技术不断进步，民航运输的安全水平程度不断提高。运转高效、运输安全将会成为民航行业的核心竞争力之一，成为行业的基本特征。为了做到这一点，不仅需要对技术层面进行更新改造，也需在管理运行层面狠抓落实，锐意创新。

(3) 行业跨界合作与竞争将会成为民航业未来发展的重要方式

在市场经济条件下，通过竞争机制使得市场主体优胜劣汰，从而促进社会经济不断向前发展。市场竞争的作用，不仅在企业层面，而且在行业层面、国家层面都存在。我国民航业作为社会经济发展中的一个重要领域，已经成为社会主义市场经济的一个重要组成部分。行业层面要

增强自身的竞争力,不仅依靠自身内在修炼,也需要与其他相关行业进行跨界合作。当前,行业间的深度融合、跨界合作已经非常明显,民航业自然不能够置身事外。事实证明,开放融合发展之路是市场经济条件下的民航业发展必经之路,航空经济将成为民航业的未来发展形态。

(4) 我国民航业服务面必将由过去的区域不平衡走向均衡发展

民航业的发展以市场充分需求为基本前提。而过去由于我国社会经济发展水平较低,国民经济承受能力十分有限,而民航运输的服务价格偏高,因此,国民出行中对民航的需求被严重抑制。但是,改革开放 40 多年,我国社会经济实现了快速发展,国民经济能力提高很快,原先被抑制的需求不断地被释放出来。因此,我国民航在改革开放的 40 多年间呈现高速增长的态势。但是,由于中国不同区域间的经济发展水平差异较大,因此,我国民航运输发展的区域性差异也十分明显。而在未来的若干年间,我国经济发展的总趋势是区域差距缩小,最后走向均衡发展的道路。在此情况下,我国民航服务的覆盖面也必然走向区域平衡。

(5) 民航业将会形成高中低端航空运输服务产品协同并存良性发展的基本格局

民航运输以其快速、安全、舒适的优点备受广大社会公众的青睐。由于我国社会发展所带来的大量人员的长距离、大范围流动,客观上需要快速的交通运输方式。但是,由于经济上的不充分发展,导致人们的很多出行需求被抑制。而面临多方竞争的民航将会放下身段,更加关注不同层面消费者的出行需求特点,设计出满足不同层次消费者需求的航空运输产品。而需求与供给的紧密结合产生的是双赢的结局。多样化产品提供会在客观上促进消费者需求的不断释放和满意度、忠诚度的提升,从而推动民航运输业的持续发展。而随着我国民航服务基础设施的不断完善,使得其服务覆盖面不断扩大,能够享受民航运输服务的社会公众不断增加,客观上推动我国人员物资快速大范围流动,对中国经济发展必将起到较大的推动作用。

(6) 改革创新将会成为推动民航业可持续发展的重要力量

民航运输业是高科技高风险资金密集型产业。民航运输工具是高科技的结晶,对其运营操纵离不开接受过专业训练的人员。科学技术的发展使得安全系数更高、速度更快的航空器不断出现,而管理改革创新使得航空运输的流程更加简洁高效,服务提供更加便捷舒适,所有这些都会在整体上提升民航业的运输品质,使得其更受大众欢迎。

15.3　航空运输业的业务应用

15.3.1　航空公司的业务服务流程

航空公司的信息化应用是针对航空公司的业务服务来进行改善优化的,但航空公司的业务流程长,覆盖部门广,参与角色多,不同环节的专业性均较强,流程优化难度极大。对乘客来说,选择飞机出行可分为几个阶段:旅行前、飞行前、飞行中、飞行后、旅行后。其具体服务见图 15-1。航空公司可以针对具体的业务流程,以"提升旅行体验"和"提高收益"为目的,将商业分析揭示的有价值信息应用到业务服务上,结合线上的平台及移动应用,通过机场服务、机上服务、目的地服务等多方面线下表达,综合提升客户体验,实现交叉销售和向上销售,获取更高的客户价值。

旅行前	产品与促销信息	航班与票价问询	预定行程 Web / CC / 售票处 / 代理			签转退等特殊服务	候补处理	行程文件处理
飞行前	航班信息提示	到机场交通	值机	行李托运	安检/联检	机场休息	航班变更特殊服务	登机
飞行中	手提行李安置	起飞前服务与问候	座椅设备	机舱餐饮	报刊娱乐	空乘服务	机上销售	
飞行后	下飞机	联检	行李提取	特殊问题解决	中转服务	离开机场交通		
旅行后	行程文件处理	常旅客计划	后续服务					

图 15-1 航空公司业务服务流程图

15.3.2 航空运输业微笑曲线

"微笑曲线"是宏基公司董事长施振荣先生最早提出的,用来描述生产个人电脑的各个工序附加价值的特征图形。后来,经过改进与发展,人们经常用它来描述现代产业链的基本特征:在现代产业链中,处在生产作业上游的工序(如产品的设计与开发等)与下游的工序(如产品销售及售后服务等)多具有较高的附加价值,处在中游的生产线组装等生产工序则利润空间较小。

在航空运输业,处在产业链上游的区域有技术专利获利区(如飞机制造商、飞机租赁商)和品牌服务获利区(如客户服务商、分销服务商),而航空公司则是处于产业链的下游区域,处在制造获利洼地,作业附加值较低,见图 15-2。为了要走出价值洼地提升获利能力,航空公司必须从三个方向进行:一是优化服务,贴近客户,建立与客户的情感联系,提升客户体验;二是整合业务流程上下游资源,提升整体运营效率;三是通过产品与服务模式的创新,促进收入增长。同时这三个方向也是航空公司的业务战略方向。当然,在改造航空运输业服务链"微笑曲线"的过程中,服务网络与服务频率(主要指航班频率)也是航空公司赢得竞争的主要手段。但是,无论从哪个角度来看,航空公司要提高服务的效率,都必须从服务范围与服务品质两个方面入手,通过服务范围的扩大,改变航空公司提供的服务在"微笑曲线"中的涉及范围(向前或向后延伸);通过服务品质的提高,改变航空运输业"微笑曲线"的曲度,缩小航空公司与产业链其他环节间的获利差距,提高服务利润。

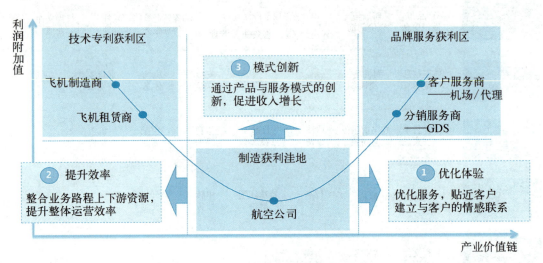

图 15-2　航空运输业微笑曲线

15.4　航空运输业的业务战略及信息化现状

15.4.1　业务战略

根据航空公司的三大战略发展方向,航空业务关注点主要集中在四个方面:互联网应用、资源与成本管理、服务产品创新和产业链协同创新。

(1) 互联网应用

航空公司要通过互联网特别是移动互联网,对外为旅客提供优质服务,对内提升协作效率。航空公司可从两方面进行:电商网站互联网化和服务应用移动化。

电商网站互联网化是指继续加强电子商务网站建设。目前航空公司的 B2B 网站功能以出票为主,而扩展电商直销的渠道也是航空公司出票趋势,以某航空公司销售渠道分布为例(见图 15-3),从 2010 年到 2012 年,电商直销占比从 7.7% 增长到 13%。同时电商直销的盈利远大于 BSP 分销,因此这也是航空公司未来重要的业务关注点之一。除了出票以外,电商网站互联网化还包括社交网站推广与营销,如在微博上进行宣传推广;丰富电子商务模式,如可推出机票团购模式;投放互联网广告,如进行搜索引擎广告优化等。

服务应用移动化是另一发展方向。随着近年来智能手机的大量普及,手机网民规模已经超越传统 PC

图 15-3 某航空公司销售渠道分布

网民规模,使互联网进入了移动互联时代。航空公司也要适时推出基于移动互联网的创新服务,如航空公司推出微信公众号进行移动通信营销、进行航班不正常客票的后续处理、搜集旅客信息、实现机票销售、产品定向促销和航空公司内部移动办公。同时,以手机客户端为代表的手机应用程序的蓬勃发展为企业进入移动互联营销时代开辟了一条全新的道路。目前,航空公司移动 App 的功能主要包括:机票预订、行程管理、航班动态查询、值机办理等。但各家航空公司 App 的功能界面也会略有区分。比如南航的手机 App 除上述基本功能外还另有机票兑换、退改签、出行向导服务等服务;东航的手机 App 则有接送机、订酒店服务、机场攻略等功能。

(2) 资源与成本管理

资源管理指对市场、渠道、产品、运力等关键资源的分析规划与调度管理;成本管理指加强对财务与成本数据的分析挖掘,减少跑冒滴漏,控制变动成本。借助资源与成本管理提升现有资源的使用率,优化运营成本结构,是航空公司一直以来的业务关注点。

航空公司的资源可以分为以下几种:① 市场资源:OD[①] 市场(如 OD、航线等)、销售地市场(本地销售或异地销售);② 渠道资源:自有渠道(电商网站、移动 App)、合作渠道(代理人、OTA[②]);③ 运力资源:机队/机组、航班/时刻;④ 产品资源:票价/舱位、非航产品。

通常,航空公司将成本分为直接运营成本、非直接运营成本和系统非运营成本,如图 15-4 所示。直接运营成本,亦称航班飞行运营成本,通常是与机队飞行小时相联系的成本,同时包括维修成本及维修管理成本的分摊。非直接运营成本可分为地面运营成本和系统运营成本。地面运

---

① OD(origin-destination):起讫点,即航线的出发地和目的地。
② OTA(online travel agent):在线旅行社,如携程网、去哪儿网、同程网等。

营成本通常包括：在机场、候机楼为旅客、飞机提供服务而发生的成本，航空公司对于始发旅客的订座、出票、服务等而发生的成本。系统运营成本是指除了地面运营成本之外的其他非直接运营成本。这些成本不能直接计入提供航空运输服务所产生的成本，而主要是指一些先期投入成本。例如：旨在增加整体收入的促销成本，旅客的机上服务、餐食等。系统非运营成本是指与航空运营无关但与航空公司经营管理某些方面相关的成本，如税赋成本。

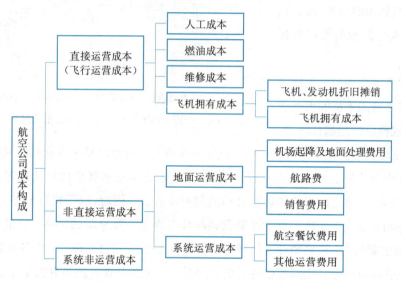

图 15-4　航空公司成本构成

（3）服务产品创新

服务产品创新是指围绕旅客出行全流程，通过对服务产品的梳理，在主营业务流程中找到具备市场潜力的产品创新机会，拓展收入来源。因此航空公司期望能够从简单的位移服务提供商转换到为出行服务解决方案提供商。当前航空产品以基础运价产品为主，航空服务产品和非航产品为辅。而针对不同的航空产品要有不同的创新方向：对基础运价产品 OD 化，即从基于航段的收益管理转换到基于 OD 的收益管理；服务产品货币化，创新航空服务产品的内容与形式，逐步将更多的服务产品进行定价销售，并以此提供差异化服务；非航产品丰富化，以客户为中心，引入外部合作伙伴，提供客户出行服务的全套解决方案，如住宿餐饮、接机服务等。

航空公司的服务流程是根据旅客出行设计的，从旅行计划开始，直到旅客反馈结束，如图 15-5 所示。从旅行计划到行前服务可以进行的服务产品创新有：在机票购买时可推出针对固定计划旅客的年票/套票/周末票/Open 票/穿梭票/多段票/尾票/团购票，也可根据后续出行目的推出飞机+酒店、飞机+火车、飞机+旅行的连续服务;从值机服务到客舱服务,航空公司可在飞机上提供购物、娱乐服务。如2014年初,为了对采用新交付的空客A380飞机执飞伦敦到约翰内斯堡的航线进行促销,英国航空与著名的哈罗兹百货商场联合举办了机上时装秀节目。在旅客到达以后,航空公司也可为旅客提供后续服务,如积分服务、机场接送服务、旅行服务包等。

图15-5 航空客户服务全流程

(4) 产业链协同创新

航空公司一直处于航空运输业产业价值链的弱势位置,因此要走出价值洼地,需要进行产业链协同创新,以主营业务即位移服务为基础,整合上下游资源,建立覆盖全产业链的新模式。

航空公司要将业务向产业链上下游扩展,需要对上下游进行具体分析。其中上游为旅客/货主,因此需要分析旅客出行背后的目的,是出差、探亲访友还是旅游等,旅客与货主有哪些诉求,以及航空公司有哪些资源可以进行匹配。对下游要分析到达目的地后,旅客和货主的后续计划有哪些,以及针对这些后续计划航空公司能够提供哪些服务。因此,对上下游进行针对分析,提供特定服务,才能整合产业链,提高航空业务附加价值。

案 例

东航产地直达

"东航产地直达"是东航货运转型发展的一个创新品牌。东航最初提出的是"从产地到餐桌"的概念,指利用东航强大的飞机运力及全球网络,以及东航货运得天独厚的布局机场的地面装卸、货站、转运等资源,为消费者第一时间带来来自原产地的进口生鲜食品、水果、海鲜、牛奶、鲜花等。"东航产地直达"运作最为成熟的是车厘子项目,成功组织了中国大陆第一个洲际水果包机(智利车厘子包机)、中美两国之间的首个农产品包机服务(美西北车厘子采购)。"东航产地直达"于2013年7月推出,目前已经成为一个广受业界认可的物流供应链品牌。生鲜电商企业和海外农产品生产者纷至沓来,美国、加拿大农业部纷纷与东航物流商洽,借力"东航产地直达"打造北美龙虾、象鼻蚌、蓝莓输华的快速通道;京东、中粮、一号店等知名电商也相继选择"东航产地直达"的服务。

东航通过这种产地直达模式贯通了上下游产业链,即在下游通过互联网平台的团购模式汇集客户需求,形成采购订单,在上游通过海外营业部建立与供货商的合作关系,定期采购高端进口产品,使得东航利润空间得到显著提高。

15.4.2 航空公司 IT 架构

航空公司的商业分析 IT 架构一般采用以数据仓库为核心的整合平台,即通过构建数据仓库,实现割裂数据的统一整合与跨领域应用。数据仓库的建立可以帮助航空公司强化客户服务管理,开发并维系高价值的客源与市场占有率,为客户提供差异化的产品与服务,并助力落实客户关怀与维护的措施;数据仓库还可以帮助航空公司进行有效的运营管理,通过动态追踪,能尽早采取适当的行动,以极大化收入,并能确认在市场上的优劣势,以尽早采取改进措施;在市场营销方面,数据仓库的价值在于帮助航空公司了解各区域市场所具备的能力,并据此拟定改进促销与定价的策略。

航空公司数据源有很多,包括收入、航班计划、常旅客、市场、机务维修、航空货运等。航空公司整合数据源,并经过数据清洗、转换、处理后形成航空公司数据仓库。航空公司可以借助数据分析、数据挖掘为管理人员提供决策支持,实现内部有效管理、精准营销、市场细分产品的评估和监控以及渠道分析,助力航空公司的发展。图 15-6 为某航空公司数据仓库解决方案示例。

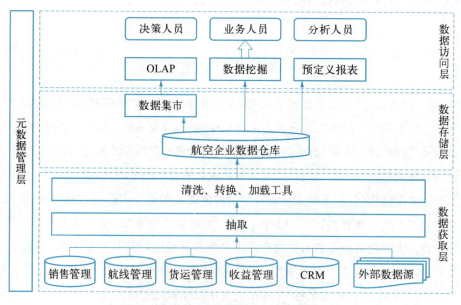

图 15-6 某航空公司数据仓库解决方案示例

15.5 航空运输业商业分析体系

15.5.1 航空公司业务分析领域

航空公司的业务可以按两个维度切分为六大板块,两个维度分别是客户出行全流程和市场客户、资源管控,其中后一个维度也可按战术执行和战略决策来区分,如图15-7所示。针对市场客户来说,旅行前进行市场营销,获得更多销售收入,相应对于航空公司的资源管控来说,即打造最好卖的产品服务体系;旅行中针对市场客户的业务定位是提升客户满意度,让客户在飞行过程中享受优质服务,相应资源管控的业务定位应是提升服务效率,降低服务成本;旅行后针对客户的业务定位应是提升客户忠诚度,使其转变为常旅客,相应资源管控的业务定位是监控企业绩效,降低运营风险。

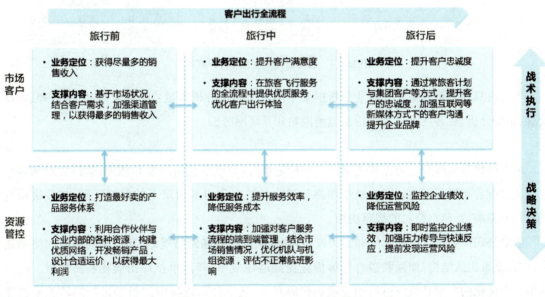

图15-7 航空公司业务分析领域

15.5.2 航空公司商业分析框架

商业分析旨在将商业信息转为知识,再将知识转为企业竞争优势。商业分析解决方案,由数据仓库、数据查询和报表、数据挖掘、联机分析处理、预测分析等部分组成,将在很多领域给航空公司运营管理带来好处。航空公司商业智能分析框架是在航空公司业务分析领域的基础上进行归纳后,将各业务板块组合,并在客户出行的全流程贯穿客户分析,具体见图15-8。

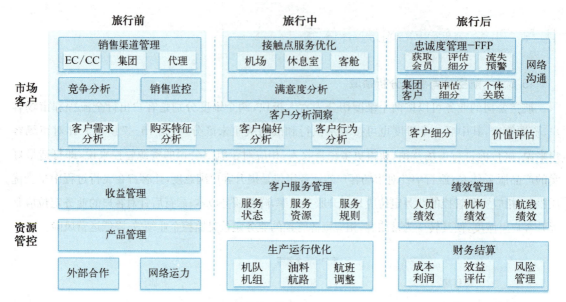

图 15-8 航空公司商业智能分析框架

本书将具体介绍航空公司商业分析框架中的以下几个分析领域：网络运力、燃油管理、收益管理、市场分析、旅客与常旅客分析及电商网站和互联网分析。

(1) 网络运力

航空网络是航线按一定方式连接而成的构造系统，对航空公司的盈利能力、运行效率和客户服务质量有着重要的影响。同时航线网络与运力是航空公司最为重要的关键资源，相关决定均具有长期影响，是航空公司的战略决策。

航空公司需要优化航线网络和运力设备，加强航班计划和网络规划，通过规划航线网络和运力设备，改善机队结构，加强联盟合作等措施提高运输效率，降低单位产出能耗和排放量。航线网络运力优化的典型是航空枢纽的建设和代码共享，航空公司选择枢纽机场进行周转关系到能否优化航线、航班，而代码共享在加强航空公司相互合作的同时也优化了内部资源，节省航线，并使旅客受益匪浅。

在进行航线网络与运力分析优化前，应先考虑三个问题：资源获取问题，应该申请哪些航线和时刻，应该购买哪些机型；资源组合问题，若干条航线、若干个航班、若干架飞机，应该怎么组合才是最优选择；资源优化问题，如何通过枢纽机场优化航线布局提升市场竞争力。

(2) 燃油管理

燃油成本在航空公司运营成本占比达到 30% 以上，因此每家航空公司都非常重视燃油成本的节约管理。燃油成本的高低与三个因素有关：① 飞机性能：飞机自重,飞机油、水、货重量,发动机油耗,飞机维修记录,飞机异常参数,油耗重点监控参数等；② 航线设计：飞行高度,起降机场地面保障设备,机场天气参数,备降机场选择等；③ 飞行员因素：飞行员异常操作、不规范和不必要操作,起降模式,巡航参数,翼面操作等。

因此应用商业分析,如计算机飞行计划可以对燃油成本进行定量化,帮助航空公司减少油耗,最优化负载,缩短飞行时间,减少航路费支出,通过燃油差价带油飞行。同时精确和高效的燃油管理能提高航空公司的安全水平。例如,2014 年 3 月,GE 航空集团与东航签署战略合作协议。GE 将利用东航的机队运行数据,为东航提供飞行安全分析、发动机分析以及燃油管理分析服务。GE 通过强大的分析工具,可为航空公司提供更直观、更有深度的信息,帮助他们更从容地面对日益复杂的运营环境,从而提升航空公司的飞行安全品质并节省运营成本。这也是 GE 航空集团在中国进行的首个与航空公司共同开展的工业互联网项目。

(3) 收益管理

收益管理,即通过建立实时预测模型和对以市场细分为基础的需求行为分析,确定最佳的销售或服务价格。其核心是价格细分亦称价格歧视,就是根据客户不同的需求特征和价格弹性向客户提供不同的价格标准。收益管理最初就是由航空公司开发的,目的是及时调整不同航线的票价,充分利用每次航班的作业能力,以达到收益最大化。现在收益管理已经广泛应用于各类服务型企业,但为了充分发挥收益管理的优势,服务型企业必须具备以下特点：企业固定成本很高而可变成本很低；固定资产较难变化,产品库存在一段时间内保持不变,服务能力有限；产品很难长期保存,到期未销售出去就永远失去,无法持续创造收入。

收益管理主要有三种决策,即价格决策、服务能力再分配决策、超额预订决策。

① 价格决策是在需求预测的基础上,以适当的价格向特定的顾客群体销售服务产品,因此又称为价格歧视。价格决策是收益管理的核心,其出发点是借助价格策略增加服务机构的收益。价格决策可分为预订时间不同条件下的价格决策、服务时间不同条件下的价格决策和市场细分条件下的价格决策。

② 一个有效的服务系统,应该具有能够依据市场需求变化对服务能力进行再分配的能力。服务能力再分配决策,是指随市场需求变化,对将服务能力分配给各个不同服务等级的初始方案进行调整的过程。例如,一架飞机确定了公务舱和经济舱的比例之后,市场环境发生了变化,公务舱的的旅客增加,而经济舱的需求下降,这时就应该适当增加公务舱的比例,而减少经济舱的比例。

③ 采用预订策略对于提高服务能力的利用率有积极的作用,但是有些提前预订的顾客不能如期履约,也不承担经济责任,所以如何有效地防止因未履行预订而出现的损失,降低服务设施

的空闲风险是制定预订策略的关键。为此，可以根据实际情况适当扩大预订数量，使预订出的数量大于实际可以提供服务的数量，以保证在一部分顾客未履约的情况下，仍有较高的利用率，这就是所谓的超额预订决策。

案例

快速响应市场变化

2014年11月，北京市政府办公厅突然发布公告，为了APEC会议，北京国家机关与企事业单位放假7天。在消息发布后的几个小时内，航空公司做出快速反应：① 大幅增加运力：航班量严格管控，大机型蜂拥而至；② 大幅提高价格：票价提至头等舱价格；③ 提高超售率：每班次平均超售5—10人。航空公司针对因突发情况出现的小高峰调整价格策略、服务能力和超额预订。

（4）市场分析

航空公司经常要进行市场分析，除了要关注自身市场表现和竞争对手情况外，还要关注当前市场特点、与竞争对手服务比较、销售渠道拓展、客户类型分析、渠道挖潜、航段提升等。航空公司针对这些业务关注点需要制定相应的业务策略，如挖掘培育新客户、提升代理人销售、改进定价策略、调整促销方案、调整航线网络等。

航空公司现在已经从航段级的市场分析进化到基于旅客出行的OD分析（交通起止点调查）。OD分析可分为三个环节，OD拆分、OD流量分布和OD市场分析。OD拆分指使用业务部门确定业务规则，将单条旅客行程拆分成多个OD，生成OD基础数据，可为其他IT系统，以及未来的OD收益管理系统提供完整的OD数据；OD流量分布指分析不同城市、国家、区域之间OD的流量大小与路径分布，如不同衔接点、不同仓位等，可了解总体客流的分布规律，调整网络规划与产品设计；OD市场分析指分析重点OD的市场竞争态势，包括相对市场份额与相对价格，并分析重点OD内部关键航段的销售情况，可以根据市场竞争态势对OD的市场策略进行优化。

（5）旅客与常旅客分析

航空公司以前只关心旅客与座位，而忽视常旅客管理，无法实现客户价值最大化。但是随着市场的发展与竞争的日益激烈，旅客与常旅客的重要性越来越突显。因为航空飞行本身并不具有黏性，因此航空公司普遍推出常旅客计划，期望以此来吸引高价值旅客。

常旅客计划，是通过为旅客积累里程，对经常乘坐本公司航班的旅客给予升舱和免票奖励，这一计划对吸引固定的高票价旅客,以及改变旅客的构成,起着决定性的作用。它能够减少旅客对价格需求的弹性,提高航班座位的含金量。另外可以通过调整销售策略,利用先天优势来吸引旅客,从而保持固定的旅客群,提升客户的忠诚度,同时避免价格战,实现收益品质最大化,增强市场竞争力。然而,目前国内航空公司的常旅客计划面临着诸多问题,主要是因为管理过于粗放。因此,要借助精细化管理的理念,通过充分的旅客分析,实现常旅客计划的精细化管理。

所谓精细化常旅客计划管理模式,就是在既定服务政策与制度的约束下,建立常旅客分析的模型,设定关键控制点,通过有效的信息沟通与提示,引导旅客重复购买本公司的产品与服务,提高旅客对公司的满意度,逐步增强旅客的忠诚度。图15-9为常旅客分析模型。

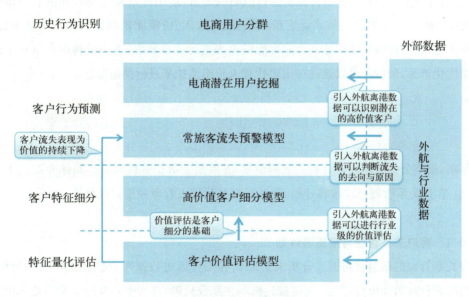

图 15-9 常旅客分析模型

(6) 电商网站和互联网分析

通过互联网渠道建立与最终用户的直接联系,提升客户忠诚度,降低渠道成本,是航空公司的普遍选择。航空公司进行电商网站与互联网分析需要经过四个阶段:客户培育、体验提升、在线营销、绩效管理。本书将就几个电商网站和互联网分析情况进行介绍。

① 电商直销网站潜在用户分析。国内很多航空公司都有自己的电商直销网站,因此可以构建潜在用户挖掘模型,在从未使用电子商务的用户中定位电子商务网站的高概率潜在用户,并对其进行定向促销,提升自有渠道销售占比。即将电子商务活跃客户,通过细分算法的建模过程,对未使用电子商务的潜在客户使用概率评估模型,进一步利用客户使用电子商务概率,从中分析

出使用概率较高的潜在用户,对其进行针对性营销活动。

② 电商网站转换率分析。电商网站转换率分析是通过计算不同航线的查询率与实际订单量,对比不同航线的订单转换率,分析未转成订单的访问行为,寻找二次销售机会。对于完成预定付款的订单,要分析诸如哪些客户查询了就容易购买的客户特征,以及购买的是哪些航线、舱位。而对于浏览后退出未形成购买的订单,要分析客户浏览了却没有最终购买的原因,是客户通过其他渠道购买了,还是因为航班、价格不合适,从中寻找后续销售机会,进行机票促销。

③ 互联网公开数据分析。互联网上的行业公开数据有很多,如机票信息。许多航空公司在对互联网机票价格数据进行抓取,其目的有两个:一是科学定价,即通过多家航空公司机票价格曲线比较、行业数据关联和 OD 价格分析进行战略级定价,运用价格监控警告和国航数据采集与分析系统(CAReport)关联进行战术级定价,最后通过收入、份额比较和竞争力来评估定价效果。二是业务优化,通过价格敏感指数和常旅客忠诚度来进行客户洞察,进一步利用竞争对手产品内容比较来优化产品,最后还可以通过对机票代理人价格监控来进行渠道监控。

15.6 航空运输业商业分析案例剖析

近年来,航空公司应用商业分析的案例很多,尤其是大数据分析领域。具体介绍以下三个领域的案例:客户关系管理与常旅客计划、收益管理与代理人管理和预测性维修。

15.6.1 客户关系管理与常旅客计划

客户关系管理的精髓就是通过分析大量的旅客飞行历史数据来分析和识别出高价值旅客,包括他们的旅行目的和旅行行为:何时抵达机场领取登机牌、喜欢坐靠窗的座位还是靠走道的座位等。从而为这些旅客提供有针对性的个性化服务,使这些旅客产生被单独服务的满足感,进而在以后的飞行中愿意选择使他们满意和获得满足的航空公司。进一步来说,有了高价值旅客的特征和标准,航空公司就可以推出特定的市场促销活动,以吸引和保持更多的高价值旅客。

案 例

行 李 服 务

法国的一些航空公司意识到他们追踪获取的数据不仅可以为自己所用,对于他们的旅客也非常有用。于是他们联合推出了一款适用于 iOS、安卓、黑莓、WP 的免费应用,让旅客可以在移动设备上密切追踪自己的行李,渐渐摆脱行李遗失等旅行中不必要的困扰。在航空公司与旅客共同追踪的数据平台上,他们逐渐发现另一些新的客户需求,并且使之成为了航空公司新的收入来源:航空公司将客户个人信息整理并对应交易系统中的订票信息、网络和移动行为(包括搜索、访问、退订)后发现,有一部分商务旅行客户需要在中途停在某一城市走出机场进行短暂的商业会晤,这期间他们不需要入住酒店,甚至大件行李都会成为累赘。于是航空公司推出一项新的增值服务,只需额外支付20—50美金,即可无需提取行李,由航空公司负责将行李运送到航程中的任何一个经停城市或者目的地的机场并由专人妥善看管,整个过程可被客户追踪。这一新服务为航空公司每周创造了30万美元的收入,加之一些退订的客户因为该项服务的便利重新回归,每周新创造的收入大概可达到100万美元。

15.6.2 收益管理与代理人管理

通过构建数据仓库,从离港业务系统中获取真实的旅客飞行数据,好的航空公司就有可能在飞机一起飞就知道该航班对航空公司的收益有多大。在飞机上共有多少位乘客(头等舱、公务舱、经济舱各有多少位乘客)、在飞机上共有多少位机组人员、需要供应几顿膳食、需要补充多少吨燃油等。航空公司还可从旅客的订票状况大致了解和预测航空公司未来数月的收入状况。

另外,订票系统和离港系统中保留了详细的订票、出票、退票和离港交易数据。航空公司可通过分析这些详细的交易数据从而了解和洞察其代理人的业务行为,进而嘉奖贡献大的代理人和防止代理人的欺诈行为。

案 例

票务销售数据分析

美国航空公司利用Teradata数据仓库跟踪每天本公司及其他航空公司的票务销售历史数据。信息记录包括:姓名、日期、时间、价格、OD点、座位号、购票地点、中介代理商等。从购票的信息记录的差异中,美国航空公司发现了成本降低的原因。通过分析存储在数据仓库中的票务销售数据,发现了销售额与退赔额之间的差异及其间可能存在的欺骗行为。数据仓库的贡献使美国航空公司在票务销售方面每年挽回上百万美金的利润损失。

15.6.3 预测性维修

除了以上应用外,大数据对于航空企业很重要的另外一个应用是预测性维修。目前,每架飞机的每一次飞行所产生的巨量数据利用很有限。有能力的航空公司通过这些飞行数据的分析,结合行业标杆及飞机制造商的支持,将可在保障飞行安全的前提下,降低飞行成本、实现节能减排、避免飞行故障、合理安排航班和降低飞行员疲劳等。

案例

预测飞机故障

SAP 已经为航空公司和原始设备生产商提供数据分析服务长达 15 年。随着时间的推进,SAP 提供的服务越来越精准。SAP 副总裁兼航天与防务全球负责人马格纳斯·比约恩达表示,飞机本身正在变得日益智能,而且能够捕捉数据。以波音 787 飞机执行的一个航班为例,其客舱压力、高度、燃油消耗等数据能够达到 0.5TB 之多。储存这些数据日益成为令航空公司头疼的难题。而 SAP 能够储存一家航空公司所有的数据,并方便地选择和使用这些数据。

但是,大数据如何能够为航空公司带来实实在在的利益呢? 比约恩达举例说,使用从飞机系统收集来的数据,SAP 能够建立导致飞机故障的模型,然后根据这些模型来找出飞机上已有的或即将发生的故障。这就是所谓的"预测性维修"。深入的数据分析能够找出隐藏在大数据中的可能导致故障的警告信号。通过这种方式,SAP 的高性能分析应用(HANA)软件能够监视飞机的健康状态。

这种预测性系统有一个问题,你可能从定期航班中找出可能出现故障的飞机,最后却发现飞机没有故障。因此,SAP 的 HANA 软件会寻找许多指标,并以百分比的形式给出飞机在未来 24 小时内需要进行不定期维修的统计概率。比如,它可能检查温度变化、燃油流量和发动机效率,如果这三个因素都显示不正常,就意味着飞机很可能出现故障。

使用这个软件,你能够知道何时需要进行下一次维修检查。如果需要,你还可以重新安排航班计划,并订购维修所需的零部件。所有的维修工作能够在航空公司的航班计划内完成,因此不会出现不必要的故障停飞。此外,这个软件会自动运行,无需任何人手动去寻找可能的问题。

据 SAP 介绍,一家生产飞机零部件的大公司在使用 HANA 软件后,在库存方面节省了 200 万美元,在生产流程方面缩短了 25% 的时间,降低了 30% 的组装库存水平和减少了 40% 的加班费用。比约恩达说,相比传统的维修方式,预测性维修能够节省 18% 的成本。

在航空运输业的应用场景下,采用商业分析方法,可以使得业务处理与客户服务得到进一步优化。在未来,个性化服务与绿色环保将成为行业发展趋势,如何运用大数据、互联网与商业分析来赋能航空运输业,仍需不断去探索。

思考题

1. 在航空运输业,可以利用商业分析技术来优化的场景包括哪些?
2. 分析航空机票计价系统的运作模式。
3. 寻找并补充资料,对上述航空运输业案例进行进一步解读。

第十六章 商业分析在制造业中的应用

工业互联网的兴起正在重塑制造业。中国是制造业大国,高端制造是我国强国战略的重要组成部分,商业分析作为推动制造业转型升级,向"高、精、尖"发展的助推器,正越来越广泛地被运用在制造业中。

16.1 制造业概述

16.1.1 制造业的认识与理解

（1）制造业的概念

制造是一种将物料、能量、资金、人力、信息等有关资源,按照社会的需求转变为新的、有更高应用价值的有形物质产品和无形软件、服务等产品资源的行为和过程。

国际生产工程研究学会(CIRP)的定义为:制造是一个涉及制造工业中产品设计、物料选择、生产计划、生产过程、质量保证、经营管理、市场销售和服务的一系列相关活动和工作的总称。

制造过程是指产品设计、生产、使用、维修、报废、回收等的全过程,也称为产品生命周期。制造过程及其所涉及的硬件(包括人员、生产设备、材料、能源和各种辅助装置)以及有关的软件(包括制造理论、制造工艺、制造方法和制造信息等),组成了一个具有特定功能的有机整体,称之为制造系统。

制造业是指将制造资源(物料、能源、设备、工具、资金、技术、信息和人力等),按照市场要求,通过制造过程,转化为可供人们使用和利用的大型工具、工业品与生活消费产品的行业。

（2）制造业的作用

统计表明,在工业化国家中约70%的社会财富是由制造业创造的,约45%的国民经济收入也来自于制造业。综观世界各国的发展历程,可以发现:如果一个国家的制造业发达,它的经济必然强大,国家的综合实力也能得以提升。人类社会的发展史,特别是近几十年世界经济的发展状况就是有力的证明。

瑞士是一个仅有 800 多万人口的小国,但瑞士人均国民生产总值却排在世界前列,这应该主要归功于瑞士十分发达的制造业。瑞士精密机械产品的出口量是我国的数倍,瑞士手表世界第一,连小小的军刀,也风靡全世界。

20 世纪 70 年代,美国不重视制造业,把制造业称为"夕阳工业",结果导致了美国 80 年代的经济衰退。而同时期日本非常重视制造业,特别重视汽车制造业和微电子制造业,结果日本的汽车和家用电器一度占领了全世界的市场,尤其是大举进入了美国市场。

因此我们可以发现,制造业关乎国计民生,是国民经济、国防的基石。社会的发展和进步,离不开制造业的革新和发展。制造技术也是一个国家科技水平的综合体现,制造业也是衡量一个国家是否是发达国家的标志。

(3) 制造业的分类

制造业的分类方法很多。按劳动、资本、技术和知识四要素的相对重要性进行分类,可划分为资源密集型、劳动密集型、资本密集型、技术密集型和知识密集型五大类。在当今知识经济时代,技术密集型产业和知识密集型产业将成为创造社会财富的主要形式,但资源密集型产业、劳动密集型产业和资金密集型产业仍然存在。同时,这些产业中的知识含量和技术含量将显著增加。按技术含量水平可划分为高技术产业、中高技术产业、中低技术产业和低技术产业四个大类。高技术产业可视为知识密集型产业,但是高技术产业不是一成不变的,今天的高技术产业可能变成明天的中技术产业,明天的中技术产业也可能变成后天的低技术产业,但是各产业的技术含量总体是不断增加的。

按照中华人民共和国国家标准 GB/T4754—94,我国的制造业包括 29 个行业,主要分为轻纺制造业、资源加工业和机械电子制造业三大类别。其中轻纺制造业包括食品加工业、食品制造业、饮料制造业、烟草加工业、纺织业、服装及纤维制品制造业、皮革羽毛绒及其制品业、木材加工及竹藤棕草制品业、家具制造业、造纸及纸质制品业、印刷业和文教体育用品制造业共计 12 类;资源加工业包括石油加工及炼焦业、化学原料及化学制品制造业、医学制造业、化学纤维制造业、橡胶制品业、塑料制品业、非金属矿物制品业、黑色金属冶炼及压延加工业、有色金属冶炼及压延加工业共计 9 类;机械电子制造业包括金属制品业、普通机械制造业、专用设备制造业、交通运输设备制造业、电器机械及器材制造业、电子及通信设备制造业、仪器仪表及文化办公用机械制造业共计 7 类;另外其他制造业为最后一类。

按照制造过程可将制造业分为离散制造业和流程工业。其中离散制造业的主要特征是生产过程中基本没有发生物质改变,只是物料的形状和组合发生改变,即最终产品是由各种物料装配而成,并且产品与所需物料之间有确定的数量比例。离散制造业可分为三种:单件生产、多品种小批量生产和大量生产。流程工业的主要特点是管道式物料输送,生产连续性强,流程比较规范,工艺柔性比较小,产品比较单一,原料比较稳定。流程工业可分为纯流程制造和混合流程制造。

16.1.2 我国制造业的历史:封闭条件下中国制造业的发展(1953—1978年)

从18世纪中叶第一次工业革命,1765年瓦特改进发明蒸汽机开始,英国、美国、德国、日本相继成为世界经济强国。从它们的工业化进程来看,之所以能成为经济强国,一个共同的特点是它们的制造业都曾处于世界领先位置。制造业也是我国的重点发展行业,回顾我国制造业发展历史,总体上可分为两个阶段:封闭条件下的中国制造业发展和开放条件下的中国制造业发展。

根据各个时期的工业发展战略以及体制与政治运动的变动,封闭条件下中国制造业的发展可分为以下三个阶段。

(1) "一五"计划时期的制造业(1953—1957年)

1952年8月,优先发展重工业的思想被正式提出。1955年7月30日,《中华人民共和国发展国民经济的第一个五年计划(1953—1957)》明确提出:"采取积极的工业化的政策,即优先发展重工业的政策……把重工业的基本建设作为制定发展国民经济第一个五年计划的重点。"至此,重工业优先战略正式形成。

"一五"计划提出要集中主要力量优先发展重工业,稳固国家工业化和国防现代化的基础。在"一五"思想的指导下,国家把优先发展重工业和基础设施建设放在重要的位置,把当时苏联援建的156个大型建设项目作为"一五"计划的核心。据统计,这156项建设项目中97%都是重工业。"一五"计划时期片面强调优先发展重工业和计划配置资源的弊端,在随后的"二五"计划时期更加明显地表现出来,使中国工业发展遭受严重挫折。

(2) "大跃进"、人民公社时期的制造业(1958—1965年)

为了加快经济的发展,特别是加快工业化的进程。1958年5月,中共八大二次会议通过了建设社会主义的总路线,随后提出了"赶美超英"战略。这些不切实际的要求忽视了中国当时的国情,造成工业内部轻重工业比例严重失调。

而随后1958年开始进入"大跃进"时期,重工业异军突起,发展过猛、过急。挤占了轻工业生产所需的燃料、动力等,造成轻、重工业比例和重工业内部结构的严重失调。因此,1958—1965年,工业经济在波动中发展,国民经济和工业发展遭到了严重破坏。为扭转当时的困难局面,1961年党的八届九中全会确立了"调整、巩固、充实、提高"方针,在此指导下进行了国民经济的调整,经济开始快速增长,工业发展也取得突破。但由于"文化大革命"的冲击,中国的工业化速度再次放缓。

(3) 大三线建设时期的制造业(1966—1978年)

1967—1976年,国家先后投入三线地区建设资金近2 000亿元,形成工业固定资产原值1 400亿元,建成国有企业29 000个。其中,大中型骨干企业和科研单位近2 000个,占全国的三分之一。三线建设促进了西部地区能源、资源的开发,改变了工业地区布局的态势,形成工业地区分布的新格局,使工业基础薄弱的西南地区,建成了比较完整的地区工业体系。三线建设期间,前三年制造业增加值出现了下降,之后呈现持续增加之势。

16.1.3 我国制造业的历史:开放条件下中国制造业的发展(1979—2011年)

1978年,中国进入了改革开放的新时期,中国工业化也开始进入了快速推进与制造业快速繁荣阶段(1979—1996年)和新型工业化道路的提出与稳步推进阶段(1997—2011年)。

(1) 工业化快速推进与制造业快速繁荣(1979—1996年)

从1978年改革开放开始,中国工业发展由过去的重工业优先发展的赶超战略开始向现代化战略转移,工业化也开始进入了较长时期的快速推进阶段。我国政府开始着手改变长期以来比较僵化的计划经济体制,很快废除了人民公社制度,逐步推行产权比较清晰的家庭联产承包责任制,随后乡镇企业异军突起;中国政府迅速调整了优先发展重工业的赶超战略,农业和轻工业成为随后发展的重点,重工业优先发展的势头得到有效遏制;中国开始纠正长期以来形成的"重工业太重、轻工业太轻、农业发展落后"的畸形产业结构,实行对外开放、加快对内改革,结合国内的实际情况,发挥后发优势和比较优势,吸引大量国际资金涌入中国,引进先进技术和管理经验,实现了国内工业又快又好的发展。在不到20年的时间里,国内生产力迅速得到了有效释放,经济增长很快踏上了新台阶,三大产业发展逐步趋于协调,产业结构失衡的境况逐步得以扭转,乡镇企业得到了快速发展,与其他国家的经济联系逐步加强。按当年价格计算,居民消费水平由1978年的184元增加到1996年的2 789元,创造了举世瞩目的经济奇迹。

(2) 新型工业化道路的提出与稳步推进(1997—2011年)

1997—2011年,中国工业化再次进入了一个新的发展阶段,该阶段中国新型工业化道路经过长期的探索逐渐得以形成。这一时期中国经济发展的主要特征由外延型向内涵型过渡,并提出"科教兴国"战略和科学发展观,并提出新型工业化道路,重视科技进步与自主创新。从1997年开始,尽管受到亚洲金融危机(1998年)、"非典"(2003年)、汶川地震(2008年)等影响,中国制造业仍发展迅速,此时的中国制造业也反复冲击国际市场。2000年,中国制造业增加值占全球的比重达到 7%,仅次于美国、日本和德国,位居全球第四。2006 年,中国制造业有 172 类产品的产量居世界第一位;2007 年,中国制造业增加值已达 87 464.97 亿元,已超过日本和德国,跃居世界第二,与美国的差距不断缩小。

16.1.4　中国制造业的发展现状

经过从新中国成立到改革开放 40 多年来的发展,中国已经成为制造业大国。总体来看,中国制造业已经取得长足发展:经济创造能力显著增强,科技创新能力大幅提升,能源节约能力有所增强,环境保护能力不断提升,社会服务能力持续增强。尽管中国制造业的发展速度令世界瞩目,但仍然面临着"四困"的艰难处境:第一,中国制造业"大而不强";第二,中国制造业科技创新能力与发达国家的差距较大;第三,中国制造业"三高一低"粗放式的发展消耗了大量能源,环境污染严重;第四,中国制造业在国际分工体系中处于世界产业价值链中低端。同时,中国制造业的发展也面临着一些挑战,如投资拉动难以持续、人力成本不断上升等。

16.1.5　中国制造业的发展趋势

"工业 4.0"是德国版的再工业化战略,以提高德国制造业的竞争力为主要目的,其目的是借助发挥德国制造业的传统优势,掀起新一轮制造技术的革命性创新与突破,目前已经上升为德国的国家战略。"工业 4.0"是从嵌入式系统向信息物理融合系统(CPS)发展的技术进化。作为未来第四次工业革命的代表,"工业 4.0"不断向实现物体、数据以及服务等无缝连接的互联网(物联网、数据网和服务互联网)的方向发展。

借鉴德国"工业 4.0",我国制造业以创新驱动发展为主题、以信息化与工业化深度融合为主线、以推进智能制造为主攻方向,确立了以数字化、网络化、智能化为新一轮工业革命的核心技术,未来的任务和重点是:提高国家制造业创新能力,推进信息化与工业化深度融合,强化工业基础能力,加强质量品牌建设,全面推行绿色制造,大力推动重点领域突破发展,深入推进制造业结构调整。

16.2　制造业业务战略及信息化现状

16.2.1　制造业的业务应用

(1) 制造业数据

如今,制造业整个价值链、制造业产品的整个生命周期,都涉及诸多的数据。同时,制造业企业的数据也呈现出爆炸性增长趋势。制造业企业需要管理的数据种类繁多,涉及大量结构化数据和非结构化数据。

① 产品数据:设计、建模、工艺、加工、测试、维护数据、产品结构、零部件配置关系、变更记录等。

② 运营数据:组织结构、业务管理、生产设备、市场营销、质量控制、生产、采购、库存、目标计划、电子商务等。

③ 价值链数据:客户、供应商、合作伙伴等。

④ 外部数据:经济运行数据、行业数据、市场数据、竞争对手数据等。

随着大规模定制和网络协同的发展,制造业企业还需要实时从网上接收众多消费者的个性化定制数据,并通过网络协同配置各方资源,组织生产,管理更多各类有关数据。

(2) 业务部门应用

在大数据时代,全球工业系统与高级计算、分析、传感技术及互联网将会高度融合。工业互联网将利用数据来连接智能机器,并最终将实现人机连接,结合软件和大数据分析,重构全球工业,激发生产率,让制造过程更快速、更安全、更清洁且更经济。不过,很少有企业是因为单纯的积累数据而了解大数据,更多的动力依然是来自业务需求,也就是利益的需求。大数据分析可以让制造业的各个部门的数据得到充分利用。

① 生产部门要解决的问题不仅在于流程、业务、订单、物料等规范化管理,还要对产生的数据进行进一步的分析,以进一步实现业务流程优化。如今,很多企业都在强调创新、高效,但如果没有一个统一的数据分析平台,生产部门依然会陷入处理各种报表的琐碎业务中,没有时间去考虑创新和提高效率。因此,利用数据分析平台不仅能够连接各类主流数据库,还可以支持多种数据来源,保证了数据分析的完整性,再利用多种数据分析手段挖掘数据的价值,从而让生产部门发挥出更大的价值。

② 财务部门可以牵头建立成本控制体系,生产部门可以牵头建立 KPI 体系,以及信息管理部门牵头建立数据仓库,支持 KPI 体系和成本控制体系等的平台,还有人力资源、供应链等各个部门都可以在已有的数据上做出更多的业务创新。

③ 信息部门需要一个支撑的平台,这类需求是明显的商业分析的需求,需要利用大数据分析产品来实现对于多业务系统数据的整合。同时根据各业务部门的需要定制报表,通过条件参数来实现自动刷新报表数据的功能。大数据分析平台能够与各业务平台进行良好的集成应用,可以为企业量身定制辅助决策体系,以图表并举的方式将全面的数据分析结果呈现给管理者,还可以免除基层工作人员大量的手工工作,同时也能及时、准确地将数据以各部门所要的形式

呈现出来。

(3) 技术基础

以大数据、智能制造和工业互联网为代表的第三次工业革命正扑面而来。第三次工业革命的核心是数字化制造,新软件、新工艺、机器人和网络服务正在逐步普及,大量个性化生产、分散式就近生产将成为重要特征,大规模流水线的生产方式将终结。

① 大数据。随着工艺、装备和信息技术的不断发展,现代制造业(特别是高端制造业)产生和积累了大量生产过程的历史数据。这些数据中蕴含对生产和管理有很高价值的知识和信息。高端制造企业利用这些技术能够更好地收集和管理生产流程数据,也使得企业累积的相关数据在日益增多的同时变得更加丰富、完备、准确。

这些采集的数据来源于实际生产,并与生产设计、机器设备、原材料、环境条件、生产流程等生产要素信息高度相关。通常情况下,工程人员通过人工分析很难察觉到参数间的关联模式和影响品质的重要生产要素等信息。然而,如何有效地利用这些数据优化生产过程,提升生产效率,成为了企业关注的焦点。因此,制造企业需要一种高效、可靠的分析方法及工具,把隐藏在海量数据中有用的、深层次的知识和信息挖掘出来,以提升高端制造业在控制、优化、调度、管理等各个层面分析和解决问题的能力。幸运的是,利用数据挖掘可以对这些数据进行有效的分析并转换成有价值的生产知识,从而能够在实际应用中改进产品品质,提升产品性能和生产效率,最终达到提高企业行业竞争力的目的。因此,数据挖掘技术是解决制造业海量信息数据处理的关键技术之一。

② 智能制造。智能制造技术是指利用计算机模拟制造业领域专家的分析、判断、推理、构思和决策等智能活动,并将这些智能活动和智能机器融合起来,贯穿应用于整个制造企业的子系统(经营决策、采购、产品设计、生产计划、制造装配、质量保证和市场销售等),以实现整个制造企业经营运作的高度柔性化和高度集成化,从而取代或延伸制造业领域专家的部分脑力劳动,并对制造业领域专家的智能信息进行收集、存储、完善、共享、继承和发展,是一种极大提高生产效率的先进制造技术。

智能制造系统是一种智能化的制造系统,是由智能机器和人类专家结合而成的人机一体化的智能系统,它将智能技术融合进制造系统的各个环节,通过模拟人类的智能活动,取代人类专家的部分智能活动,使系统具有智能特征。智能制造系统的关键技术包括知识库的建立、智能设计、智能机器人、智能诊断、自适应功能和智能管理系统。

③ 工业互联网。工业互联网是指全球工业系统与高级计算、分析、感应技术以及互联网连接融合的结果。它通过智能机器间的连接并最终实现人机连接,结合软件和大数据分析,重构全球

工业、激发生产力,让生产更美好、更快速、更安全、更清洁且更经济。伴随着这样的发展,工业互联网的三种元素逐渐融合,充分体现出它的精髓,如图16-1所示。

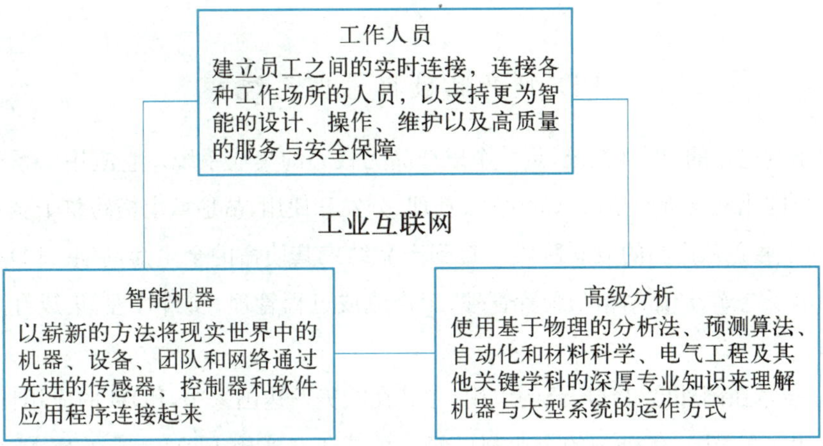

工作人员
建立员工之间的实时连接,连接各种工作场所的人员,以支持更为智能的设计、操作、维护以及高质量的服务与安全保障

工业互联网

智能机器
以崭新的方法将现实世界中的机器、设备、团队和网络通过先进的传感器、控制器和软件应用程序连接起来

高级分析
使用基于物理的分析法、预测算法、自动化和材料科学、电气工程及其他关键学科的深厚专业知识来理解机器与大型系统的运作方式

图16-1 工业互联网的三种因素

工业互联网将这些元素融合起来,将为企业与经济体提供新的机遇。例如,传统的统计方法采用历史数据收集技术,这种方式通常将数据、分析和决策分隔开来。伴随着先进的系统监控和信息技术成本的下降,工作能力大大提高,实时数据处理的规模得以大大提升,高频率的实时数据为系统操作提供全新视野。

16.2.2 制造业的信息系统建设

制造企业广泛应用的信息技术、自动化技术、智能制造技术与现代管理技术互相结合,这些先进技术集合而成的整体的信息化管理系统称为制造业或制造企业信息化系统。信息化功能包括研发、设计、生产、制造、管理各项功能的模块,集合起来便构成了制造业信息化系统,它是推动制造企业实现转型升级的载体。它可以改善制造企业的产品开发、生产、管理、经营等各个环节,提高生产效率、产品质量和企业的创新能力,从而实现产品技术和企业管理的信息化、制造装备和生产过程控制智能化以及商业分析智能化,全面提升制造业的竞争力。

(1) 产品技术信息化

产品技术信息化包含很多系统,主要有三方面,① 产品设计信息化:CAE(计算机辅助工程)、CAD(计算机辅助设计)、CAI(计算机辅助创新);② 制造技术信息化:CAPP(计算机辅助工

艺设计)、CAM(计算机辅助制造)、CAQ(计算机辅助质量管理)、CAT(计算机辅助测试);③ 产品技术信息化:CAD/CAPP/CAM/CAT 集成技术、PDM(产品数据管理系统)。

案例

PDM(产品数据管理系统)

起源于制造业的 PDM 系统,是一个以产品为核心的集成系统。它应用一系列商业解决方案来协同化地支持产品信息的生产、管理、分发和使用,从地域上横跨整个企业和供应链,从时间上覆盖从产品的概念阶段一直到产品结束其使命的全生命周期。PDM 的基本功能包括电子仓库、产品结构与配置管理、工作流或过程管理、项目管理、集成开发接口和电子协作。

PDM 技术在国外已得到广泛的应用,尤其在欧美发达国家中,PDM 的应用比较广泛,也比较成功。在美国,有 98% 的企业都已经实施或正在实施 PDM。现在 PDM 系统也逐渐为国内所重视,国内许多软件厂商也看到了它的巨大市场潜力,纷纷开发出自己的 PDM 产品。

(2) 企业管理信息化

企业管理信息化是指企业在生产、经营、管理各个环节、各个层次、各个领域,采用计算机、通信和网络等现代信息技术,充分开发、广泛利用企业内外信息资源,逐步实现企业运营的全面自动化,不断提高生产、经营、管理、决策、服务的效率和水平,进而提高企业经济效益和企业竞争力的过程。具体到某家企业,企业管理信息化就是要实现企业生产过程和业务处理的计算机化、自动化,管理方式的网络化,决策支持的智能化和商务运营的电子化。

企业管理信息化以企业业务流程改进为基础,在一定的深度和广度上应用智能网络工具,对企业生产、经营、管理活动中的所有数据、信息和知识进行集成和管理,实现企业内外部信息的共享和有效利用,不断提高企业的经济效益和市场竞争能力。

制造业企业管理信息化包括生产管理信息化、供应链管理信息化、客户关系管理信息化、业务过程管理信息化和制造服务信息化。

(3) 装备和制造流程智能化

装备和制造流程智能化的最终目的是实现智能化工厂,包括智能化生产控制中心、智能化生产执行过程管控、智能化仓储/运输与物流、智能加工中心与生产线,如图 16-2 所示。

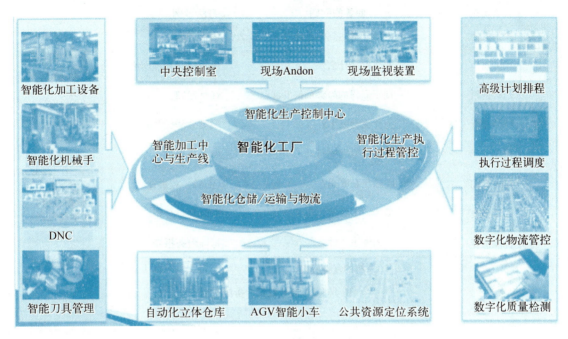

图 16-2 智能化工厂

未来智能化工厂的系统将具有自主能力,可采集与理解外界及自身资讯,并可分析判断及规划自身行为。整体可视技术的实践,结合讯号处理、推理预测、仿真及多媒体技术,将能展示现实生活中的设计与制造。

目前,智能化工厂的发展已经进入新阶段。在数字化工厂的技术上,利用物联网技术、设备监控技术等加强信息管理和服务,并掌控产销流程、提高生产过程中的可控性、减少生产线上人工干预、即时正确地采集生产线数据,以及合理的管理生产进度等。

(4) 商业分析智能化

商业数据分析法就是广泛地利用数据,采用统计及定量分析方法,利用解释及预测模型,在揭示事实的基础上来帮助企业制定决策和行动方案。商业数据分析可分为预测型数据分析和描述型数据分析。其中预测型的数据分析包括决策优化、预测建模、趋势判断和统计分析,描述型数据分析包括预警、深入查询、即时报表和标准报表。而商业分析智能化则是在数据分析的基础上,能够快速准确地提供报表并提出决策依据,帮助企业做出明智的业务经营决策,具体见图 16-3。

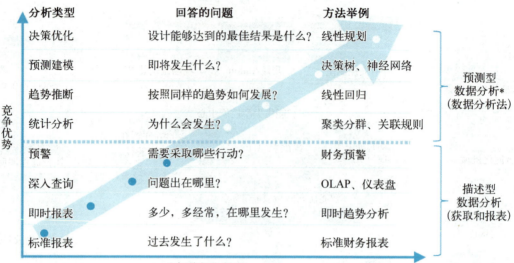

图 16-3　商业数据分析法

16.3　制造业商业分析与实践

16.3.1　化学企业商业分析

陶氏化学(DOW)是全球顶尖的化学企业之一。DOW 已成功地完成了转型，从过去的产品为导向转向客户解决方案为导向，这使得 DOW 成为超 500 亿销售规模的成功企业。在当今世界，企业竞争激烈，要在经济下滑的条件下保持竞争力，需要企业有更强大的洞察力，包括预测和优化的能力。DOW 全面采用先进的预测分析工具，对企业内部和外部的各种情况进行分析，来发现复杂的模型并准确预测。

DOW 每个项目都采用先进的预测分析工具，显著减少了预测的误差，增强了销售预测；大幅降低能耗，已为公司节省数十亿美元；提高了业务洞察力，每月 12 日，就能够知道是否可以完成当月业务目标并如何进行调整；DOW 业务组每天将重要信息推送给相关业务部门，可以在下滑的经济条件下做出快速响应。

16.3.2　钢铁企业商业分析

宝钢集团是中国最大的钢铁公司，从一开始规划建设，领导层就决心要把宝钢建设成在设备、管理、工艺和计算机应用上世界一流的企业。复杂的竞争环境要求宝钢充分挖掘潜力，优中创优。宝钢在设计、生产、运营、销售中积累了巨量的数据,如何从这些巨量数据中挖掘价值从而改善企业的竞争能力是宝钢很早就开始关注的问题。因此宝钢全面引入分析软件,建立分析用数据仓库,进行全员培训,在企业各个层面大力推广分析应用,建立"企业经营改善部"专门组织领导整个企业数据分析和挖掘工作,以提高质量、降低成本、提高效率。如宝钢为了提高热镀锌IF钢 St06Z 的强度,在热镀锌机组对拉矫延伸率进行了实测,并对其进行一元二次回归计算,得出 St06Z 屈服强度与拉矫延伸率的关系式和拟合复相关系数,并据此重新制定了拉矫工艺。

16.3.3 食品企业商业分析

麒麟啤酒公司的市场大约有700项产品,包括国产和进口啤酒、威士忌、利口酒、烧酒和葡萄酒。确保适当的库存是麒麟啤酒公司关键的业务目标之一,这使得有效的供应链管理(SCM)变成了优先事项。失控的库存对整个公司有着巨大的破坏力,包括失去销售机会引起的股票下跌以及库存过多导致的不必要的花费。

麒麟啤酒公司通过与SAS合作,基于分析软件,开发了一种对所有当前和未来的分布能通过需求预测进行优化的供应链管理系统。系统提供多种预测模拟手段帮助业务人员选择最佳的计划方案,使得需求预测准确度显著提高,复杂采购流程实现自动化。且该系统通过调节库存水平,帮助企业节约成本,提高运营效率。订货、发货以及库存上的任何改变都能及时得到更新和控制。

16.3.4 直销企业商业分析

安利公司1959年创建于美国,是全球知名的直销公司之一。中国是安利在全球最大的市场,安利(中国)占安利全球收入的1/3强,并且保持着强劲的增长势头。安利(中国)特有的"店铺+直销+经销"的多元化营销模式和频繁而快速的市场促销活动,加大了企业库存管理的难度,要求运营流程和相关人员具有更高的灵活应变能力。

安利在信息管理系统上投资了9 000多万,其中主要的一部分就是用于物流、库存管理的AS400系统。它使公司的物流配送运作效率得到了很大的提升,同时大大地降低了各种成本。安利先进的计算机系统将全球各个分公司的存货数据联系在一起,各分公司与美国总部直接联机,详细储存每项产品的生产日期、销售数量、库存状态、有效日期、存放位置、销售价值、成本等数据。有关数据通过数据专线与各批发中心直接联机,使总部和仓库能及时了解各地区、各地店铺的销售和存货状况,并按各店铺的实际情况及时安排补货。在仓库库存不足时,公司的库存及生产系统亦会实时安排生产,并预定补给计划,以避免个别产品出现断货情况。

16.3.5　IT企业商业分析

联想是全球最大的台式电脑生产商,每天销售产品不计其数。联想希望能够以最快的速度了解到重要的客户观点,并能够对重大的质量问题进行早期预警。联想公司开发了 LED(lenovo early detection)分析系统,其分析团队使用了 SAS 软件来实施质量感知项目。通过网页抓取、筛选出涉及联想的文本数据,对以前未知的互联网公开论坛进行分析挖掘,使得业务用户可以将呼叫中心的数据结合内部生产数据以及网络媒体数据,来快速发现潜在质量问题并对顾客期望能更准确把握。最终实现了比传统方法减少 2/3 时间发现质量问题,减少非常规故障,节省了 10%—15% 的保修费用,减少了 30%—50% 的常规话务量,从而降低运营成本。

16.3.6　汽车企业商业分析

美国通用汽车公司(General Motors,GM)是一家大型跨国公司,设计、生产和行销 10 个不同品牌的汽车,包括:雪佛兰(Chevrolet)、凯迪拉克(Cadillac)、别克(Buick)和欧宝(Opel)等。美国通用汽车公司建立新的大数据中心,新大数据中心已经有 3 PB 的数据在网站上,包括:产品研发、采购、物流、质量、制造、客户服务、销售、市场行销、财务和其他种类的数据。

通用汽车公司将大数据的创新方法成功地应用在三个方面,即提升经销商业绩、进行个性化营销,以及远程通信和连接智慧汽车。基本上,通用汽车已经变成了一个大数据公司,为了预测销售额,从汽车内远程信息的处理范围使用大数据 360 度地开发客户档案。

(1) 提升经销商业绩

通用汽车公司结合地理信息系统和数据分析,提高数千家经销商的业绩。经由与经销商分享这些地理信息的空间数据分析,现在经销商可以查看当地的人口、地区差异和位置特点,从而更了解他们的客户。这些数据以及更多的指标帮助通用汽车的特定经销商应该如何执行操作,提升业绩。

(2) 进行个性化营销

通用汽车公司每年有 20 亿美元市场营销预算,这笔预算不是针对大规模的公众进行宣传活动,而是使用大数据分析建立详细的客户档案,以触及更多潜在客户。通用汽车公司知道谁是希望购买豪华汽车的买家,而且知道他们位于哪里。这同样适用于他们对于中型汽车或其他任何不同价位的汽车的销售。通用汽车结合地理信息的空间数据分析,提供详细的人口统计数据和客户信息,进行个性化营销。

(3) 远程通信和连接智慧汽车

汽车传感器已不是什么新鲜事,今天几乎所有的车都塞满了几乎可以测量车内所有部件的传感器。通用汽车公司也专注于自己汽车内的传感器和远程数据处理,让汽车更加安全可靠,并且为他们节省了很多时间成本。通用汽车对于远程数据处理的装置一掷千金,但是因为有了大数据,他们可以为每台汽车节省数百美元的驾驶成本。这些节省的关键在于与汽车的连接和沟通,驾驶者也可以通过 4G 或 LTE 与制造商进行通信。

案例

谷歌无人驾驶汽车

2010 年,谷歌的街景车从未受保护的 WiFi 网络上拦截电子邮件、用户名、密码和其他私人数据来实现自己的街景地图,其实也是在为自己的无人驾驶汽车做准备。虽然谷歌将这一事件称为数据收集过程中的一个失误,但美国联邦通讯委员会告诉我们事实并非如此。

谷歌的无人驾驶汽车正在利用镜头捕捉所发现的一切移动物体——车、鸟、滚动的球、掉落的烟头,然后将所有这些数据融合在一起并做出驾驶决策。如果看到一个烟头,就知道车流中可能会有行人即将走出。如果镜头捕捉到滚动的球,就能判断出一个孩子可能将跑进车道。

谷歌的无人驾驶汽车采用了与街景车相似的技术,只需向该车的导航系统输入一些信息,它就可以将我们带往想去的地方。谷歌的无人驾驶汽车会生成大量数据,有资料显示,谷歌的无人驾驶汽车每秒收集 750 MB 传感器数据,并根据这些数据判断行驶方向和速度,监测前方障碍与事故,并且判断突然出现的人或者动物。

而且基于大数据的分析能力,谷歌的无人驾驶汽车行驶的里程越多,得到的数据越多,谷歌的汽车将会判断得越准确,行为也会越智能。

智能制造是未来的发展趋势。现今国内制造业仍存在自主创新能力薄弱、关键技术环节由国外企业掌握、关键零部件发展滞后、现代制造服务业发展缓慢等问题,如何利用商业分析技术,来解决现实中的制造业问题,实现弯道超车,值得被重视。

思考题

1. 在制造业,可以利用商业分析技术来优化的场景包括哪些?
2. 为什么制造业这类传统企业在数据整合应用方面处于比较初级的阶段?
3. 选择一家制造业企业,绘制其数据架构图,并结合业务寻找数据分析可能带来的优化。

第十七章　商业分析在物流快递行业的应用

电子商务的崛起促进了物流快递行业的兴起,物流快递变成人们日常生活不可或缺的一环。商业分析技术将有助于物流快递大数据的利用,提升物流快递行业的效率。

17.1　物流快递业概述

17.1.1　物流快递业的理解

(1) 物流快递业的概念理解

《中华人民共和国国家质量标准:物流术语》规定,"物流是物品从供应地到接收地的实体流动过程。根据实际需要,将运输、储存、装卸、搬运、包装、流通加工、配送、信息处理等基本功能实施有机结合"。

为了准确理解物流的定义,应把握以下几点。

① 物流是一个系统,是各种物流构成要素的集成。运输、装卸、储存、包装、流通加工、配送、物流信息是物流的基本构成要素,而不是完整的物流。

② 定义中的"物品"不只是指最终产品,还包括生产所用原材料、零部件、半成品和伴随商品销售的包装容器、包装材料,以及生产和消费过程中所产生的废弃物。

③ 这里所说的"需求者",除一般意义上的消费者外,还包括制造商、供应商、批发商、零售商等"中间需求者"。

④ 物流不是传统的"物资流通"的简称。在我国,曾有一段时期使用过"物资流通"的用语,这一用语是指传统的生产资料流通,主要是指生产资料从生产领域到消费领域的转移过程,虽然也包括物流活动,但更强调生产资料的所有权转移,即物资(生产资料的约定俗成用语)的"商流"。

物流快递也称"速递",是物流运输的一种形式。其相对于其他运输方式来说,递送物品较小、品种多,时间要求高,且均为门到门的服务,是物流业中附加价值较高的行业之一。

快递服务市场的快速发展源于托运人对所寄递商品的快速与安全到达存在较高的要求。我国《邮政法》第九章将快递定义为:"在承诺的时限内快速完成的寄递活动。"其中,快递的定义为:"将信件、包裹、印刷品等物品按照封装上的名址递送给特定人或者单位的活动。包括收寄、分拣、运输、投递等环节。"

从快递的定义中,可以概括出快递的三个特性:

◇ 从经济类别看,快递是物流产业的分支行业,快递研究从属于现代物流学。

◇ 从业务运作看,快递是新型的运输方式,是供应链中的一个环节。

◇ 从经营性质看,快递是高附加值的新兴服务贸易。

从本质上说,物流快递就是实物流通的一种形式。反过来说,物流市场的活跃与繁荣,为物流快递业的发展营造了良好的经济环境。

(2) 现代物流快递业的基本特征

现代物流快递业具有快捷性、安全性、网络性和服务性等基本特征。

① 快捷性。快捷是物流快递最重要的特征。顾客选择快递服务的前提就是需要快速送达。快递服务在保证安全、准确的前提下,传递速度是反映快递服务质量的核心要素。

② 安全性。物流快递的安全性包含两个方面:其一是顾客对投递物品的安全性要求,既要保证投递物品的完好无损,又要保证投递物品的信息保密;其二是国家和社会对投递物品的安全性要求,既要保证投递的物品不会危害国家政治和经济安全,又要保证投递的物品不会危害社会的安全稳定,例如不得递送枪支、危险品等。

③ 网络性。物流快递需要依靠两个网络:其一是物理传递网络,是依靠各种交通工具,如飞机、火车、汽车、船舶,遍布全部服务区域的收寄和递送的营业服务网络;其二是信息网络,保证快件的快速接收、处理、递送以及信息查询。信息技术使得快递企业能够实施全程跟踪和监控递送服务。从收取快件开始,每一处理和运送环节都要记录运单,进行信息输入。依据运单编号便可实时查询快件运输中的动态信息,以保证更加安全可靠的物流快递。同时还可以对快件信息进行分类统计结算,以保证企业内部的职责划分和利益共享。

④ 服务性。物流快递只是实现物品空间的位置转移,并非生产出新的产品,所以物流快递属于服务行业,服务性是其基本特征。

17.1.2 物流快递业的历史

物流的概念最早是在美国形成的,当初被称为"physical distribution"(简称 PD),译成汉语是"实物分配"或"货物配送"。1935 年,美国销售协会阐述了实物分配的概念:"实物分配是包含于销售之中的物质资料和服务,以及在生产场所的流动过程中所发生的种种经济活动。"1963年,物流的概念被引入日本,当时的物流被理解为"在连接生产和消费间对物资履行保管、运输、装卸、包装、加工等功能,以及作为控制这类功能后援的信息功能,它在物资销售中起了桥梁作用。"

其实在我国,物流快递并不是新的概念,古代的邮驿与烽火台通信便是物流快递的前身。但是,当时的物流快递仅服务于政治和军事需要,后来渐渐发展出民信局,才开始面向民间服务和沟通海外,这是中国民营快递的最早雏形。再后来,为当代人们所熟悉的邮政系统开始建立了起来。然而,我国是在 20 世纪 80 年代才接触"物流"这个概念的,此时的物流被称为"logistics",已经不是过去 PD 的概念了。但由于当时社会经济的发展并不成熟,所以一直未有较大突破。刚开始,物流行业较注重较长距离运输,主要通过公路、铁路、港口等途径在城市与城市之间进行货物配送,短距离的、快速到达消费者指定地点的需求并未得到有效的解决及足够的重视。1986 年,美国物流管理协会(National Council of Physical Distribution Management,简称 NCPDM),后更名为 National Council of Logistics Management(简称 CLM),正式将物流的名称从"physical distribution"改为"logistics",并将此定义为"物流是以满足顾客需要为目的,对货物、服务及相关信息从起源地到消费地的有效率、有效益的流动和储存而进行计划、执行和控制的过程"。

20 世纪 90 年代,快递业才在中国兴起。由于经济全球化的影响,全球范围内的企业竞争加剧,上下游企业认识到其相互依赖关系的重要性,开始由以前的独立和隔绝走向联盟和合作。同时,电子商务与信息技术的飞速发展,从技术上促成了企业将供应、生产、分销、零售统筹考虑,使得企业可以在更广泛的背景下考虑物流运作。企业开始把物流管理的着眼点放到物流的整个过程,从而将物流纳入了供应链范畴,作为"供应链的一部分",出现了基于"供应链"条件下的物流概念,并初步将物流纳入了供应链上所有企业间互相协作的管理范畴。为顺应这一理念,1998 年美国物流管理协会也再次对物流概念作了修订,引入了供应链的概念。当时,快递业作为物流行业的一部分,在很大程度上带动了物流行业的发展,也有效挖掘了部分传统物流的功能,但那时短距离的运输还未与零售业、服务业有良好的衔接,并未完全体现出其真正可实现的作用。并且当时已经有人提出,物流快递业的发展影响着经济的发展,有效实现它的价值会给社会经济起到很大的推动作用。

而随着信息技术的发展和互联网的出现,一个新的行业悄然兴起,那就是电商行业。虚拟电商是集信息流、商流、资金流、物流为一体的商务形式,打破了传统的交易手段,依托互联网、物联网、云技术等平台进行交易。电子商务可以通过网络平台向普通消费者提供商品信息、买卖交易、货款支付等线上功能,但要想把从网络平台上交易的商品送至消费者手中,就必须借助于快递。尤其是 C2C 电子商务环境下,卖方多是个人,没有自己经营物流的实力,所以必须依靠快递实现"最后一公里"的线下交易。

17.1.3 物流快递业的发展与趋势

(1) 当前物流快递业的组成

目前国际运输物流主要有马士基(MAERSK)、美国总统轮船(APL)、英运(Exel)等,拥有全球网络和丰富的国际供应链管理经验。国际包裹快递主要有美国联合包裹(UPS)、联邦快递(FedEx)、敦豪国际(DHL)等,其同样拥有全球网络,且技术先进、效率高。

进入 20 世纪 80 年代,世界各大快递公司均看好中国市场,纷纷与中国企业成立合作合资公司或建立代理关系,这些国际快递业巨头的介入,为中国大陆快递市场注入了活力,借助其庞大的国际网络、优良的服务功能和成功的经验,不仅为广大的中外客户提供了便捷的服务,也使这些公司及其国内合作伙伴们获益匪浅。

国内运输物流主要有德邦、佳吉等,国内网络和货运代理网点覆盖全。包裹快递主要有中国邮政(EMS)、顺丰、申通、圆通等,其中有国有快递企业,也有民营快递企业。国有快递企业具有优越的背景和完善的国内网络,在国内快递市场处于领先地位,如中国邮政(EMS);民营快递企业凭着电商发展及加盟体制,业务增长迅猛,如申通、圆通等。

(2) 我国物流快递业的发展现状

① 持续高速发展。2015 年,快递业完成业务量 206 亿件,同比增长 48%,最高日处理量超过 1.6 亿件;快递业务收入完成 2 760 亿元,同比增长 35%,全国农村地区直接通邮率达到 94%,乡镇快递服务营业网点覆盖率提升至 70%。"十二五"以来,我国快递业年均增速达到 54.6%,成为国民经济的一匹"黑马",特别是 2015 年的收官之年,全行业转型升级步伐加快,通过提质增效,实现了较快增长。

② 向资本、技术密集型转变。站在从数量增长向质量增长转变的拐点,快递行业加大了基础设施和服务拓展能力,为行业发展固本强基。2015 年,快递干线能力不断提升,干线运输车辆新增 2.2 万辆。行业已拥有 3 家自主航空公司,自有货机超过 78 架,快件占国内货邮吞吐量比例已超过一半。电子运单、自动化分拣、智能化终端技术广泛应用,行业科技水平大幅提升。

快递服务产业链进一步延伸,逐步实现电子商务、制造业、跨境贸易"多点开花",快递已经成长为支撑电商发展的主渠道。2015 年,行业支撑网络零售交易额超 3 万亿元。快递业正在由劳动密集型向资本、技术密集型加速升级。

③ 服务方式加快创新。近年来,电子商务迅猛发展,作为支撑电子商务发展的重要一环,快

递业迎来了发展的黄金时期。众所周知,派送环节是快递全程全网形成部分的重点一环,也是快递服务的"最后一公里",在确保快件即时安全送达、提升服务质量、宣传品牌形象、提高客户满意度、使快递走向千家万户中发挥了重要作用。与此同时,在快递业务旺季期间,"最后一公里"配送脱节、货件积压成了快递公司的"死穴"之一,同时也成为热衷网购消费者的"心理障碍"。于是,快递业创新推出了许多派送方式。

◇ 快递"零售店"模式:超市、便利店。

◇ 快递"地铁收发室"模式:地铁站外便利车,提供站点自提服务和支付贷款。

◇ "社区收发室"模式:学校、社区里的小卖部或者报刊亭。

◇ 快递"24小时公共智能包裹站"模式:数据显示,截至 2015 年底,全国主要城市安装智能快件箱已逾 6 万组,投递快件逾 2 亿件。

④ 电子商务业与快递业协同发展。2018 年天猫"双 11"全球狂欢节全天交易额 2 135 亿元,再创历史新高;京东"11.11 全球好物节"累计下单金额达 1 598 亿,同样创造新纪录;双十一当天,网易考拉 229 秒后成交额破亿元,78 分钟后超越 2017 年全天水平;苏宁用时 97 分钟销售额超过 2017 年全天水平。可见,电子商务极大地推动了我国快递业的发展。但是,与支撑电子商务的信息流和资金流的相关技术的快速发展相比,目前快递物流发展较慢成为阻碍我国电子商务发展的最大瓶颈,不尽如人意的快递物流服务严重影响了消费者的网购体验。因此,电子商务企业与物流快递公司如何展开更有效率的合作,是当前亟待解决的问题。

(3) 物流快递业的发展趋势

① 信息化建设。在经济飞速发展的今天,经济增长对物流的需求越来越大,经济发展对物流的依赖程度也越来越高。物流概念已由"物质资料的运动"改变为"利用信息技术为消费者提供低成本的服务"。现代快递业作为物流产业的一个重要分支,其核心特征是高科技、快捷性和优质的服务,重点突出系统整合。面对巨大的发展市场和强有力的市场竞争,整合业务流程,实现资源优化配置,提供优质及个性化服务成为物流快递行业赢取客户、赚取利润的主要趋势。物流快递行业的信息化建设已经被提到了非常重要的地位。

近年来现代物流设备和信息技术的成熟,使得企业可以通过机械化、自动化、信息化等手段,进一步提高市场反应速度,追求系统实时目标的实现。利用信息手段、协同化的技术,可以把物流各作业环节的实时执行与整个企业运作管理系统相结合,把利用 POS 数据、RFID 无线射频等自动识别的物流信息实时采集技术,利用移动计算技术对物流信息的实时处理,利用现代通信技术的物流信息实时传输(如 EDI、互联网、无线通信),以及物流的在线管理与使用 GPS 和 GIS 进行物流的实时追踪等环节统一考虑,协同运作,追求物流系统的实时管理与执行,从而产生了实时物流的概念。

② 商业模式变迁。物流运输经历了从马车时代到铁路时代、公路时代、航空时代的运输工具变迁,进一步经历了、也正在经历着商业模式的变迁,供应链金融(银行围绕核心企业,管理上下游中小企业的资金流和物流,并把单个企业的不可控风险转变为供应链企业整体的可控风险,通过获取各类信息,将风险控制在最低的金融服务)在互联网时代的快速发展下应运而生,供应链解决方案公司随之崛起。可见,通过互联网手段和数据分析以改善运输供应链已成为了当今物流快递业的新商业模式。

③ 多种经营增值化服务。在当今世界,物流快递服务作为一种先进的运输服务方式越来越受到社会各阶层客户的普遍欢迎,并得到蓬勃发展。世界物流10强企业,都能提供快递物流方面的多项服务,并且在与物流相关的一些行业或者新领域里联合或者兼并,借以巩固或者占领新的市场,从而达到增加利润、赢得客户的目的。

市场定位是根据细分市场上竞争者产品与服务所处的地位和顾客对某些产品和服务的重视程度,塑造本企业产品服务与众不同的鲜明形象并传递给客户,从而占有强有力的竞争位置。国际快递市场大部分份额为外资快递公司占有。在我国,民营快递企业在国内快递市场上具有优势。民营快递企业要整合自身资源优势,提升整体服务水平,明确地形成个性化市场定位,树立品牌意识,积极开拓和坚守各地细分市场,提高顾客的忠诚度和美誉度。

17.2 物流快递业的业务战略及信息化现状

17.2.1 物流快递业的业务功能及应用

(1) 物流快递业的业务流程

快件收寄是快递服务流程的首要环节,分为上门揽收和网点收寄两种方式,其主要任务包括:验视快件、指导客户填写运单和包装快件、计费称重、运回快件和交件交单等工作。这个过程需要收件员、寄件客户、客服等工作人员的参与,见图17-1。

快件处理是整个快递流程中的重要环节,具体包括分拣和封发两个环节,其主要任务是依据客户运单填写的收寄信息和地址,将快件按照流向进行整理、分拣、集中和封成总包,发往目的地;经过快件运输环节后,再执行反向的快件处理工作,以实现快件由分散到集中,再从集中到分散的处理过程,途经多处分拨中心和分部,需要大量的分拣人员和运输人员参与。

快件运输是指在统一的组织调度和指挥下,综合利用不同的运输工具,包括航空、铁路、公路以及水运等不同方式,将快件迅速有效地运达目的地的处理过程。

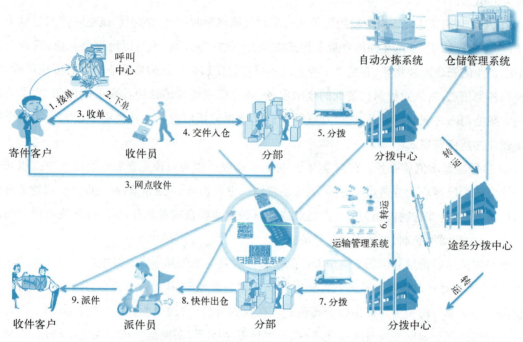

图 17-1 物流快递业务流程

快件派送分为按址派送和网点自取两种方式,是快递服务的最后环节。具体包括快件交接、选择派送线路、核实用户身份、确认付款方式、提醒客户签收、整理信息和交款等工作。这个过程需要派件员及收件客户的参与。

除此以外,还有一些辅助流程,主要是客户服务,如业务查询、索赔、投诉与受理等,这部分的工作主要需要客服人员的参与。

(2) 物流快递行业信息化建设功能模块

根据物流快递业的业务流程,可以设计出物流快递业信息化建设的功能模块。整个物件处理、运输、寄送分发的过程中,都离不开扫描管理系统、自动分拣系统、仓储管理系统和运输管理系统。在收到货物到派送货物的过程中,需要通过扫描管理系统来实时记录包裹的动态;为了保证货物寄往正确的目的地,需要通过自动分拣系统来进行分拣;货物在仓库中包装、贴标、分拣、转移等,所有过程都需要仓储管理系统的运行;而货物从寄件客户到收件客户手中,需要经过多次的运输转移,这其中需要运输管理系统的运作。以上四个系统之间需要相互合作,共同管理。

然而,物流快递业除了与物件处理相关的系统之外,还有业务层面的信息系统,订单管理系统和电子支付系统主要面向客户,实现与客户之间的透明化,使用户操作便捷、放心,从而提高业务量。订单管理系统使得用户可以在网络上便捷地实现寄快递、查询物流等功能,电子支付系统可以提供用户网上支付物流快递费的功能,避免乱收费的现象,更加方便、标准化。客户关系管理和结算管理系统主要是面向企业,提升企业的业务管理水平。通过对客户与企业交互数据的分析,向客户提供创新式的个性化的客户交互和服务的过程,从而提升其管理方式,培养长期客户;通过结算管理系统,企业可以大大地提高结算管理水平,把好资金链这一关。

其他的企业内部办公系统有企业资源计划(enterprise resource planning,ERP)、人力资源(human resources,HR)、办公自动化(office automation,OA),还有 Portal 门户、沟通工具和基础信息展示等功能。

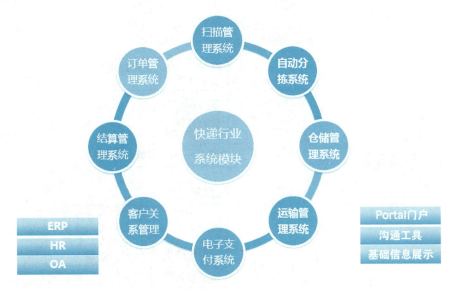

图 17-2　物流快递业信息化建设功能模块总览

17.2.2　物流快递业的信息系统建设

(1) 关键信息系统建设

物流快递的业务操作流程较为复杂,需要大量的人员参与,如派件员、收件员、分拣人员等,同时货物要途经多个分拨中心,所以,这其中的仓储管理和运输管理十分重要。要随时随地保持对货物的追踪,一来确保货物准确地运输向目的地,二来在系统中显示物流信息以面向客户。所以,本书接下来将重点介绍这两个信息系统。

① 仓储管理系统(warehouse management system,WMS)。仓储管理系统是物流管理系统的主要作业系统之一,用于管理仓库中货物、空间资源、人力资源、设备资源等在仓库中的活动,

是对货物的入库、检验、上架、出库及转仓、转储、盘点及其他库内作业的管理系统。

仓储管理系统按分类、分级的模式对仓库进行全面的管理和监控,缩短了库存信息流转时间,使企业的物料管理层次分明、井然有序,为采购、销售和生产提供依据;智能化的预警功能可自动提示存货的短缺、超储等异常状况;系统还可以进行材料库存 ABC 汇总,减少资金积压。完善的仓储管理功能,可对企业的存货进行全面的控制和管理,降低库存成本,提高企业客户的满意度,从而提升企业的核心竞争力。

管理系统中处理的主要过程有:收货、包装、贴标、补货、拣货、分拣、转移、发货。

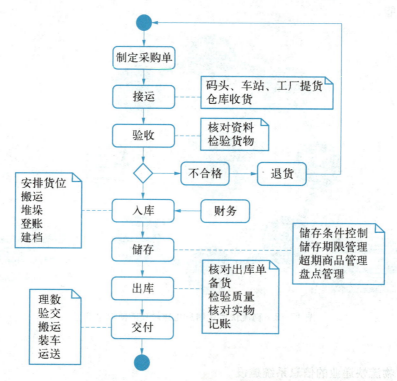

图 17-3 仓储作业流程

在仓储管理系统中,可以采用条形码、RFID 技术对物件进行识别和描述,从而解决数据录入和数据采集的瓶颈问题,为仓储管理提供了有力支持;在仓储管理系统中,信息数量大、分布广,很多信息具有传递性,并要求一致性,物流信息系统的各个环节都需要上下传达信息,通过数据库技术可以对信息进行有效管理;利用电子数据交换技术(electronic data interchange,EDI)可以调节产品供需、缩短流通渠道、减少库存量,以加速商品资金周转,降低流通成本,搭起供应商与客户之间的桥梁。

> **小贴士**
>
> 电子数据交换技术(EDI)用于电子计算机之间商业信息的传递,包括日常咨询、计划、采购、到货通知、询价、付款、财政报告等,还用于安全、行政、贸易伙伴、规格、合同、生产分销等信息交换。电子计算机的广泛应用和先进通信技术的使用导致了 EDI 的出现和发展。人们开发了适用于政府、保险、教育、娱乐、司法、保健和银行抵押业务等领域的 EDI 标准。

② 运输管理系统(transportation management system,TMS)。运输管理系统是物流系统的重要组成部分。它的任务是实时掌握物流供应链的动态,从货物订单托运,到物流公司所控制的一系列环节的协调,再到将货物交到收货人手中,使得物流供应链尽量做到透明化,具体流程见图 17-4。

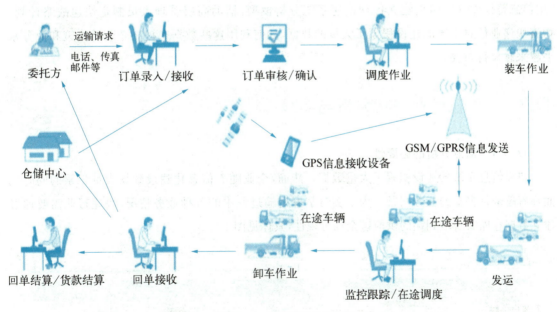

图 17-4 运输管理业务流程

进行运输管理系统建设的总体目标是:实现运输作业流程标准化、统一化;实现运输作业信息的透明化;降低空驶率,提高运载效率;货物全程跟踪;将新的管理理念、先进的管理技术与信息系统相结合,强化资源整合,提高为客户服务的水平。

运输管理系统包括了调度管理、车辆管理、配件管理、油耗管理、费用结算、人员管理、资源管理、财务核算、绩效考核、车辆跟踪、业务跟踪、业务统计、白卡管理、监控中心系统、账单查询等功

能模块。

快递行业 TMS 将加强对新技术的全面应用,比如 WMS、GPS、门磁、行车记录仪、GIS 和 RFID。通过 TMS 的管理,一是可以实现统一结算,使成本由模糊变为精确透明;二是可以实现运量分析,使得加班车多的现状得到改善,实现零担优化;三是可以使得空车返回的现象得到改变,实现平衡货流。

(2) 当前物流快递业信息系统建设的重点

物流快递的业务流程中,货物要周转于不同的分拨中心,这是物流快递业的核心,确保货物在此过程中的效率是十分重要的。因此,当前快递行业重点建设的信息系统主要有四个方面,一是普遍采用条形码技术(bar-coding)和射频识别技术(RFID)以提高信息采集效率和准确性;二是广泛应用仓库管理系统(WMS)和运输管理系统(TMS)来提供运输与仓储效率,根据运行信息监测快递业务的状况;三是通过与供应商和客户的信息共享,实现供应链的透明化,以便"用信息替代库存";四是建立各种快递系统分析模型,辅助高层管理人员制定快递战略计划。物流快递业信息系统的建设积累了大量的数据,如何利用这些数据来提高企业的决策和业务水平越来越显得重要。

17.3 物流快递业商业分析与实践

17.3.1 商业分析的必要性

快递信息系统的建设积累了大量数据。然而,企业随着信息化建设数据大量积累的同时也面临着越来越多新的业务问题。为了实时掌握运输过程中的各种业务情况,快递行业需要通过建立数据仓库实现端到端的供应链全局可视性,具体见图 17-5。

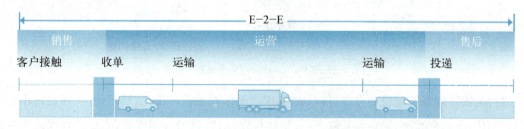

图 17-5 供应链全局可视性

在当今的信息环境下,物流、现金流和信息流环环相扣,数据和信息已经成为制约快递行业优化内部管理和业务决策的关键因素。

17.3.2 商业分析为快递行业带来业务改善机会

物流快递业的关键业务领域有客户管理、产品及资产管理、运营及绩效管理、特别服务和企业智能,所以,商业分析可以从这几个方面入手,从而提升企业的业务状况,为企业带来业务提升。比如在企业智能方面,可以根据计费、逃费漏费、薪酬情况、工程质量合格率及采购成本几个问题进行数据分析,从而更好地控制这些现象。

(1) 成本和收益管理

对于快递公司的数据分析,可以为经营负责人在指定线路、分拨等方面提供时效成本分析,也可根据历史运输量、时效要求,发现拼车机会从而节约成本,使得整个运输网络优化。比如,UPS公司基于对运营数据的分析形成的右拐法则每年为其节约了大量成本。

案例

UPS利用数据分析,降低运营成本

UPS全球共有10万多辆车以及600架飞机,员工超过40万名。作为全球最大的物流公司,燃料成本在UPS运营成本中所占的比重相当大。因此,燃料价格上升直接危及其盈利状况。UPS平均每天要向200多个国家发送1 500万个包裹,其汽车数量超过10万辆,每年的燃料费支出超过数十亿美元。

为了改变现状,UPS使用专门的应用软件对数据进行分析,分析结果将作为UPS车辆维护保养和物流处理的依据,成为UPS控制成本、提高运营效率的主要手段之一。利用电脑、编码和数据分析程序,能在数秒钟内找到右转弯路线。

结果证明,利用数据分析,可以为递送员自动规划出最有效、快捷的送货路线。在这些路线上,司机能尽量避免左转弯,以减少卡车等待红灯时发动机空转,同时还能减少司机非正常返回的次数,因为这会增加油耗。仅右转弯一项,2007年就节省了310万加仑燃料,减排32 000立方吨。UPS司机们右转弯的比例高达90%。当然,效益也相当可观。

物流快递行业运营中,产品定价分析是其重要问题。例如通过费率体系的计算,可以找出平均成本较高的路线。DHL则通过数据分析可以准确获得每笔业务的成本,从而有效地实施绩效管理。

案例

DHL 成本与收益分析

DHL 服务遍及 220 个国家和地区,超过 13 万名员工,遍布全世界的 4 700 多家分支机构,DHL 有 420 架专用飞机,约 7.2 万辆运输车。

其原先的成本管理情况是:全球成本核算系统(global costing system)采用的是汇总级的固定平均成本价,不能灵活调整;成本系统的数据与财务系统的数据不吻合;在区域、国家和部门等各个层面,运营费用不够清晰;在确定成本、转移定价和客户收益时,采用的是平均单价;采用的成本模型比实际情况过期 12 到 24 个月;无法利用明细数据来追踪每个包裹、机构和客户的利润贡献情况。

为了解决成本管理的问题,DHL 采用了数据仓库的并行处理能力,以及利润贡献度分析软件。利用明细的业务运营数据和收费数据,来计算每一笔业务的实际发生费用,从而得到与财务系统一致的、精确的成本数据。

DHL 首先采用试点方式,考察所采用的方案能否应对全球型企业的业务复杂度和数据复杂度。实际成效是,在整个企业内部,每个区域、国家和部门的运营成本一清二楚,从而有效地实施绩效管理、识别、分析关键业务环节并提升了业务运作效率。

(2) 结算体系

快递业中,由于各网点的结算体系不统一,管理便容易产生跑冒滴漏和收入流失现象。通过基于数据仓库建立统一的结算体系,可以有效杜绝偷逃中转费现象,避免收入的流失。

案例

国内某快递公司采用统一结算体系,减少收入流失

快递业务系统繁杂,数据分散在众多的系统中;业务数据缺乏整合,导致运营效率低下,管理层无法获得及时、有效的决策支持;结算体系不统一,管理不便,容易产生跑冒滴漏的收入流失现象;业务操作不规范,没有合适的管理和制约手段。

通过数据仓库解决方案,将结算、票件、车线统一视图,进行财务运营和业务分析、报表整合,从而实现支持 1 千万/天的票件结算能力。通过数据仓库的统一结算体系,每年追回超过 2 亿元的收入流失,并成功替换了部分分公司原有的结算功能,增强了总部对各分公司的管理力度,大幅提升了业务服务水平和规范性。

（3）数据管理

快递行业中若想建立统一视图,则需要整合数据、统一平台,这就要求快递企业建立数据仓库,降低运维成本。

案例

采用统一平台,消除数据冗余

数据冗余是国外某快递公司的一个重大问题。之前的系统开发都是公司内部实施的,缺乏必要的管控,因此,造成系统运营成本偏高、项目开发难度加大、项目开发周期延长。评估下来,每个系统接口的开发和维护成本为业界标准的 1/2,但由于总共存在 1 万个系统接口,其成本大约需要 5 亿美元。任何一个数据项的变更,都会导致程序编码越来越复杂,开发周期越来越长、出错可能性越来越高。因此,公司急需一套统一平台,来降低开发和运维成本,同时提高开发和维护效率。

公司最后运用了物流运输业逻辑数据模型和数据仓库。结果证明,利用通用的模型定义可大幅降低业务数据采集的时间和项目开发周期。公司建立了一套管理规范,用于协调新的项目开发和模型管理工作;并建立了一套集中管理的平台,来支持数据的逻辑定义和物理实现,大大降低了系统运维成本。

（4）决策支持

中国邮政 EMS 公司则利用数据仓库性能,提升数据跟踪、查询效率,降低运营和管理成本。其数据仓库不仅支持订单跟踪,还支持日常管理数据和灵活分析。

案例

中国邮政 EMS 从订单追踪到业务分析

中国邮政从名址库开始,扩展到 EMS 业务领域:每天处理超过 4 百万次的订单追踪查询;响应时间 99%<1 秒(99.9%<3 秒);订单查询事件的数据与客户、财务、运营数据等整合在同一个数据仓库平台上;每天还需要处理数千个决策支持查询。

通过将订单查询系统整合在数据仓库内,可以实现订单查询的数据复用与运营决策;在客户和内部管理部门方面,可以基于同一个平台进行查询分析,实现数据统一;在同一个数据仓库平台上进行决策支持查询和运营查询,降低系统运行管理成本。

17.4　国内民营快递案例剖析

17.4.1　国内快递经营管理现状及存在的问题

近年来,我国快递业发展迅猛,2015年快递业务总量超过200亿件,比"十二五"初期增长了8倍。然而,在市场规模快速增长的同时,国内快递服务意识淡泊,服务能力差强人意。新闻中不乏如双十一促销期间国内快递爆仓、暴力分拣的报道。这是媒体关注度极高的一个社会现象,造成这种现象的原因是由企业经营模式的本质决定的。企业经营模式的差异化决定服务品质,当前主要的企业经营模式有两种:一是直营模式,网点、门店由公司总部直接经营、投资、管理,如顺丰;二是加盟模式,特许商将品牌特许加盟商有偿使用,如申通、圆通等。直营模式下,出于自己的品牌保护以及上下级存在股权关系,可以实现运营管理一体化,从而保证服务品质稳定、服务标准化。而加盟模式虽然灵活性、积极性强,减少监管成本且能迅速扩张占领市场,但是由于品牌可以有偿使用且加盟商产权关系上与总公司无直接关系,服务品质无法得到保障。所以,相比较之下,可以把直营模式看作是以人为本的管理理念,而加盟模式是以业务为本的管理理念。从数据上来看,采用直营模式的顺丰人工成本42%,运输成本20%,占总成本62%;而采用加盟模式的快递人工成本25%,运输成本58%,占总成本83%。所以,直营模式是精细化管理下的高毛利,而加盟式是粗放化经营的微毛利。

然而,服务品质仅仅是当前民营快递企业问题的冰山一角。跑冒滴漏问题、客户信息缺失的问题、产品服务标准缺乏问题、主营业务成本管控问题、信息管控和信息安全问题、绩效考核体系缺乏问题、企业粗放化发展带来的管理问题等,都为当前我国的民营快递行业带来了极大的挑战。数据分析为解决这些问题带来了曙光。

17.4.2　数据分析解决方案

(1) 跑冒滴漏及欺诈分析

由于加盟制快递企业的特殊性,加盟网点为追求个体利润而利用业务流程、制度、体系、标准、监督上的漏洞,通过跑冒滴漏、欺诈达到偷逃费用的目的。希望通过基于一站式的结算体系,构建跑冒滴漏规则池、欺诈行为规则池、完善结算体系,更好地保障企业财务收入。

首先,构建快递业务的欺诈行为规则池。包括跑冒滴漏规则池、重复面单/克隆面单规则池、派费欺诈规则池、偷重漏重规则池、异常签收规则池和退件错发件规则池。图17-6是以构建欺诈行为规则池为例展示其构建过程。

然后,加强控制手段。具体包括恶意欺诈控制、派件时效控制和异常申请控制。

① 恶意欺诈控制。第一次签收后被判断为应该收费用的票件,排除退回件、错发件因素,在 7 天之后,重复做到件、派件、签收的,判为有偿派送欺诈。

② 派件时效控制。一般情况在 36 小时内完成派件,遇周六、周日顺延 48 小时;异常件的派送、签收控制在 7 天之内。

③ 异常申请控制。每月申请次数大于 10 次;首次异常派费申请按 100% 的正常派送费结算,以后每次按 10% 依次递减原则。

通过跑冒滴漏及欺诈分析,以及采取相应的解决方案,有效防止了加盟网点的跑冒滴漏、欺诈行为,保证了企业的合理收入,避免了收入流失,从而促进了网点关键业务操作的规范化,增强了网点间费用结算的透明度和公正性。

(2) 财务及量本利分析解决方案

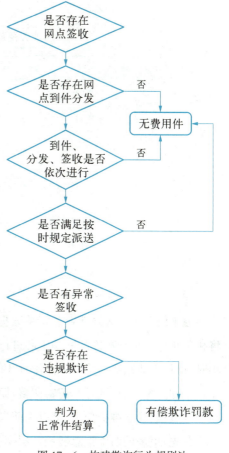

图 17-6 构建欺诈行为规则池

随着快递企业的高速成长和扩张,经营成本的压力越来越大。企业管理层对业务数据与财务数据之间的差异一直没有好的解决办法,沟通、审计成本太高,且当前的日常业务报表已无法满足精细化管理的要求。希望可以建立一套整合业务与财务数据的分析体系,满足经营者对盈利能力与经营现状一站式分析的需求。

首先,引入管理会计的思路,构建量本利业务分析应用模型;其次,利用量本利成本分摊模型与计算引擎;最后,构建业务与财务统一、融合的视图。量本利基于企业数据仓库平台架起业务与财务融合的桥梁,让财务更好地审视业务的细节,让业务更好地理解财务数据,从而建立了企业的核心优势。

通过以上三步的解决方案,提升了经营负责人对分拨中心、车线的盈利能力分析与决策的效率和准确性,并为经营者提供了从多个维度去审视企业经营现状与投资回报的分析平台。同时,基于量本利的企业财务与业务统一视图,可以支持对企业财务报表的追溯与审计功能,减少业务部门与财务部门的沟通成本。

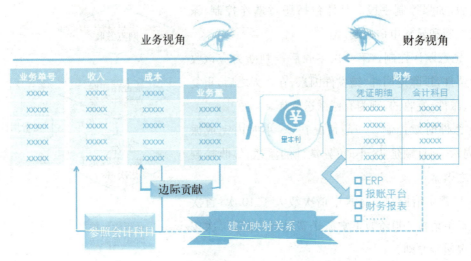

图 17-7　量本利关键收益——业财融合

(3) 管理报表解决方案

原来的管理报表缺乏业务相关数据，不能达到全面考核分拨中心的作用。原有管理报表只将相关指标按最细粒度的利润中心进行汇总，合并操作均由手工完成，两名财务人员每天工作 8 小时，最快也要结账后第 9 个工作日才能做完全套报表，繁琐的合并操作严重影响财务分析的工作效率和质量；当出现计算逻辑调整，原报表维护则相当困难。所以希望可以建立一套包含财务与业务数据、易于维护变更、可以全面考核分拨中心的、高效的管理报表。

首先，报表的明细汇总展示三层模型；其次，科目机构属性变更配置化；最后，纵横交错业务、财务万花筒，可以将财务数据、业务数据一网打尽，汇总数据、明细数据一览无遗，最新数据、历史数据一应俱全。

通过以上解决方案，将业务相关数据融合进管理报表，使得整套报表更具完整性、实用性；通过组织机构合并关系配置，使得所有报表合并操作由后台完成，每月至少节省 132 小时／人／月，出具报表时间提前；配置化模型设计，使得后期维护更简单；通过报表监控脚本，使业务流程更规范。

(4) 路由优化与监控方案

车辆车线运输成本已经成为加盟制快递企业三大成本之一，如何通过更科学的路线设计和规划，有效降低快递企业总体的票件运输中转成本，是当前经营者非常关注的问题。所以，希望可以利用数据统计分析与数据挖掘算法，优化当前的路由设计和线路规划，降低车线路由的整体成本。

首先,运用路由优化方法论;其次,运用路由优化处理流程;最后,运用挖掘算法/优化方案描述,如基于历史数据统计中转站间的实际票件量。

基于数据挖掘算法的优化方案对降低企业整体路由成本的作用比较明显,估计总体降低成本在5%左右;建立了与路由相关的基础指标、预测指标和监控指标体系;对路由线路的统计分析为路由规划部门提供了精准、快速的路由监控功能,有效规避了违规路由问题。

思考题

1. 在物流快递业,可以利用商业分析技术来分析的场景包括哪些?
2. 物流快递业的日常运作中有大量数据流通,同时也带来了隐私被泄露的隐患,请列举物流快递业中运用商业分析可能存在的问题。
3. 针对上题中的问题,是否可以通过数据分析的方式定位原因,进而找到解决方案?

第十八章　商业分析在互联网行业的应用

大数据时代为商业的精准化分析提供了可能,而大数据的繁荣与互联网行业的发展息息相关。互联网行业既是这次商业分析热潮产生的契机,也是商业分析的未来所在。

18.1　互联网行业概述

18.1.1　互联网行业的起源

1962年,麻省理工学院伦纳德·克兰罗克博士发表了分组交换技术论文,成为互联网标准通信方式。

1969年,美国国防部开始制定具有抗核打击性的计算机网络开发计划,开发了阿帕网(ARPAnet),这是美苏冷战的产物。

1971年,美国BBN公司工程师雷·汤姆林森开发出了电子邮件。阿帕网的技术开始向大学等研究机构普及。

1974年,互联网之父温顿·瑟夫(Vinton Cerf)和罗伯特·卡恩(Robert Kahn)提出了TCP/IP(传输控制协议/互联网协议),为不同网络之间的互联通讯奠定基础。

1983年,阿帕网宣布将把过去的通信协议NCP(网络控制协议)向新协议TCP/IP过渡。

1991年,欧洲粒子物理研究所科学家提姆·伯纳斯-李开发出了万维网及简洁的浏览器,互联网开始向社会大众普及。

1993年,伊利诺斯大学学生马克·安德里森开发出了第一个图形浏览器:网景浏览器,并推向市场。互联网得到了爆炸性普及。

1994年,美国互联网由商业机构接管,互联网从单纯的科研网络演变成世界性的商业网络,加速了互联网的普及和发展。

1995年,随着阿帕网及国家科学基金网(NSFnet)退出历史舞台,互联网商业化彻底完成。

18.1.2 中国互联网行业的近代发展

中国的互联网发展要从 2001 年开始的标志性大事件说起。2001 年,互联网泡沫破灭。在股价跌至 1 美元的情况下,新浪毫不留情地驱逐了自己的创始人王志东;搜狐的股价滑坡至 90 多美分,一度面临摘牌危机;2001 年 9 月,纳斯达克股市以财务报表存在疑点为由宣布停牌网易股票交易,丁磊一度产生了卖掉网易的念头;2001 年 11 月,盛大代理韩国大型网络游戏《传奇》,这扭转了盛大网络的命运,也让网游成为之后两年中国最挣钱的行业;网站开始尝试推出一项新的服务:短信。让很多人大跌眼镜的是,相比其他业务,和运营商捆绑在一起的短信服务使网站拥有了新的收入来源。

2002 年,盈利初现。2002 年 1 月 2 日,网易在纳斯达克复牌,扫除了 2001 年因财务问题笼罩其身的阴霾;在网易通过短信迈出步伐之后,搜狐、新浪等门户网站也步其后尘加入短信阵营;短信之后,电子商务也成为门户网站和网络媒体寻找利益的一个选择;网易率先推出了在线拍卖服务,搜狐网推出网上商城、买卖街和搜财网等服务,进一步扩大电子商务领域和模式。

2003 年,电商崛起。阿里巴巴每日新增供求信息量比 2002 年同期增长 3 至 5 倍。尤其是在非典时期,达成交易的企业占总数的 42%,业绩逆势上升的企业达 52%;阿里巴巴做出了两项重大的举措——投资 1 亿元人民币推出个人网上交易平台淘宝网,并创建独立的第三方支付平台支付宝,正式进军电子支付领域;10 月,当时国内最大的 B2C 电子商务网站卓越网宣布以两成的股份,从美国老虎基金融到了 5 200 万元人民币;三大门户利润额持续增长,在纳斯达克股市上的表现优异,尤其以网易的表现最为出色。

2004 年,上市热潮;2005 年,博客兴起;2006 年,视频火爆;2007 年,网游再袭;2008 年,社交网络发展迅猛;2009 年,微博亮相。

2010 年,国内第一家 Groupon 模式的团购网站——美团网于 2010 年 3 月成立,在短短两个月的时间里,国内已经建立起了上百家团购网站。疯狂上马的团购网站掀起了激烈的"百团大战"乃至"千团大战",并很快迎来"大浪淘沙"、"剩者为王"的时代。

2011 年是开放突围的一年。各大互联网巨头通过开放平台战略引进第三方开发者和厂商,以此扩充平台内容和应用。

2012 年,属于移动互联的一年。微信上位:作为腾讯在移动互联网领域最重要的棋子——微信,在腾讯还没有主动推广的情况下,用户数量已经达到 2.7 亿;上市和退市:唯品会和欢聚时代登陆美国资本市场,阿里巴巴、盛大网络退出资本市场;360 进军搜索引擎市场:百度遭遇最难缠对手;优酷土豆"联姻":整合与电视成为网络视频市场主旋律。

2013 年,颠覆与融合的一年。互联网金融兴起:阿里巴巴在支付宝基础上推出在线存款业务产品余额宝,百度推出百发在线理财产品,新浪推出微博钱包,腾讯推出微支付、基金超市,京东推出京保贝，P2P、众筹以及金融风险管理等成为新的热点；互联网企业出现并购热潮：阿里巴巴以5.86亿美元入股新浪微博，百度以3.7亿美元收购PPS视频业务，苏宁云商与联想控股旗下弘毅资本共同出资4.2亿美元战略投资PPTV，腾讯以4.48亿美元注资搜狗，百度以18.5亿美元收购91无线网络有限公司100％股权。

2014年，指尖上的创新。移动互联网王者归来：截至2014年6月，中国网民数量6.3亿，其中手机网民达5.27亿，手机上网网民比例83.4％，手机作为第一大上网终端地位更加稳固。2014年移动互联网大事件包括：① 阿里赴美上市；② 京东登录纳斯卡克；③ P2P持续火热：P2P投资平台超过了2000家；④ 打车软件，一场要"打起来"的战争：快的打车与滴滴打车两家企业通过补贴价格你来我往斗了数个回合。

18.1.3 互联网行业的发展趋势

① 数据量呈现爆发式增长。每一分钟互联网上都产生了大量的数据，特别是随着智能手机及可穿戴设备等数字设备的普及，数据量暴涨。全球90％的数据都是在过去几年里创造出来的。

② 互联网增长势头依旧强劲。新兴市场驱动下互联网用户增长速度快，年增长率达8％。中国的互联网用户排名第一，2019年已超8亿，但渗透率还有很大的增长空间。

③ 计算设备悄然改变。智能手机增长势头依然强劲；平板电脑的增势甚至比智能手机还要强劲；可穿戴/可驾驶/可飞行/可扫描的下一代计算设备已经悄然逼近。

④ 移动互联网野蛮生长。移动流量在互联网流量的占比呈加速上升的趋势，中国通过移动终端上网的用户占比已超过PC。移动互联网对广告ARPU的贡献越来越高。

⑤ 与其他行业交叉形成新的产业。经过十几年的发展证明，仅仅依靠互联网本身是很难实现商业价值的，互联网必须与其他行业相结合，创造出一些全新的产品或服务，才能挖掘出潜在的市场机会，获得丰厚的经济回报。例如互联网与游戏结合创造出网络游戏服务，与地图结合创造出本地生活服务信息搜索，与服装销售结合诞生的网上服装店等。"互联网＋"成为了当前互联网发展的重点。

这些互联网的发展趋势给整个互联网行业带来了巨大的挑战和机会。对传统行业带来了更大的影响。传统的电器商场如国美遇到了来自京东商城的挑战，传统的批发市场遭到了来自阿里巴巴的挑战，传统的手机制造商受到了来自小米的挑战，传统的纸媒、电视广告受到了来自互联网广告的挑战，传统的银行受到了来自余额宝等互联网金融的挑战，传统的新闻报道受到了来自微博等自媒体的挑战，传统的短信彩信受到了来自微信等网络即时通信的挑战。所以，互联网行业的发展也带动了传统行业互联网化的热潮。

18.1.4 互联网行业的认识与理解

互联网行业是指以现代新兴的互联网技术为基础,专门从事网络资源搜集和互联网信息技术的研究、开发、利用、生产、贮存、传递和营销信息商品,可为经济发展提供有效服务的综合性生产活动的产业集合体,是现阶段国民经济结构的基本组成部分。

当前互联网行业呈现出以下四个特征。

(1) 互联网平台的双边市场特征

互联网行业的特征之一是具有典型的双边市场特征,原因有三:一是存在一个双边或多边的平台结构,即同时存在两类或两类以上的用户通过平台服务发生交易或相互影响,这个平台运营商提供有形或无形的平台服务;二是处于平台两边或多边的用户存在较强的交叉或间接网络外部性,这种网络外部性通过平台内部化;三是平台对双边或多边用户的定价是非中性结构的,定价结构会直接影响平台的交易量和交易额。同时,互联网行业还有其独特的行业特点,其定价机制和竞争行为与传统的双边市场有很大差异,如电子商务中的第三方支付平台也具有双边市场特征,但它诞生时是一体化于电子商务平台的。

(2) 基于社交关系的网络效应

网络效应指的是消费者使用某一产品所获得的效用会随着使用同一产品的人数的增加而增长。网络效应是互联网行业最重要的属性特征之一。达到用户基数临界值的产品会形成自反馈,从而产生用户或产品的锁定。锁定效应将增加用户的转移成本,最终形成赢者得多数的局面。由此可见,突破临界容量是达到市场均衡的前提条件,也是互联网企业吸引风险投资的必要条件。

具有直接网络效应的产品更多体现利用社会关系网络服务(SNS, social networking services)产生的效应突破临界容量,例如早期的腾讯 QQ,微软 MSN messenger 等即时通信产品,都源于社会关系网络,迅速形成了庞大的用户基础。尤其是 QQ,在网络效应的自增强机制作用下,短短几年间成为现在具有市场垄断地位的产品。但是随着 Facebook 浪潮席卷全球,SNS 的内涵与外延也都在不断发展,而今所谓的"SNS"不仅是熟人之间,或"熟人的熟人"之间的交往互动,更包含了由各种同好关系形成的圈子。例如:可以按照共同的话题、共同的爱好、共同的学习经历、共同的旅游计划等聚类,细分维度可以更加多元化,这也使得满足各细分需求的中小型网站,可以很好地生存和发展。

现代社会的人们既有维护已有的社会关系的需求,同时更有根据各自的需求建立或进入新圈子的需要。互联网的开放性、SNS 服务的便捷性使得这些需求得到很好的满足。基于社会关系网络的产品应需求而生,又随着需求的爆发,其协同价值得到进一步提升,这成为互联网行业的普遍且基础的属性。

(3) 低转移成本的锁定

厂商可以实施价格歧视的内在原因是转移成本,转移成本如果不存在,厂商即使了解消费者的

购买历史,也没有办法对消费者进行价格歧视,因为消费者可以毫无顾忌地转而使用其替代产品。

由于网络效应强化了专用性投资、学习成本或契约关系等要素,当消费者从一种产品(或技术)转向另一种产品(或技术)时,由于专用性投资、学习成本或契约关系等因素会产生转移成本,如果转移成本足够高,就会使转移不经济,使得产品(或技术)逐渐适应和强化这种状态,市场和用户被锁定在某种产品或技术上,难以退出。被锁定的用户往往愿意出高价来满足其需求,所以企业有足够的动机在第一期为获得足够大的用户规模进行激烈的价格竞争,希望第二期有较大的"客户基础"。

互联网企业提供的基本服务多数是免费的,通常消费者没有金钱投入的固定成本,也就不存在货币形式的转移成本。可以把互联网企业的免费策略当作上文所述的第一期促销的极端情形,其锁定用户更多地依靠社交网络关系形成的网络效应。当然,这种锁定是与转移成本的大小紧密相关的。银行卡、电信、软件等产业中的系统(产品或标准)之间互相不兼容时,消费者和厂商不得不面临转移所花费的成本过高而造成的转移不经济。但是互联网市场的消费者不需要承担货币形式的沉没成本,所以我们经常会观察到互联网用户更多地会同时持有多种同类竞争性产品,可以认为其货币转移成本远低于电信等产业。由于互联网行业的网络效应,用户通过互联网某种产品或服务与同类用户产生联系,并形成一个社会关系网络圈。这样,社会转换成本问题就成为用户放弃该产品或服务的障碍,如果用户换了一个邮箱账号,就产生需要告知其他用户的机会成本,否则会削弱以往的社会关系网络。而转换收益如果不是足够大的话,那么用户是不愿意轻易转换其他产品和服务的。所以,我们观察到互联网行业"赢者通吃"或者"赢者得多数"的现象普遍存在。

(4) 消费者的异质性

① 用户的完全竞争市场。互联网用户数量庞大,多数互联网市场具有双边市场特征,市场两边有大量的卖家和买家,他们都不具有影响价格的能力,通常也没有较大的市场势力,属于完全竞争市场形态。在这种市场结构中,用户既无法决定平台使用的价格,也无法影响其他用户的偏好。

② 用户需求的多元性。互联网双边市场中存在大量的卖家和买家,虽然是完全竞争的市场形态,但用户的需求仍具有多元化的特征,这符合基本的人性假设和马斯洛的需求层次理论,将这一人性假设推广到厂商亦可成立。故互联网厂商盈利的手段通常为三级价格歧视(包括会员费差异、广告、竞价排名等),以满足不同用户的差异化的需求。

18.2 互联网行业的业务及商业分析应用

18.2.1 互联网的应用

互联网的应用主要有四类:信息获取、商务应用、交流沟通和网络娱乐。

- 信息获取：搜索引索、信息聚合、新闻资讯、论坛/BBS。
- 商务应用：网络购物、团购、网上支付、网上银行、旅行预订、其他（LBS、招聘、旅游、婚恋、教育和房产等）。
- 交流沟通：即时通信、微博/微信、社交网站、博客/个人空间、电子邮件。
- 网络娱乐：包括网络游戏、网络视频、网络文学和在线音乐等方式。

18.2.2 互联网盈利模式

- 网络广告：网络广告是最主要最常见的互联网盈利模式，广告形式多种多样（文字、图片、多媒体、邮件等）；电子商务、企业产品网站等，既可销售别人的产品，也可销售自己的产品。
- 网络游戏运营：通过点卡、包月、虚拟装备及道具买卖等来收费；信息内容收费，即通过向注册会员收费，提供与免费会员差异化的服务，或者网络招聘、电子图书、婚恋交友、付费音乐、付费视频等。
- 佣金：线上到线下的佣金，如团购、房产、旅游，还有线上到线上的佣金，如蘑菇街、豆瓣网等。
- 服务功能收费：企业的信息化服务，网站建设、域名注册、电子邮件、主机托管、租赁服务、SEM/SEO 等；电信增值业务是互联网与电信行业的"强强联合"，通过短信发送、彩铃/采集下载、电子杂志订阅等收费。
- 其他：远程教育、远程医疗、ISP、数据开放等。

18.2.3 互联网思维

互联网思维包括九个方面，其中用户思维、大数据思维贯穿整个价值链的始终，跨界思维基于产业层面，迭代思维、极致思维和简约思维主要应用于产品研发、生产和服务环节，平台思维应用于战略、商业模式和组织形态层面，社会化思维和流量思维应用于销售和服务环节。

- 用户思维：兜售参与感的海尔定制冰箱、七格格通过粉丝投票优化产品、微信对公众账号的折叠处理。
- 大数据思维：数据资产成为核心竞争力的淘宝精准广告、亚马逊推荐系统，用大数据驱动运营管理的菜鸟物流。
- 跨界思维：寻找低效点、打破利益分配格局的12306，"挟用户以令诸侯"的余额宝、小米手机和电视，自我颠覆、主动跨界的微信和苏宁。
- 迭代思维：小处着眼、微创新的360安全卫士，"天下武功、唯快不破"的小米MIUI每周迭代。

◇ 极致思维：打造让客户尖叫产品的小米红米 Note 和 BT 下载，服务即营销的电信企业短信运营。

◇ 简约思维：专注、少即是多的苹果，简约即是美的谷歌。

◇ 平台思维：打造多方共赢生态圈的互联网广告，善用现有平台的 BAT 开放平台。

◇ 社会化思维：社交媒体营销的锤子手机，众包合作的维基百科和众筹。

◇ 流量思维：免费是为了更好地收费的淘宝和百度，坚持到"质变"临界点的微信社交、移动支付、金融、打车软件等。

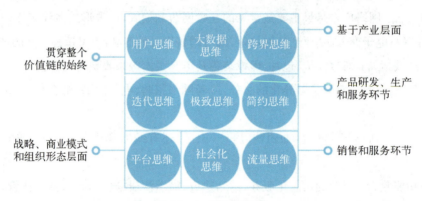

图 18-1　互联网思维

18.3　互联网行业的商业分析应用

互联网行业出现了几类主要的商业分析应用：搜索引擎、推荐系统、定向广告和其他。通过网上大量的用户数据分析，实现对用户的兴趣分类、精确投放用户需求的信息，使其对网站满意度、忠诚度得到提升。

◇ 搜索引索：搜索结果排序、语音搜索、交互搜索、相关搜索、搜索关键词智能提示、语义理解。

◇ 推荐系统：在合适的时间，通过合适的渠道，向合适的人推荐合适的产品和服务（信息、商品、人等）的过程。

◇ 定向广告：根据网络受众在线及上网行为分析，主动定向推送与其需求相关的文字、图片、动画、声音、视频等多媒体交互式广告。

◇ 其他：文档分类、自动文摘、自动翻译、垃圾邮件过滤、网络欺诈预警、广告作弊预警、数据统计、数据开放、可视化等。

本书将主要介绍推荐系统和定向广告。

18.3.1 推荐系统

(1) 推荐方法

推荐系统主要有四类推荐方法：

① 基于协同过滤的推荐，如基于物品的协同过滤推荐、基于用户的协同过滤推荐；

② 基于关联规则的推荐，如基于用户购买记录推荐；

③ 基于模型的推荐，如基于图的推荐、基于矩阵分解的推荐；

④ 基于统计的推荐，如最热门推荐、分类热门推荐等。

协同过滤推荐与关联规则推荐是常用的两种推荐算法。

协同过滤用于分辨某位特定顾客可能感兴趣的东西，这些结论来自于对其他相似顾客对哪些产品感兴趣的分析。如图 18-2 所示，用户 D 对前三部电影的打分情况与用户 A 相似，所以，可以判断用户 D 和用户 A 兴趣相似，进一步可以推测用户 D 对第四部电影的打分应该在 4—5 之间。

用户	星球大战	泰坦尼克号	指环王	廊桥遗梦
A	4	2	4	4
B	3	5	3	3
C	2	2	3	2
D	5	1	5	?

图 18-2 协同过滤推荐

关联规则的定义是：假设 $I=\{I_1, I_2, \cdots, I_m\}$ 是项的集合。给定一个交易数据库 D，其中每个事务(transaction) t 是 I 的非空子集，即，每一个交易都与一个唯一的标识符 TID(transaction ID) 对应。关联规则在 D 中的支持度(support)是 D 中事务同时包含 X、Y 的百分比，即概率；置信度(confidence)是 D 中事务已经包含 X 的情况下，包含 Y 的百分比，即条件概率。如果满足最小支持度阈值和最小置信度阈值，则认为关联规则是有效的。这些阈值可以根据挖掘需要人为设定。如图 18-3 所示，在所有事务(一共 5 条事项)中，A、D 同时出现了 2 次，所以支持度为 2/5；

交易编号	商品列表
001	A,B,C
002	A,C,D
003	B,C,D
004	A,D,E
005	B,C,E

规则	支持度	置信度
A=>D	2/5	2/3
A=>C	2/5	2/3
C=>A	2/5	2/4
B&C=>D	1/5	1/3
……		

图 18-3 关联规则推荐

A 出现了 3 次，其中在 A 出现的事务中，D 出现了 2 次，所以置信度为 2/3。只有大于预先设置的支持度和置信度的规则才是我们要的。

（2）推荐系统的应用价值

推荐系统主要应用于电子商务网站上商品推荐、视频推荐、音乐推荐和社交网站上用户、内容推荐等。个性化技术的最先尝试者 Amazon，已实现了 35% 的销售额来自个性化推荐。阿里巴巴利用个性化技术，使商品的点击率平均提升 3 倍；个性化邮件营销的打开率和行动率最高提升 5 倍。YouTube 首页 60% 的点击来自于个性化推荐，个性化推荐和最热门视频的点击率对比，结果前者是后者的 207%。美国视频网站 Hulu 利用个性化推荐定向广告技术，Hulu 虽在视频流量上仅占美国的 1%，但却获得了美国视频广告市场份额的 33%。ChoiceStream 调查，高端消费者中 69% 更愿意去有个性化推荐功能的网站。从这些案例中我们可以看到推荐系统巨大的应用成效，推荐引擎和系统可以成就优秀互联网企业。

① 显著提升用户体验，并提升网站黏性与访问量。帮助用户快捷发现感兴趣的内容，减少用户流失；准确洞察用户需求，让用户感受到"一切都为我量身打造"、"正是我想要的"，使网站满意度、忠诚度得到提升。

② 通过交叉销售推荐、定向广告推荐，直接提升经济效益。通过商品的关联推荐能显著提升客户单次购买的商品数量与销售额，提升网站的收益。定向广告推荐也能进一步增加收益。

③ 发掘长尾价值，给用户惊喜，提升购买商品覆盖范围。海量的长尾内容，没有推荐则"藏在深闺人未知"，发现用户的潜在需求，发掘长尾商品的价值，给用户以惊喜，并可帮助新商品的快速促销。

④ 帮助进行客户发展和留存的主动营销。直接应用推荐引擎算法结果，进行新客户发展、为留存老客户进行短信、EDM 邮件营销。

⑤ 自动化算法帮助提升网站运营的效率。文本挖掘算法支持对商品的分类、筛选、匹配，节省人工运营工作量，并提升了匹配的质量。

（3）推荐系统的商业分析应用案例

案例

推荐系统鼻祖亚马逊公司

亚马逊公司是一家总部位于美国西雅图的跨国电子商务企业。公司业务起始于线上书店，不久之后商品走向多元化，包括零售、消费电子产品、数字内容、计算服务等。目前，亚马逊是全球最大的互联网线上零售商之一。

亚马逊一直致力于构建一个千人千面的商店。每个来到亚马逊网站的人看到的都不一样，因为网站针对他们的个人兴趣做了个性化设计。就如同你走进一个商店，商店架子上的商品开始重新排布，将你可能需要的排在前面，你不太可能喜欢的排在后面。基于用户当前的场景和过去的行为，亚马逊的推荐系统从一个数以亿计的商品库中，为用户挑选出少量你可能感兴趣的物品。

亚马逊在1998年上线了基于物品的协同过滤算法，将推荐系统推向服务百万级用户和处理百万级商品这样一个前所未见的规模。该算法的成功来源于以下几个方面：简单、可扩展；经常能给出令人惊喜和有用的推荐；可根据用户的新信息立刻更新推荐；可解释性强。

亚马逊在主页非常显眼的位置放置了基于用户购买历史和浏览行为的个性化推荐模块。搜索结果页会给出和用户搜索相关的推荐。购物车会给用户推荐其他可以加入购物车的商品，可能会刺激用户在最后一刻完成捆绑购买，或者对用户已经打算购买的商品形成补充。在用户订单的尾部，会出现更多的推荐，给出之后可以购买的东西的建议。借助电子邮件、列表页、商品详情页以及其他页面，很多亚马逊上的页面多少都会有些推荐模块，开始形成一个千人千面的商店。

18.3.2 定向广告

(1) 定向广告的价值

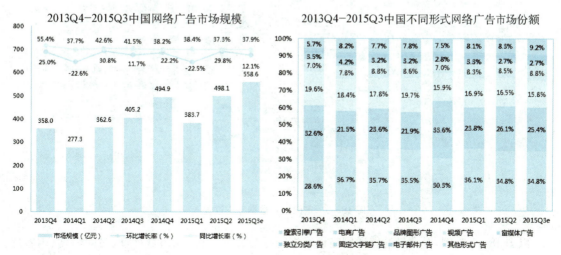

图 18-4　中国互联网广告市场规模

从图 18-4 中可以看出，互联网广告市场规模不断扩大，广告已经成为了大部分互联网企业最重要的收入来源。但是，很多广告商都知道他们的广告费浪费了一半，问题是他们不知道哪些是被浪费的。所以，如何定向地投放广告，将投放的效用最大化，是现在互联网企业十分关注的问题。

互联网定向广告是一项能够按照用户的行为习惯、兴趣偏好进行精准定向广告投放的服务模式。

(2) 定向广告数据分析过程

互联网定向广告数据分析过程一般包含以下步骤。

① 通过在网页上添加 JS 代码，为用户设置 cookie 进行用户行为数据采集；

② 利用分布式存储计算平台（HADOOP、PIG、HIVE）对海量数据进行存储及计算；

③ 基于用户访问的具有类别特征的页面，对用户进行兴趣分类，实现用户数据挖掘建模；

④ 根据广告类别和用户的兴趣类别、历史点击率等信息选择广告受众，实现定向广告投放。

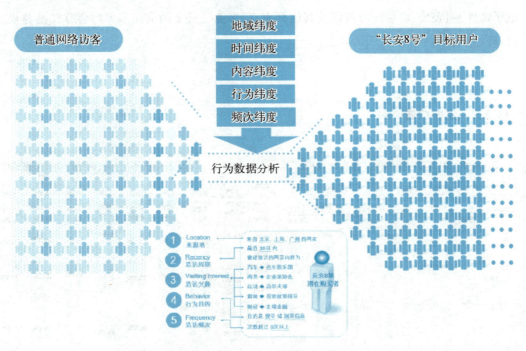

图 18-5 定向广告数据分析过程

以图 18-5 为例，对大量的普通网络访客进行行为数据分析，如地域纬度、时间纬度、内容纬度、行为纬度、频次纬度等，从这些普通网络访客中挖掘出购买"长安 8 号"的目标用户都具有哪些共同特征，把这些特征提炼出来，那么根据这些特征就可以发现"长安8号"的潜在购买者，这时候把广告定向投放给这些潜在购买者将会达到更好的反馈效果。

(3) 定向广告计费方式

目前主流的定向广告计费方式有下述六种。

① CPC(cost per click)，每点击成本。按照广告点击付费的模式是互联网广告最早的计费方式。由于广告的点击非常容易作弊，因此CPC计费方式产生的后果就是媒体大量地生成虚假点击欺骗广告主。同时由于广告主更熟悉、更接受电视广告的宣传模式，因此出现了下文所述的CPD计费模式，向电视宣传模式靠齐。如果不考虑作弊，单从效果角度考量的话，CPC计费方式比CPD计费方式更加有利。百度竞价以及谷歌竞价均采用CPC的计费模式(也有叫PPC模式，pay per click)。

② CPD(cost per day)，按天付费。此种模式完全参考电视广告的宣传方式，重展现，讲究品牌曝光的范围(更广的地域或人群)及深度(到达频次)，也可以电视广告的指标来衡量效果。但采用此种计费方式的媒体必须有强大的用户群体支撑，而且必须具有很高的知名度及美誉度，否则广告主并不买账，因此也只有几个门户网站采用这种计费方式。

③ CPM(cost per thousand impressions)，为每千人成本，即广告主为它的广告显示1 000次所付的费用。CPM方式与CPD方式的核心区别在于按量投放、按量计费，广告主只需要为自己需要采购的播放量付费，解决了中小广告主的价格困局，因此受到市场的欢迎。CPM是垂直类媒体以及广告网络的主流计费方式。

④ CPA(cost per action)，由广告所带来的用户产生的每次特定行为的费用，即根据每个访问者对网络广告所采取的行动收费的定价模式。对于用户行动有特别的定义，包括形成一次交易、获得一个注册用户、产生一次下载行为等。

⑤ CPS(cost per sale)，即为基于广告引入用户所产生的成功销售而收取一定比例佣金的商业合作方式。CPS模式是CPA模式的一种特定形式，在国内常用作电商广告投放时的计费方式，意思是只有在电商获得订单的时候，媒体才会得到推广费用。CPS有两种收益计算方法，一是按照订单额的比例计算；一是不区分订单额，每个订单有固定价值，订单固定价值乘以订单量即为广告主的收益。

⑥ ROI(return on investment)，投资收益率或报效回报率。多用于电商、游戏类用户考核广告效果的标准。一般计算方法是由广告产生的收益额/投放额。ROI方式是CPS方式的另一种表示方法。举例来讲，如果一个电商的合作ROI是1∶2，其意思指的是广告主愿意支出其订单额的50%付给媒体。

（4）互联网广告联盟

互联网广告联盟是指集合中小网络媒体资源（又称联盟会员，如中小网站、个人网站、WAP站点等）组成联盟，通过广告联盟平台帮助广告主实现广告投放，并进行广告投放数据监测统计，广告主则按照网络广告的实际效果向联盟会员支付广告费用的网络广告组织投放形式。例如，广告主——奥迪经销商在广告联盟平台——百度广告联盟上输入广告，然后百度广告联盟在各个网站主——汽车博客上部署广告，从而将广告精确展示在用户——汽车发烧友面前。互联网广告联盟定向广告的过程如图18-6所示。

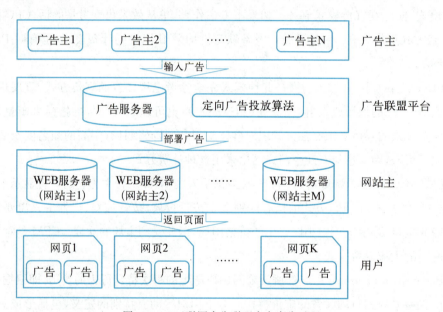

图18-6 互联网广告联盟定向广告过程

互联网广告联盟具有价格低廉、精准投放、投放次数可控制、投放时间灵活、可选择地域投放和权威数据监测体系等特点。

（5）互联网广告实时竞价系统

互联网广告实时竞价(real time bidding，RTB)是指在数以百万计的网站上针对每一个用户展示行为进行评估以及出价的竞价技术，是当前互联网定向广告的一种新模式。它以技术作为精准营销的手段，当一个用户在全网浏览过某种商品，或点击过特殊类目的广告后，其浏览痕迹都会通过cookies记录在案，而通过广告交易平台，该用户在下一次浏览网页的时候，将被推送符合其偏好的广告。

实时竞价系统一共包含以下四个重要的平台。

◇ DSP(demand side platform)需求方平台：服务驱动，专注于动态出价、定向技术、数据优化等。

◇ SSP(supply side platform)供应方平台：服务驱动，专注于展示的有效性和广告位优化等。

◇ DMP(data management platform)数据管理平台：技术驱动，专注于数据管理、数据分析、数据调动。

◇ AD Exchange 广告交易平台：技术驱动，专注于流量交易的效率和有效、生态系统的构建等。

RTB 的核心是 DSP 平台。互联网广告从售卖"广告位"的时代进入售卖"人"的时代。从图 18-7 可以看出 RTB 和传统互联网广告投放的区别，主要有以下三个方面的变化：① 媒体渠道精准化：两者都是利用第三方平台聚合各种网站的力量，但是 RTB 融进了 cookies 分析，更精准地将广告展现给目标群体。② 付费模式：传统网盟是网站主产生业绩后，广告主结算；而 RTB 是广告主实时竞价网站主已提供的广告位，至于投资回报率等绩效，需要广告主自己去衡量和优化。③ 投放方式：传统网盟是广告主先发布广告，等着网站主来申请广告；RTB 是网站主把广告位先放出来，广告主去选择广告位。

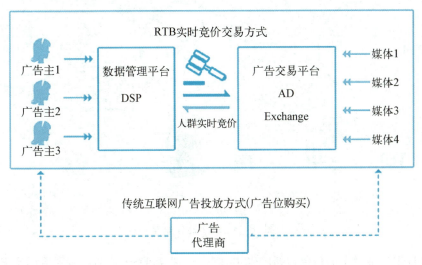

图 18-7 RTB 广告投放过程

RTB 的运作方式并不复杂：当一个用户打开某个网页，这个网页中的广告位信息通过供应方平台提供给广告交易平台；同时，这个用户所用的浏览器获得的 cookies 的标签进入数据管理平台进行分析，将分析所得到的用户属性的标签也传送给广告交易平台；接下来，广告交易平台将这些信息向所有接入到交易平台的广告主或者广告代理商的 DSP 需求方平台发出指令，DSP 开始向广告交易平台实时出价，进入 RTB 模式；经过竞价，用户的属性标签一致，且出价最高的 DSP 就获得了这次展示广告的机会，广告自动返回到用户的浏览器所打开的这个网页中——这一系列的过程非常快，通常是在 80—100 毫秒中完成的，运作原理如图 18-8 所示。

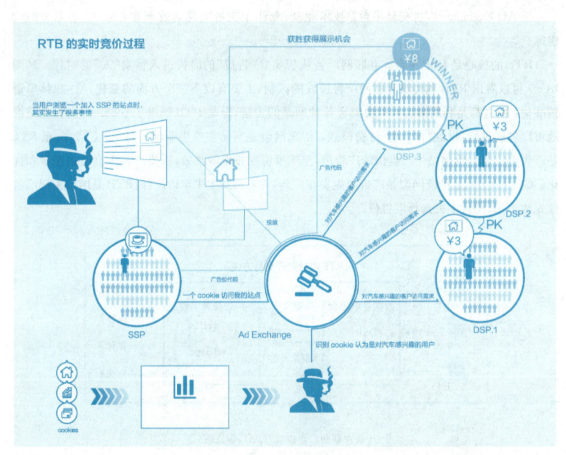

图 18-8　RTB 运作原理

我国的 DSP 产业链上的角色包括广告主、广告代理商、DSP、广告交易平台、DMP、SSP、广告网络、广告联盟、媒体以及受众。广告主或代理商通过 DSP 进行投放，DSP 帮助广告主或代理商通过搜索引擎、广告网络以及广告联盟进行投放，同时 DSP 可以接入多个广告交易平台或可以接入多个 SSP 来获取媒体受众资源，而广告主则通过 DSP 对广告交易平台中的流量进行基于受众的购买。

18.4 视频网站推荐系统案例剖析

(1) 系统目标

预测用户对新视频感兴趣的程度,从而使用户快速找到自己感兴趣的视频,提高用户在线时长,有效防止用户流失。

(2) 推荐方法

首先,基于用户浏览日志挖掘视频间的相关性,如图18-9所示,可以发现观看《倾城之恋》的人,看《新上海滩》的可能性最大。

规则	规则前项	规则后项	置信度	支持度	提升度
67264⇒65640	倾城之恋	女才男貌	54.3	0.074	20.3
67264⇒124326	倾城之恋	无懈可击之美女如云	53.7	0.073	5.7
67264⇒3030	倾城之恋	新上海滩	63.5	0.086	117.7

图18-9 视频相关性

其次,基于关联规则及用户当前已看视频,产生视频推荐,如图18-10所示。

用户ID	已看视频	观看时间	推荐视频	置信度	支持度
1009814702640830	倾城之恋	20100819	女才男貌	54.3	0.074
1009814702640830	倾城之恋	20100819	无懈可击之美女如云	53.7	0.073
1009814702640830	倾城之恋	20100819	新上海滩	63.5	0.086

图18-10 视频推荐

最后,对推荐结果排序并过滤用户已经观看的视频,如图18-11所示。

用户ID	已看视频	观看时间	推荐视频	推荐排序
1009814702640830	倾城之恋	20100819	新上海滩	1
1009814702640830	倾城之恋	20100819	女才男貌	2

图18-11 结果排序

(3) 技术方案

用户通过客户端访问服务器,在服务器会记录下用户的行为数据,从日志中采集这些行为数据,制成用户浏览日志表,存入数据仓库,对日志表进行基于关联规则的数据挖掘,发现视频之间的关联,然后在数据仓库中建立相应的推荐系统集市存放产生的关联规则表和结果排序表,最后通过实时推荐接口实现推荐功能。如图18-12所示。

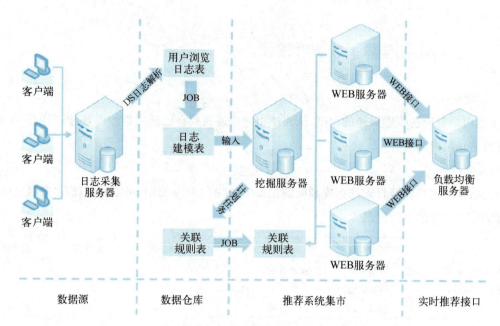

图 18-12　推荐系统技术方案

(4) 模型验证

首先，基于用户的视频浏览历史，将用户最后一条浏览记录作为验证集，将用户除最后一条浏览历史外的数据作为预测集。

其次，基于预测集，结合建模过程中得到的关联规则，生成对用户的推荐结果，与验证集中用户实际数据进行比对，验证模型效果。

原始数据集

USERID	VIDEO_ID	DATA_DESC
1000130412906510	68445	20100816
1000130412906510	67771	20100819
1000319716062240	122321	20100824
1000319716062240	125836	20100824
1002528060250550	64646	20100817
1002528060250550	64781	20100817
1002528060250550	64868	20100817
1002528060250550	67111	20100817

预测集

USERID	VIDEO_ID	DATA_DESC	VIDEO_SEQ
1000130412906510	68445	20100816	1
1000319716062240	122321	20100824	1
1002528060250550	64646	20100817	1
1002528060250550	64781	20100817	2
1002528060250550	64868	20100817	3

验证集

USERID	VIDEO_ID	DATA_DESC	VIDEO_SEQ
1000130412906510	67771	20100819	2
1000319716062240	125836	20100824	2
1002528060250550	67111	20100817	4

图 18-13　建立预测集和验证集

最后，对照组推荐结果设置为向预测集中用户推荐最热门的前 5 款视频，过滤用户已经观看的视频，然后与验证集中用户实际数据进行比对。

验证集用户数	306,691		验证集记录数	306,691		
模型类别	有推荐用户数	推荐数	人均推荐	正确推荐数	准确率	覆盖率
个性化推荐	226,948	1,050,946	4.6	97,058	9.2%	31.6%
热门推荐	306,691	1,533,455	5.0	27,667	1.8%	9.0%
LIFT	NA	NA	NA	NA	5.1	3.5

图 18-14 验证结果

验证结果表明，个性化推荐可有效提高推荐准确率（准确率 = 推荐准确的视频数/总推荐视频数）及覆盖率（覆盖率 = 推荐准确的视频数/用户实际喜欢的视频数）。

（5）效果评估

效果评估可以通过 Alexa 和站长之家等工具计算广告点击率（click through rate，CTR）和人均页面浏览量（人均 PV）来对比定向广告前后的数据，如果在使用关联规则定向广告后，广告的 CTR 和人均 PV 都大幅度提升，说明视频推荐的效果好，该视频推荐系统较为成功。

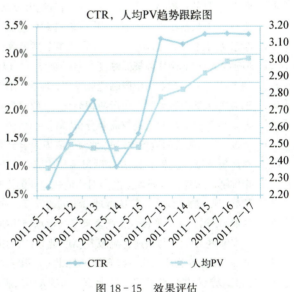

图 18-15 效果评估

思考题

1. 互联网行业中，推荐系统主要采用的是什么方法？其原理是什么？
2. 商业分析对网络营销的途径与作用是什么？
3. 选择一家互联网企业，调研与规划其商业分析方案。

参考文献

［1］ 龙继林,白义霞.经济新常态下我国民航业发展的趋势和对策[J].综合运输,2015(10):7-10.
［2］ 高丽蕾.航空公司移动 App 的现状探究[J].空运商务,2015(9):12-14.
［3］ 张旭.民航管理信息系统[M].北京:国防工业出版社,2013.
［4］ 张秀红.服务营销[M].北京:中国广播电视出版社,2014.
［5］ 芮祥麟.大数据在航空业的应用[J].软件和信息服务,2015(2):66.
［6］ 李宗义,黄建明.先进制造技术[M].北京:高等教育出版社,2010.
［7］ 何永达.制造业循环经济的测度与路径研究——以浙江为例[D].浙江工商大学,2010.
［8］ 刘军,程中华,李廉水.中国制造业发展:现状、困境与趋势[J].阆江学刊,2015(4):15-21.
［9］ 王喜文.大数据驱动制造业迈向智能化[J].物联网技术,2014(12):7-8.
［10］ 苏高.大数据时代的营销与商业分析[M].北京:中国铁道出版社,2014.
［11］ 周俊,茅健.先进制造技术[M].北京:清华大学出版社,2014.
［12］ 李海舰,田跃新,李文杰.互联网思维与传统企业再造[J].中国工业经济,2014(10):135-146.
［13］ 李维刚,王馨悦.浅谈虚拟电商对物流快递业的影响[J].特区经济,2015(6):147-148.
［14］ 德静.现代物流快递业信息管理系统的研究[D].北京邮电大学,2006.
［15］ 傅瑜.中国互联网平台企业竞争策略与市场结构研究[D].暨南大学,2013.
［16］ 于宝琴.电子商务与快递物流服务[M].北京:中国财富出版社,2015.
［17］ 齐二石,刘亮.物流与供应链管理[M].北京:电子工业出版社,2007.
［18］ 徐晨.物流与供应链管理[M].北京:北京大学出版社,2008.
［19］ 李诗珍,关高峰.物流与供应链管理[M].北京:北京大学出版社,2015.
［20］ 夏春玉.物流与供应链管理[M].沈阳:东北财经大学出版社,2004.
［21］ 张兵.快递概论[M].北京:中国商务出版社,2006.
［22］ 金锡万.物流管理信息系统[M].南京:东南大学出版社,2006.
［23］ 盛业华.物流管理信息系统[M].北京:科学出版社,2008.
［24］ 陈杰.互联网思维:传统行业如何做电商[M].北京:中国华侨出版社,2014.
［25］ 俞杰.互联网在踢门:传统行业转型指南[M].北京:中华工商联合出版社,2015.
［26］ 汤胤.互联网商业创新:理念与实例[M].成都:电子科技大学出版社,2009.
［27］ 《经理人》杂志.互联网商业思维[M].北京:北京联合出版公司,2014.
［28］ 高磊.精确营销在电信直复营销中的应用[J].移动通信,2008,32(23):73-76.

[29] 曾志生,陈桂玲.精准营销:如何精确地找到客户并实现有效销售[M].北京:中国纺织出版社,2007.
[30] 孙晓霞.聚类分析在客户细分领域的应用研究[D].西北大学,2006.
[31] 潘钢.上海移动公司客户投诉管理研究及应用[D].上海交通大学,2013.
[32] 张基恒,魏进武,张云勇,石祥路.大数据时代的社交网络分析[J].邮电设计技术,2014(7):1-5.
[33] 刘经南.泛在测绘与泛在定位的概念与发展[J].数字通信世界,2011(4):28-30.
[34] 刘经南,方媛,郭迟,高柯夫.位置大数据的分析处理研究进展[J].武汉大学学报(信息科学版),2014(4):379-384.
[35] 陈东鹏.数据仓库技术在移动通信领域的应用——MASA决策支持系统简介[J].通信世界,2001(10):16.
[36] 姚家奕,马甜甜.商业智能与商业分析[M].北京:首都经济贸易大学出版社,2012.

图书在版编目（CIP）数据

商业分析实务教程/许鑫,蔚海燕编著.—上海：
华东师范大学出版社,2020
（商业分析丛书）
ISBN 978-7-5760-0781-7

Ⅰ.①商… Ⅱ.①许… ②蔚… Ⅲ.①商业信息-数据处理-教材 Ⅳ.①F713.51

中国版本图书馆 CIP 数据核字（2020）第 155611 号

商业分析实务教程

编　　著　许　鑫　蔚海燕
责任编辑　李　琴
责任校对　王丽平　时东明
装帧设计　俞　越

出版发行　华东师范大学出版社
社　　址　上海市中山北路 3663 号　邮编 200062
网　　址　www.ecnupress.com.cn
电　　话　021-60821666　行政传真 021-62572105
客服电话　021-62865537　门市（邮购）电话 021-62869887
地　　址　上海市中山北路 3663 号华东师范大学校内先锋路口
网　　店　http://hdsdcbs.tmall.com/

印 刷 者　常熟高专印刷有限公司
开　　本　787×1092　16 开
印　　张　19.75
字　　数　392 千字
版　　次　2020 年 9 月第 1 版
印　　次　2020 年 9 月第 1 次
书　　号　ISBN 978-7-5760-0781-7
定　　价　48.00 元

出 版 人　王　焰

（如发现本版图书有印订质量问题,请寄回本社客服中心调换或电话 021-62865537 联系）